KB205337

대화식 가정예배

질문과 토론으로
하나님을 만나다

대화식 가정 예배

초판 1쇄 발행| 2023년 7월 1일
재판 1쇄 발행| 2024년 4월 12일
지은이| 이유정
내지 일러스트| 이유정
표지 일러스트 & 디자인| 안혜지 candy1078@naver.com
편집 디자인| 안홍섭 artel1078@naver.com

발행인| 이유정
발행처| 도서출판 좋은나라

주 소| 서울특별시 영등포구 선유서로24길 6, 2동 101호
전 화| 010-3320-0599
팩 스| 02-6455-6781
ISBN 979-11-983499-1-0

대화식
가정예배

이유정 지음

 좋은나라

추천의 글

《대화식 가정 예배》는 성경적 가정 예배의 실천을 AI 시대에 걸맞게 펴낸 걸 작이요, 가정을 살리는 하나님의 비밀이 담긴 수작이다.
고명진 목사 수원중앙침례교회

이 책이 제안하는 '질문과 토론으로 하나님을 만나는' 대화식 예배는 한국 교회를 향한 신선한 도전이다. 어떤 가정형편이든 그에 맞게 예배를 시작하도록 섬세하게 집필된 책이기에 기쁨으로 추천한다.
이찬수 목사 분당우리교회

8년간 이스라엘 선교하며 경험한 대화식 가정 예배가 한국 교회에도 널리 보급되었으면 하는 소망이 있었는데, 이 책을 통해 소망이 현실로 실현될 수 있음을 보았다.
이춘석 목사 버지니아 새소망교회

저자는 우리 세대가 놓친 행복한 자녀, 행복한 가정, 행복한 교회를 넘어 행복한 사회를 이끌어갈 성숙한 신앙인을 배출하는 가정 예배 청사진을 제시한다.
변용진 목사 God's Image 대표

MZ 세대의 돌아온 탕자 중 한 명으로서, 나는 대화 중심의 예배 회복을 역설하는 저자의 글에서 소망을 읽었다. 하브루타 기반의 예배모델을 한국사회 친화적으로 구체화한 《대화식 가정 예배》는 MZ 세대의 예배 회복을 위한 탁월한 대안이다.
서창혁 작가 싱어송라이터

가정 예배의 중요성은 누구나 알지만, 혹 자녀에게 종교적 의무요 벗어나고픈 굴레가 된다면 돌이키기 힘든 과오를 남기게 된다. 그런 면에서 《대화식 가정 예배》는 자녀와의 대화와 관계 속에서 하나님을 만나고 사귀며 성장하는 새로운 길을 보여준다.
윤은성 교장 어깨동무학교

이 책은 기존의 가정 예배 형식을 보완하여, 부모의 마음을 자녀에게로, 자녀의 마음을 부모에게로 돌이키며, 생명의 말씀을 대화식으로 가르치도록 인도하는 책이다.

이중지 집사 장청전국연합 회장

다음 세대 예배 회복을 위해 뛰어온 16년, 막막하고 지친 내게 이 책은 확실한 희망을 보이며 다시 용기를 내야 한다는 결심을 하게 만든다.

이창호 목사 넘치는교회

평소에 의식 중심의 예배보다 관계적인 예배를 통해 일상의 모든 영역에서 예배하는 삶이 가능하다고 믿었다. 이 책은 그 시작점이 될 수 있는 좋은 대안을 제시한다.

조성민 간사 아이자야식스티원

'어떻게 우리 아이들이 하나님을 더 사랑하고 경외하는 예배자로 양육할 수 있을까?' 고민하던 내게 이 책은 실제적이고 건강한 답을 주고 있다. 세세하게 안내해주는 성경적 원리를 따라, 남편과 두 아이와 함께 우리 가정만의 독특한 '예배의 집'을 지어볼 생각에 벌써 기대가 된다.

황레베카 예배인도자, '밤이나 낮이나' 작곡

차례

서문 (초판수정)

나는 90년대 찬양운동의 1세대로서 음악 선교와 예배 회복을 위해 30여 년을 달려왔다. 다음 세대가 미전도종족으로 전락하고, 국가도 인구 증가의 변곡점을 찍던 2019년, 하나님께서 강권적으로 부르시고, 빅 픽처를 보여주셨다. 그때부터 정신 차리고 지난 4년을 이 프로젝트에 쏟아부었다. 불과 몇 년 전만 해도 이 책의 내용은 내 머리 속에 없었다. 이번 집필은 마치 산산조각이 난 하나님의 빅 픽처를 다시 드러내기 위해 퍼즐 그림 맞추듯, 한 땀 한 땀 조각을 찾아 엮는 고독하고 지루한 싸움이었다. 결국 4년 만에 완성된 그림이 드러났다.

이 그림의 실체를 유대인 자녀들에게서 발견했다. 그들은 나라도 없이 수천 년을 떠돌게 만든, 부모가 믿는 신을 거부하지 않았다. 물론 부모를 원망하지도 않았다. 오히려 부모처럼 하나님께 헌신하고, 자녀를 많이 낳아 행복한 가정을 세우는 것을 삶의 목표로 삼았다. 유대인처럼 친밀한 가족관계를 보여주는 민족도 드물다. 이들의 가족 관계, 질문 문화, 신앙 전수 시스템은 상상 이상으로 탄탄하다. 이것이 유대인이 최악의 역경을 뚫고 현재 각계 각층에서 두각을 보이는 힘의 원천이다.

어떻게 이런 일이 가능했을까? 그 비결은 간단하지만 획기적인 것이었다. 자녀 양육에 대한 하나님의 명령인 쉐마에 순종한 것뿐이다. 그 결과 신앙의 전수는 사춘기 이전에 완성되었고, 포로기 이후 3천 년 가까이 신앙의 대물림이 끊이지 않는, 기적 같은 일이 오늘까지 이어지고 있다.

한국은 사상 처음 작년 4분기 출산율이 0.65%로 떨어졌다. 최근 뉴욕 타임즈는 한국의 인구소멸이 중세 흑사병 때보다 더 빠르게 진행될 수 있고 경고했다. 정부 인구정책 전문가들은 할 수 있는 모든 것을 다 해 보았지만 움직이지 않는다며, 유일한 대안은 근원적인 문제, 즉 부모와 자녀의 친밀한 관계 회복에 있다고 실토했다.[1] 이미 수천 년 전, 그 답을 보여준 성경의 대안과 일치해서 전율을 느꼈다.

우리보다 훨씬 악조건인 데다 예수님을 모르는 유대인이 가능했다면,

복음을 믿는 우리는 더더욱 가능하지 않을까? 이 질문 하나로 지난 4년을 달려왔고, 쉐마의 개신교 버전인 《대화식 가정예배》가 탄생했다.

이 책은 가정예배 잘 드리는 노하우를 넘어, 무너진 가정의 성소를 다시 재건하도록 돕는 가이드북이다. 이를 위해 현실 진단, 가정과 부부, 인간 이해, 대화와 경청, 인성과 성품, 자녀 양육, 발달 단계, 하브루타와 예배 등 다양한 영역에 대한 방대한 성경적 고찰이 필요했다.

사춘기 이전에 신앙의 전수를 완수하는 가정 예배 운동도 제안한다. 자녀는 부모의 소유가 아닌, 하나님께서 잠시 맡기신 그분의 거룩한 나라요, 왕 같은 제사장이다. 태어나서 10년 동안만 영적, 인격적, 사회적으로 성숙한 자녀로 열심히 양육해서 다시 하나님께 돌려드리자는 운동이다. 그 이후엔 부모가 더 이상 자녀의 신앙적 책임을 지지 않아도 되도록 말이다. 10년만 집중하면 70년이 행복해지도록 말이다. 3천 년간 전수 해온 구체적인 선례가 있으니, 절대 무모한 제안이 아니다.

무엇보다 신앙 전수의 주체를 주일학교와 교사에서 가정예배와 부모에로 전이되는 교육 개혁의 화두를 조심스레 나눈다. 쉐마에 녹아있는 하나님의 신앙전수 청사진은 부모와 자녀가 친밀 관계 속에서 대화로 말씀을 나누는 것이다. 부모의 질문이 가정을 살린다. 부모가 모든 답을 주려고 어깨에 힘주고, 훈계하고, 잔소리하기보다 목소리를 낮추고 질문을 통해 스스로 답을 찾아가도록 자녀를 존중하고 영감을 주는 것이다.

마지막으로 질문의 정점인 하브루타에 대한 새로운 관점을 제시한다. 한국의 젊은 학부모들이 열광하는 세계 최고의 교육방법론 이전에 신앙전수 방법론으로서의 하브루타, 유대인의 질문 문화 이전에 하나님의 DNA로서의 질문에 관한 풍부한 성경적 근거를 소개한다.

만일 교회가 가정의 성소를 회복하는 일에 팔을 걷어 붙이고, 부모를 세워 가정을 돕는다면, 한국 교회는 물론 통일 한국의 주역이 될 그루터기들이 곳곳에서 다시 일어날 것이다. 인구절벽 위기를 타계할 물꼬가 열릴 것이다.

이 책의 대상은 가정을 성소로 만들고 싶은 부부, 자녀와 소통을 회복하고 싶은 엄마, 다음세대에게 신앙을 전수하기 원하는 부모와 교사다. 특히 말을 시작하는 3-4살부터 사춘기 이전의 자녀를 둔 가정에 가장 적합한 내용이지만, 게임과 인플루언서, 케이팝스타에 푸욱 빠져있는 사춘기 자녀들, 대학생을 둔 부모에게도 적용된다.

또한 늘 산만하고 게으르며 말도 안 듣고 공부도 하기 싫어하는 자녀들을 어떻게 양육해야 할지 고민하는 분들, 또는 자녀들과 소통이 안 되고, 감정의 골이 깊어지고, 대화가 단절된 상태에서 막막한 심정으로 이 책을 읽는 분에게도 도움이 될 수 있다. 자녀는 없지만 다음세대를 세우는 일에 관심 있는 가정과 교사들에게도 도움이 될 것이다.

이 대안적 가정예배가 여러분의 가정에 잘 정착되었을 때, 주변의 가정을 도와주기를 부탁드린다. 시간이 없다. 밑에서부터 자발적인 확산이 일어나야 한다. 대화식 예배가 여러분의 가정에 잘 정착되기를 기도하고 응원한다.

2024년 2월 어느 날
땅들의 끝^{2}에서
이유정

서문 (재판)

초판 이후 많은 분들의 격려와 조언이 있었다.

"대화로 가정 예배 드릴 수 있는 것을 성경적으로 풀어줘서 고마워요."

"요즘 홈스쿨링하는 엄마들 모임에서 이 책을 함께 읽으며 나누고 있는데 많은 깨달음을 얻고 있습니다."

"오랫 동안 자녀들과 대화식으로 예배드리고 있었는데, 이것이 맞다는 것을 알게 해줘서 너무 감사합니다."

"책의 조언대로 우리 가정만의 예배를 디자인해서 드리고 있어요."

"하브루타 연구 모임에서 이 책을 나누고 질문으로 드리는 가정 예배에 눈을 뜨게 되었어요."

"대화식 가정 예배 강의를 듣고, 찬양팀 소그룹 예배에 적용해서 드리는데 다들 너무 좋아해요."

"책을 보고 도전받아 가끔하던 가정 예배가 매일 대화식 예배로 바뀌었으니 저희 가정에 큰 부흥이 일어났어요."

지난 9개월 간, 대화식 가정 예배에 대한 반응이 서서히 일어나고 있다. 하지만 여전히 한국과 이민사회, 디아스포라의 수많은 가정이 자녀들과 전쟁 중이다. 대화의 단절, 세대 차이, 중이병, 입시 전쟁, 언어장벽 등으로 병들어가고 있다. 이는 신앙을 떠나 모든 부모가 겪고 있는 보편적인 현상이다.

5년 전, 하나님께 부르심 속에서 발견한 대화식 가정 예배에서 한 줄기 빛을 보았다. 이는 아직 우리에게 생소한 개념이지만, 머지 않아 한국 교회 안에 보편적인 가정 예배로 자리 매김되는 날이 올 것이다. 아니 와야만 한다. 그래야 한국교회도, 대한민국도 살아난다. 왜냐하면 이것은 다음 세대를 향한 하나님의 축복이요 청사진이기 때문이다.

이 책을 쓰는 내내, 그리고 출판 이후에도 여전히 풀리지 않는 수수께끼가 하나 있다. 그것은 이 책에 자주 인용되는, 예수를 메시아로 인정하지 않는 유대인이다. 토라 말씀을 어느 민족보다 철저하게 상고하고, 순종해서 자녀에게 수천 년 간 신앙을 전수해온 민족인데, 왜 예수를 구세주로 받아들이지 못하는 것일까?

반면, 예수 그리스도를 구세주와 메시아로 믿는 개신교는, 왜 순종 없는 값싼 은혜와 다른 복음에 취해, 다음세대가 부모의 신앙을 거절하는 부끄러운 기독교가 되어가는 것일까? 분명한 것은, 이 책은 자칭 예수의 제자로 고백하는 복음주의 진영의 메시아닉 유대인의 관점[3]을 견지하고, 기존의 유대인은 비판적 수용의 입장을 갖는다. 즉 복음을 거부하는 그들을 긍휼히 여기고, 복음을 받아들이도록 기도하되, 말씀에 순종하여 자녀에게 신앙을 전수하는 저들의 태도는 눈여겨 보자는 것이다.

9개월 만에 개정판을 만들게 되었다. 다양한 조언들을 귀담아 반영했고, 가정 예배와 신앙 전수의 든든한 기초인 '안식'의 영성도 추가했다. 오늘도 가정 성소의 회복이 한국과 미국, 디아스포라와 선교지로 운동처럼 퍼져나가 다음세대와 가정이 살아나기를 기도한다.

2024년 4월
이유정

프롤로그

이 책을 쓰면서 꿈이 자라기 시작했다. 대화식 가정 예배를 통해 10년 후에 일어날 회복과 변화에 관한 일곱 가지 꿈이다.

첫째, 가정이 회복되는 꿈이다.

대화식 가정 예배를 실천할 때 우리가 미처 생각하지 못한 놀라운 회복이 일어난다. 하나님의 명령이기 때문이다. 가정마다 대화의 꽃이 피고, 세대 간 단절과 문화의 격차가 사라지며, 자녀들이 부모를 존중하며, 가정 예배 시간을 기다리고 고대하는 가정들이 이 땅에 편만하기를 꿈꾼다.

둘째, 가정마다 아버지의 영적 권위가 회복되는 꿈이다.

이미 아버지의 권위가 땅에 떨어진 지 오래다. 가정 예배에서 아빠가 자녀와 엄마를 축복하는 기도를 매주 하기만 해도, 가장의 권위는 자연스럽게 세워진다. 강압적이고 율법적인 기준으로 아이를 조종하는 권위적인 아버지가 아니라, 성경의 기준을 보여주고 옳고 그름을 자녀 스스로 분별하게 하는 영적 권위가 있는 아버지가 이 땅에 가득 일어나는 꿈이다.

셋째, 삶의 예배 운동이 일어나는 꿈이다.

그동안 삶의 예배를 논할 때 가정이 빠져 있었다. 가정이야말로 삶의 예배의 중심이자 중추신경이다. 삶의 예배는 가정에서 시작되고, 가정에서 동력을 얻는다. 대화식 가정 예배를 통해 진정한 삶의 예배가 운동처럼 일어나는 꿈이다.

넷째, 거룩한 순종의 물결이 일어나는 꿈이다.

요즘 예배의 강단은 순종보다는 심리적인 위로가 넘친다. 하나님은 순종이 제사보다 낫다(삼상 15:22)고 하셨다. 순종으로 삶의 예배가 시작된다.

가정 예배는 순종의 예배를 실천하는 요람이다.

이책은 간단하지만, 획기적인 변화를 시도하기를 도전한다. 그것은 가정과 신앙 전수에 관한 하나님의 말씀을 순종해보는 것이다. 베뢰아 사람들처럼(행 17:11) 가정에서 말씀을 상고하고 실험해보는 것이다. 순종의 거룩한 물결을 통해 교회와 다음 세대가 재건되기를 꿈꾼다.

다섯째, 다음 세대가 다시 일어나는 꿈이다.

부모가 말씀에 순종할 때 다음 세대는 반드시 일어난다. 이것은 하나님의 약속이요, 신앙의 법칙이다. 비록 지금은 미전도종족 수준으로 줄었지만, 현 MZ 세대가 쉐마에 순종해서 결혼 후 10년간 자녀와 대화식 가정예배를 드린다면 신앙 전수가 끝날 수 있다. 그들이 한국 교회의 그루터기가 되어 통일한국 시대의 주역으로서 하나님 나라의 새로운 바람을 일으키는 꿈이다.

여섯째, 교회가 재건되는 꿈이다.

가정이 회복되면 당연히 교회도 건강해진다. 이를 위해 교회는 그동안 성장과 부흥에만 쏟아온 물질과 에너지의 절반을 가정을 세우는 일에 투자해야 한다. 가정을 돕는 부서를 따로 세워 부모를 양육하고, 아버지의 영적 권위를 세우고, 가정 예배를 주도하도록 도와야 한다. 향후 10년간, 교회와 부모가 손을 잡고 부모 중심의 신앙 전수 운동을 일으키는 꿈이다.

일곱째, 수직적인 선교가 확산하는 꿈이다.

지난 2천 년 동안 개신교는 땅 끝까지 복음을 전하는 수평적인 선교에만 매진해왔다. 우리는 잃어버린 영혼을 구하는 사명, 수천, 수만 명이 모이는 대회나 집회, 규모 있는 사역을 해야 뭔가 위대한 사역을 감당한 것처럼 생각하는 경향이 있다. 하지만 가정도 땅 끝이다. 자녀에게 신앙을 대물림하는 아주 작고, 사소해 보이는 일이 땅 끝까지 복음을 전하는 일만큼 중요하고 위대한 사명임을 명심해야 한다.

적어도 향후 10년은 선교 전략을 세우고, 선교 방법을 개발하는 것 이상으로, 가정의 성소를 세우고, 신앙을 전수하는 청사진을 마련하여 수직 선교가 운동처럼 일어나는 꿈이다.

향후 10년이다. 다음세대와 교회만의 문제가 아니라 조국이 무너질 위기다. 한류 열풍으로 전 세계의 이목이 우리에게 집중되고 있지만, 가정의 행복도는 OECD 38개 회원국 중 35위로 최하위권을 기록하고 있다. 실력과 능력 만으론 행복에 도달할 수 없다.

이제 교회가 나서서 대안을 제시해야 할 때다. 우리에게 주어진 골든타임이 몇 년 안 남았다. 어쩌면 이 땅의 가정마다 예배가 회복되고, 다음 세대가 한국 교회의 그루터기로 세워져서 통일 한국의 주역으로 구비될 마지막 기회다.

하나님의 명령에 순종할 때 문은 반드시 열린다. 교회와 가정이 손을 잡고 부모 중심의 거룩한 신앙전수 운동이 일어날 때까지 이 거룩한 꿈은 계속될 것이다.

네가 네 하나님 여호와의 말씀을 삼가 듣고 내가 오늘 네게 명령하는 그의 모든 명령을 지켜 행하면 네 하나님 여호와께서 너를 세계 모든 민족 위에 뛰어나게 하실 것이라

_신 28:1

1주
레트로 가정 예배가 온다

"나는 영국의 모든 신학자보다
어머니에게 기독교에 대해 더 많이 배웠다."

- 존 웨슬리

책이 마무리될 무렵, 미 중부 켄터키주에 있는 애즈베리 대학[4]에서 13일간 끊임없는 예배와 기도, 말씀과 찬양, 죄의 고백과 침묵이 계속되었다. 그곳을 방문한 후배 목사의 자녀들이 이런 고백을 했다.

"여기가 좋아요. 모두 하나님을 예배하고 있어요."

"아빠, 이곳에서 성령님을 느낄 수 있어요."

"I have finally accepted the love of God."

그중 한 명이 워싱턴 DC 갓스이미지의 단원이다. 현장을 설명하는 초등학생 소녀의 눈빛이 초롱초롱 빛났다. 아직 어리지만 그 어투에서 자신이 경험한 하나님의 실재가 얼마나 아름다웠는지 생생하게 전달 되었다.

그곳에 있던 존 버데트Jon Burdette는 현장 분위기를 이렇게 묘사했다.

"프로그램은 없지만 완전한 평화가, 규칙은 없지만 완벽한 질서가 있었다. 감정은 넘치지만 감정주의는 없었다."[5]

이 책에서 소개하는 대화식 가정 예배의 목표가 바로 이들이 드린 무형식 속에 경험한 하나님의 임재와 성령의 충만함이다. 태초에 아담과 이브가 드린 예배도, 초대교회 가정에서 드린 예배도 비슷하지 않았을까? 주일예배의 축소판이 아닌, 삶 자체가 예배인 가정 예배 말이다.

딱딱한 예배 의식을 따르지 않지만 부모와 자녀 간의 평범한 질문과 대화 속에서 성경 말씀을 깨닫고 영적 각성이 일어나는 가정 예배 말이다. 대화하면서도 충만한 하나님의 임재를 경험하는 가정 예배가 가능하다는 것을 왜 우리는 미처 몰랐을까?

이 책이 소개하는 대안적 예배는 자유롭고 수평적이며, 즐겁게 대화하고 토론하는 가정 예배다. 식사와 성경공부, 예배와 인성교육이 한꺼번에 진행되는 가정 예배다. 또한 고대의 신앙과 성경의 본질을 추구하는 레트로 retro 가정 예배다.

1일, 당신의 가정 예배는?

　2020년, 전무후무한 전염병으로 예배의 문이 닫히자 가정 예배가 화두로 떠올랐다. 하지만 시대가 바뀌었고 문화도 변했는데 가정 예배는 여전히 수십 년 전에 머물러 있다.

　이 책을 쓰면서 만난 수많은 MZ 세대가 가정 예배에 대한 부정적인 기억과 상처를 토로했다. 대부분 부모의 강압적인 태도와 훈계, 지적 때문에 가정 예배에 반감을 갖고 있었다. 가정 예배 때문에 오히려 신앙과 멀어지거나 부모와 거리감만 더 깊어진 분들도 있었다.

　첫날인 오늘은 왜 가정 예배라는 환부를 열고 말씀으로 수술해야 하는지 나누려고 한다.

실패자의 참회

솔직이 나는 가정 예배에 실패한 아버지다. 사춘기 자녀들과 가정 예배 드릴 때마다 마음이 상했다. 나는 아이들의 예배 태도가 마음에 안 들었고, 자녀들은 경직된 예배를 왜 집에서도 드리는지 이해하지 못했다. 결국 우리 집 가정 예배는 실패하고 말았다. 아이들이 집을 떠난 후 뒤늦게 후회했다. 그렇게 딱딱하고 지루하게 드리지 않아도 되는 길이 있다는 것을 그때는 몰랐다.

이 책을 쓰면서 몇 번이나 펜을 꺾고 싶은 충동이 있었다. 자격지심 때문이다. 하지만 그때마다 포기하지 않게 해준 것은, 2019년 초여름 예배 포럼에서 경험한 하나님의 부르심이었다.

당시 교회와 학원가에 심상치 않은 이야기가 떠돌았다. 학원선교단체 간사들과 중고등부 지도자들로부터 다음 세대 복음화율이 미전도종족 수준으로 떨어져간다는 소문이었다. 마침 연구소에서 예배포럼을 준비하고 있었는데, 다음 세대가 썰물처럼 빠져나가서 교회가 숨넘어가는 지경인데, 예배 잘 드려야 한다고 말만 하고 있을 때가 아니었다.

그래서 주제를 '다음세대'로 정하고 개최한 두 번의 예배포럼[6]에서 하나님께서 선명하게 보여주신 것은 한국 교회가 당면한 가장 시급한 과제와 그 해법이었다. 다음 세대가 미전도 종족으로 몰락해가는 현실을 직면했고, 아무 대안 없이 10년이 흘렀을 때 한국 교회가 맞을 위기도 보였다. 무엇보다 부모 세대, 아니 개신교가 놓친 신앙 전수의 성경적 원리에 눈을 뜨게 하셨다. 대안적 가정 예배의 방법론과 그 구체적인 사례도 발견했다.

포럼의 파장은 생각보다 컸다. 많은 목회자, 평신도, 사역자들이 비전을 품었고, 회복을 경험했다. 마치 지금 당장이라도 무슨 일이 벌어질 것 같은 분위기였다.

누구보다 나 자신부터 다음 세대에 대한 통한의 회심을 하게 되었다. 다음세대에 대해 왜곡된 관점을 지닌 내 모습을 발견했다. 자녀 양육에 대한 하나님의 명령에 불순종한 것도 알게 되었다. 가정 예배에 관한 신학적 성찰이 시작되었고, 그동안 공예배에 집중하던 연구소 사역에 터닝포인트를 가져다주었다. 이를 통해 이 책까지 집필하게 되었으니 나에겐 지각변동 같은 사건이요, 하나님의 부르심이 아닐 수 없다.

특히 신명기 6장 4-9절 말씀은 신앙전수에 대한 내 패러다임을 완전히 뒤바꿔 놓았다. 그것은 신앙 전수의 주체는 주일학교가 아닌 가정이라는 사고의 전환이었다. 이 말씀을 통해 유대인은 식사와 인성교육, 성경공부와 예배가 한꺼번에 이뤄지는 가정 예배를 도출했다. 이 방식으로 자녀가 말하기 시작해서 10년 동안만 매주 한 번씩 예배드리면 사춘기 이전에 신앙의 전수가 끝나는 믿기 힘든 일이 벌어지고 있다는 것도 알게 되었다.

이 책을 집필하는 내내, 아버지로서 자녀의 신앙교육에 무지했던 모습이 쉐마 말씀 앞에 모두 드러났다. 많이 아팠고, 많이 울었고, 많이 회개했다. 이런 가정 예배를 20년 전에 접했더라면, 지금 우리 가정은 완전히 다른 모습이었을 것이다. 교회사역은 물론 사역도 상당히 다르게 접근했을 것이다.

혹시 현재 어린 자녀를 양육하고 있는 MZ 세대가 이 글을 읽고 있다면, 아비의 마음으로 권면하고 싶다. 우리 세대가 실수한 오류를 절대 반복하지 않기를.

전염병 속에서

포럼이 끝난지 불과 6개월 후, 전대미문의 코로나19 감염병이 확산되었다. 게다가 가정의 중요성이 부각되는 상황을 지켜보면서, 왜 하나님이 미리 사인을 보여주셨는지 뒤늦게 깨달았다.

만일 2019년 당시 포럼이 없었다면, 팬데믹 3년의 공백 기간에 연구소는 허송세월했을 것이고, 이 책은 탄생할 수 없었을 것이다. 모든 것이 멈춘 팬데믹 3년이 연구소에게는 기회였다. 매주 간사들과 줌 화상통화로 대화식 예배를 드렸다. 놀라운 것은 왠만한 설교 중심의 예배보다 다이나믹하고 말씀의 깨달음과 적용도 훨씬 풍성했다.

물론 벽도 만났다. 이 모델은 유태인의 문화와 관습에서 형성된 양식이기에 한국 교회에 그대로 적용하기에는 한계가 있었다. 20년 전에 하부르타가 한국 교회에 소개되어 크게 회자하기도 했지만, 유대교 풍습으로 오인받기도 했고, 적용이 적절치 않아 왜곡되기도 했다. 실제로 율법과 안식일을 지키는 유대 문화에서 실현해온 모델이기에 한국의 가부장적 문화에 그대로 실행하는 것은 어찌 보면 불가능에 보였다.

그래서 유태인 유산은 참고만 하고, 오히려 본문 주해부터 출발하여, 한국적 상황에 맞는 개신교 버전의 새로운 가정 예배 모델을 계발하는 것이 필요했다. 그 과제를 해결하는데 몇 년 걸렸고, 이 책은 그 결과물이다.

대화식 가정 예배는 예배사역연구소가 고심해서 빚어낸 결과물이긴 하지만 무에서 유를 만들어낸 것은 아니다. 이미 존재하고 있던 원석을 갈고 깎아서 탄생된 보석이라고 할까?

그래서 대화하는 가정 예배는 인간이 창안한 방법론도 아니요, 유대인의 역사 속에서 형성된 가정의례도 아니다. 하나님께서 구약의 이스라엘 백성에게 직접 가르쳐주신 신앙 전수의 원안(신 6:4~9)에서 도출된 가정 예배라 할 수 있다.

결정적 시기

나는 두 자녀를 키우면서 어릴 때부터 게토화 된 크리스천 교육이나, 세상과 분리된 기독교 학교, 또는 홈스쿨 방식의 교육을 그리 선호하지 않았다. 그 이유는 아이들의 시야가 좁아지고, 나중에 치열한 세상에 적응하지 못할 수도 있다고 생각했기 때문이다. 하지만 그것은 큰 오산이었다. 신앙 전수에 결정적인 시기가 있다는 것을 놓쳤던 것이다.

아이들은 사춘기가 되면 자의식과 논리성이 강해진다. 그러므로 그 이전에 성경적인 가치관이 형성되지 않으면, 세상의 가치를 더 우위에 두거나, 세상과 성경의 가치를 구분하는 것에 별 관심이 없어진다. 그때부터 서서히 가치의 전쟁이 시작되는 것이다. 부모세대가 중요하게 여기는 가치와, 자녀세대가 급변하는 세상문화 속에서 습득한 가치는 당연히 충돌할 수밖에 없다.

뒤늦게 그 가치를 성경적으로 되돌리려면 엄청난 에너지와 신경전이 따를 수 밖에 없다. 물론 부모의 기도와 하나님의 은혜로 자녀가 돌아오는 경우도 있지만, 그때까지 매일 벌어지는 대화의 단절, 신앙적인 갈등, 감정의 충돌은 감수해야한다. 그러다가 어느 순간. 자녀의 신념과 사고방식에 대해 부모가 완전히 손을 놓을 수밖에 없는 때가 온다. 부모가 항복하지 않으면 자녀는 복수하는 자녀로 돌변하게 된다.

복수당하는 부모?

전성수 교수[7]의《복수당하는 부모들》을 읽고 가슴으로 두 번 울었다. 첫째, 자녀 양육에 대해 무지한 상태로 자녀를 낳고 기른 후회 때문이고, 둘째는 아들, 딸이 더 충분한 사랑과 관심, 배려와 공감을 받으며 자랐어야 했는데 부모로서 그렇게 해주지 못했기 때문이다.

전 교수가 책 제목을 이렇게 해괴망측하게 정한 이유는 '제발 복수당하는 부모가 되지 말고 자녀와 행복하게 지내며 자녀에게 존경받는 부모가 되라'는 간절한 소망을 역설적으로 표현한 것이란다.

한국의 부모들은 목숨걸고 자녀를 키운다. 그러나 그것이 오히려 자녀를 망치거나, 부모의 가슴에 못을 박고 복수까지 하는 경우가 많다. 그는 대한민국 부모처럼 자녀를 위해 돈, 시간, 열정을 다 쏟아붓는 경우는 없는데, 나중에 자녀가 부모를 찾아뵙고, 사이좋게 지내는 비율은 세계에서 가장 낮다고 했다.

그래서 '복수당하는 부모' 만큼 한국의 자녀교육 현실에 정확한 말은 없다는 것이다. 많은 부모가 자신도 모르게 복수당하고 있고, 자녀는 자신도 모르게 부모에게 복수하고 있다. 물론 대부분의 복수 원인이 가정에서 부모가 자녀를 그렇게 길렀기 때문이란다.[8] 가슴을 칼로 도려낼 만큼 아픈 우리의 이야기이다.

여기 더 좋은 길이 있다. 사춘기 이전에 신앙 전수를 완수하는 길이다. 성경이 명령한 대로 순종할 때 이 믿기지 않는 일이 실제 일어나는 사례를 유대인이 보여줬다. 이 결정적인 시기에, 부모와 서로를 존중하는 친밀한 대화를 통해 하나님과도 친밀해지고, 말씀의 가치가 가슴에 새겨진다면, 우리가 미처 상상하지 못한 일들이 벌어지게 된다.

모태신앙으로 60여년 살아온 한국 교회 내부자로서, 나는 그런 일이 가능하다는 사실조차 들어본 일이 없고, 경험한 적도 없다. 그러니 불과 4년 전만 해도 이 책이 다루는 대부분의 내용은 제 머리 속에 존재하지 않았다. 아마 여러분에게도 이 책은 미지의 세계일 수 있다. 당신을 이 새로운 땅으로의 탐험에 초대한다.

대화식 가정 예배의 특징

대화하는 가정 예배는 인간이 창안한 방법론도 아니요, 유대인의 역사 속에서 형성된 가정의례도 아니다. 하나님께서 구약의 이스라엘 백성에게 직접 가르쳐주신 신앙 전수의 원안(신 6:4~9)과 예수께서 가르치신 영과 진리의 예배(요 4:23, 24), 그리고 바울 사도가 천명한 삶의 예배(롬 12:1, 2)에서 도출한 대안적인 가정 예배다.

이 책이 소개하는 대화식 가정 예배를 한눈에 이해하도록 기존의 전통적인 가정 예배와 대화식 가정 예배를 비교해 보았다. 전통적 가정 예배는 분위기가 엄숙하고, 한 사람의 인도자를 중심으로 진행되나, 대화식 가정 예배는 자유롭고 대화와 토론 중심으로 진행된다. 전통적 가정 예배는 의식과 형식을 중요하게 여기지만, 대화식은 형식보다는 예배의 본질과 원리를 따른다.

	전통적 가정예배	대화식 가정예배
분위기	엄숙하다	자유롭다
소 통	인도자 중심	대화중심
형 식	정해진 순서를 따른다	원리를 따른다
설 교	일방적	상호소통
관 계	위계질서	수평적
예 배	공예배 축소판	삶의 예배
교 훈	훈계와 지적	질문과 모범
진 행	지루하다	활기차다
목 표	성경적 교훈	하나님의 임재와 각성

<표 1> 전통적 가정 예배와 대화식 가정 예배 비교

전통적 가정 예배는 일방적인 설교로 말씀을 나누지만, 대화식은 질문과 토론을 통해 상호 소통방식으로 나눈다. 부모와 자녀의 관계도 전통적 예배는 위계질서를 중시해서 무겁고 지루하지만, 대화식은 수평적이고 인격적이며 활기찬 대화로 자유롭고 능동적이며 축제적이다.

전통적인 가정 예배에서는 부모의 훈계와 지적, 잔소리로 자녀를 주눅 들게 할 수 있지만, 대화식은 질문을 던짐으로 자녀가 주도적으로 신앙과 인생의 해답을 찾도록 기회를 준다. 자녀는 잔소리가 아닌, 부모의 뒷모습에서 살아 있는 교훈을 얻게 된다.

무엇보다 전통적인 가정 예배는 성경을 읽고 짧은 메시지를 통해 성경의 교훈을 아는 것에 관심이 있다면, 대화식은 말씀을 질문하고 토론하면서 본문을 깊게 이해하고, 묵상하는 것에 집중한다. 그 과정에서 주님의 임재를 경험하고, 영적 각성이 일어난다.

대화식 가정 예배에서 가장 중요하게 여기는 대화는 '질문'이다. 이 책을 통해 질문이 어떻게 부모와 자녀의 대화를 풍성하게 만들고, 상상력을 극대화시키는지 눈이 열리게 될 것이다. 나아가 질문을 통해 가족 모두가 성경을 보고 해석하는 눈이 열리고, 말씀에 능동적으로 반응하고, 순종하는 주도적인 신앙을 갖게 될 것이다.

이 책은 이런 예배가 가능하다고 알려주는 데서 그치지 않고, 자신의 상황에 맞는 가정 예배를 직접 디자인하는 방법까지 옆에서 코칭하듯 알려드릴 것이다. 대한민국의 예수 믿는 사람이라면 누구나 쉽게 이런 가정 예배를 시작하도록 돕고 싶다.

묵상질문

1. 내가 경험한 가정 예배는 긍정적인 기억이 많은가 부정적인 기억이 많은가?

2. 자녀에게 신앙을 계승하는데 '결정적인 시기'가 있다는 것에 대해 어떻게 생각하는가?

"신혼 1년 생활비를 지원한다구요?"

아내를 맞은 새신랑을 군대에 내보내서는 안 되고, 어떤 의무도 그에게
지워서는 안 됩니다. 그는 한 해 동안 자유롭게 집에 있으면서, 결혼한 아내
를 기쁘게 해주어야 합니다_신 24:5

"신혼 1년 생활비를 지원해드립니다."

자칫 황당한 이야기처럼 들릴 수도 있어요. 누가 그런 말도 안 되는, 귀가 솔깃
한 말을 한답니까? 바로 유대인들이에요. 그들은 신혼 일 년 동안 부부가 경험한
사랑과 소통, 자녀 양육 청사진이 이후 60년 부부 생활을 결정한다고 믿어요.

신명기 24장 5절이 바로 여기에 관한 말씀이에요. 젊을 때는 그 보석 같은 가
치를 모르고 지나친 구절인데, 이를 깨닫는 데 30년이나 걸렸네요. 성과 중심의
현대사회에서는 있을 수도 없고, 용납도 안 되는 꿈같은 이야기죠.

그런데 유대교를 믿는 유대인들은 지금도 이 말씀을 그대로 실천한답니다. 신
혼 1년 동안 남편이 부부 생활과 자녀 양육을 위해 토라 공부에 전념할 수 있도록
유대공동체가 생활비까지 지원해줘요. 우리가 신혼 초부터 눈에 보이는 집, 좋은
차, 여가를 위해 한 푼이라도 더 버는 동안, 유대인은 눈에 보이지 않는 가정을 건
축하는 데 사활을 걸고, 공동체가 나서서 돕고 있는 것이죠.

수잔과 바비는 《여자의 일생에 가장 중요한 한 해》라는 책에서 신혼 1년을 '아
직 시멘트가 굳지 않은 해'라고 했어요.[9] 유명 인사들이 보도블록에 핸드 프린트
새길 때 시멘트가 굳기 전에 손도장을 찍어요. 이후 시멘트가 굳으면 더 이상 수
정할 수 없게 되지요. 신혼 1년은 부부의 사랑과 자녀 양육의 설계라는 시멘트가

27

아직 굳기 전 시기에요. 그래서 이때 경험한 부부 관계가 남은 평생을 지탱해준다는 것이죠.

이 메시지가 결혼을 앞둔 젊은이들이나 신혼 초인 부부들에게 육중한 무게로 다가왔으면 좋겠어요. 이미 자녀를 모두 세상으로 떠나보낸 저에게도 부부 관계와 자녀 양육 준비는, 일 년이라는 시간을 온전히 투자할 만큼 가치 있는 일이라는 회한 가득한 메시지로 함성처럼 들려오네요.

물론 유대인 같이 신혼 1년 동안 자녀 양육을 준비하는 성경 공부에 전념하는 것은 우리에겐 비현실적인 일이겠지요. 그래도 주어진 상황 속에서 자녀 양육의 청사진을 그리기 위해 다양한 책과 세미나의 도움을 받을 수 있을 거에요.. 이 책은 신앙 전수를 위한 대안적 가정 예배로써 그동안 한국교회가 놓친 하나님의 관점을 소개할 거에요.

2일, 대화식 예배 사례

  오늘은 대화식 가정 예배가 탄생하는데 토양이 되어준 예배 현장을 살펴보려고 한다. 연구소에서 팬데믹 3년 동안 드린 온라인 예배다. 가정 예배는 아니었지만, 이 임상을 통해 대화식으로도 얼마든지 가정 예배를 드릴 수 있겠다는 자신감을 얻게 되었다.

  이제 여러분을 코로나가 기승을 부리던 2020년대 초 온라인 예배 현장으로 초대한다.

그 예배

코로나가 확산 된 이후 3년 동안, 연구소는 모든 것을 내려놓고 예배 하나에 집중했다. 현장에 모일 수도 없고 제가 미국에 살기도 해서, 매주 월요일마다 간사들과 화상통화 앱인 줌zoom으로 모였다.

참고로 예배사역연구소는 오늘의 교회가 회복해야 할 예배를 '그 예배' the Worship[10] 라 명명해왔다. 그 예배의 목표는 수천 년 전에 하나님이 제정하신 예배, 그리고 초대교회가 드린 예배의 본질을 언어와 문화가 다른 21세기 현대 교회에도 실현하는 것이다.

코로나가 기회였다. 지난 10년 동안은 그 예배를 가르쳐왔다면, 이제 예배 포럼에서 발견한 쉐마 명령을 적용해서 그 예배를 드릴 수 있는 환경이 주어진 것이다.

연구소 간사진은 모두 예배아카데미 출신이다. 다양한 배경을 지닌 목사와 평신도로 구성되어 있다. 설교는 일방적인 선포 대신, 질문과 토론 중심으로 말씀을 나누었다. 얼핏 대화식 예배는 일반적인 설교가 주는 주해와 해석의 깊이에 비해 가벼워 보일 수 있다. 하지만 우리도 놀란 것은, 이 방식이 일반적인 설교보다 더 본질적이고, 더 깊은 울림을 주는 경우가 많았다는 점이다.

예배는 만남, 말씀, 응답, 파송이라는 사중구조로 진행했다. 8일차에서 자세히 다룰 이 사중구조 예배는 하나님과의 만남을 더 깊고 진정성 있게 해주는 초대교회 예배의 모형이다. 참고로 본문에 등장하는 영어 약자들은 10일차에 다룰 예배 코드이니 지금은 그냥 넘어가도 된다.

모임 Gathering

모임 시간이 되면 하나둘 줌에 입장한다. 제가 사는 미국 버지니아와 한국의 시차를 고려해서, 한국시간 월요일 밤 9시, 미국 동부는 오전 7시로 정했다. 가볍게 대화를 주고받으며 서로의 안부를 묻는다(D). 초대교회 당시 가정교회 풍경이 그랬을까? 지친 하루의 삶에 격려(E)와 배려 어린 한 마디가 참석한 모든 이의 마음을 활짝 열어준다. 그래서 문턱 없이 반기는 환대의 분위기(W)가 참 중요하다.

예배 모임의 시작은 정해진 틀 없이 자연스럽게 진행된다. 때로는 인도자가 준비한 찬양(P)으로, 때로는 누군가가 추천한 찬양으로 하나님을 높여드린다. 음질이 안 좋은 온라인 환경에서는 한 곡이면 충분하다.

말씀 Word

찬양이 끝나면 성령의 인도하심을 구하는 기도(Py)를 짧게 드리고 말씀을 낭독한다. 본문(B)은 돌아가며 한 구절씩 읽는다. 이때 말씀을 두세 번 정도 반복해서 읽는 것이 좋다. 한번 만으로는 그날 구절의 내용조차 머리에 안 들어올 수 있어서다.

구성원 각자의 인격과 개성, 믿음이 더해진 목소리로 낭독될 때 신기하게도 말씀은 살아서 꿈틀거린다. 성경말씀을 가슴에 새기는 가장 좋은 방법은 눈으로 읽어 머리에 집어넣거나 필사로 손끝에 넣는 것보다 입술과 혀로 소리 내어 읽는 것이다.[11]

침묵의 가치

먼저 그날 인도자는 정해진 본문에 대해 2~3분 정도 짧게 안내해준다. 이때 본문의 간단한 윤곽과 맥락, 배경을 설명한다. 때로는 본문에 대한 선입관을 덜어내기 위해 묵상 이후에 하기도 한다.

본문 묵상을 위해 5~10분간의 침묵시간(Md)을 갖는다. 간사들의 고백에 의하면, 이 고요한 시간이 예배에 대한 소극적인 습성을 깨뜨리게 했다고 한다. 이 침묵이 나를 하나님과 일대일로 직면하게 해준다. 그 순간만큼은 소극적인 관객으로 남아 있을 수가 없다. 살아 있는 말씀 앞에 능동적으로 질문하고 그 뜻을 알기 위해 성령께 기도하게 된다.

놀라운 것은 이때 이미 상당히 많은 일이 벌어진다. 흐릿했던 본문의 구조와 저자의 강조점이 한눈에 들어오기도 한다. 같은 본문이지만 평소에는 스쳐 지나갔던 메시지가 심령을 뒤흔들어 놓기도 한다.

때론 최근 고민하던 이슈에 대한 하나님의 음성을 듣기도 한다. 그날따라 본문이 눈에 들어오지 않아서 자신의 영적 무감각 상태를 애통해하기도 한다. 자신의 영적 상태를 자각하는 이런 반응도 예배 안에서는 매우 건강한 모습이다. 현대 예배는 너무 시끄러워졌다. 뜨거운 열정을 주께 드리는 것과 함께 침묵의 가치도 회복해야 한다.

대화하는 설교

침묵 후에는 각자가 깨달은 내용으로 대화(D)하며 나눈다. 이 시간은 설교의 연장선으로 볼 수도 있고, 말씀에 대한 응답의 시간으로 볼 수도 있다. 이때 질문(H)이 중요하다. 때론 본문에 관한 질문 하나가 수많은 대화와 토론보다 더 강력할 수 있다. 그래서 하브루타 방식의 질문과 토론을 시도하기도 한다. 때로는 차분한 대화로, 때로는 진지하고 뜨거운 토론으로 이어진다.

말씀의 방을 대화식으로 할 때 생각보다 놀라운 강점이 있다. 본문에 대한 다양한 시야와 해석을 활발하게 나누다보면 혼자 설교할 때보다 훨씬 깊은 본문의 맥이 잡히기도 한다.

물론 줌 예배 참석자 반 이상이 신학을 전공한 전도사와 목사이기 때문에 가능할 수도 있다. 하지만 평신도 간사들의 예리한 시각과 언어가 때로는 목사보다 더 신선하고, 때론 정곡을 찌르기도 한다.

아마도 지난 20~30년간 선교단체와 제자훈련의 영향으로 한국 교회 평신도의 성경 지식은 물론 말씀을 적용하는 시야가 깊고 넓어졌기 때문인 듯하다.

응답 Response

그날 성경말씀을 통해 깨달은 하나님의 뜻과 자신을 향한 그분의 말씀 앞에 각자가 감사와 회개, 순종과 결단 등으로 반응하는 시간이다. 말씀을 듣고 하나님께 반응하는 것은 더 깊은 예배의 단계다. 일주일 중에 자신의 마음이 가장 겸손하고 연한 순같이 부드러워지는 순간이다.

그날 주신 말씀을 자신의 가치관, 생활, 또는 사역에 적용하며 나누는 것도 반응으로 볼 수 있다. 이때 마음에 떠오르는 찬양을 함께 부르기도 하고, 기도 제목을 나누고 통성으로 기도하기도 한다.

어느 날은 찬양을 더 많이 부르기도 하고, 어느 날은 조용히, 또는 뜨겁게, 때로는 눈물로 하나님께 자신을 깨뜨려 내어드리는 회개 기도를 하기도 한다. 마지막 기도는 성령께서 인도하시는 대로, 혹은 인도자나 그날 상황에 따라 지목된 분이 하기도 한다.

특히 응답의 방의 클라이맥스로 여기는 성찬을 비록 온라인 상황이긴 하지만 약식으로 해보기도 했다. 팬데믹과 같이 현장에서 할 수 없는 상황에서는 교단에 심각한 물의를 일으키지 않는 한도 내에서 가능한 방법을 모색하는 것이 필요하다. 성찬과 애찬의 중간단계인 가정용 성찬 모델의 개발이 필요하다.

파송 Go Forth

마지막으로 '파송'의 단계는 교회가 제사장(벧전 2:5,9)인 성도를 세상으로 파송하는 시간이다. 삶의 예배를 시작하도록 격려하고 응원하는 매우 중요한 단계다. 콘스탄스 체리 교수가 이 네 번째 단계인 파송마저 하나님을 만나는 방으로 분류한 것을 주목할 필요가 있다. 그녀는 파송을 하나님과의 만남의 마지막 단계로 본 것이다.

사랑하는 애인과 헤어질 때 애틋한 마음이 있다. 그래서 아쉬움을 뒤로

하고 "잘 지내. 몸은 떨어져 있어도 마음은 늘 함께 있는거 알지?" 믿음을 다짐한다. 다음 만남을 기약하는 것에 의미를 부여한다. 파송이 그런 의미에서 중요하다.

이 파송의 단계는 그동안 교회에서 크게 주목받지 못했다. 그래서 창의적으로 계발할 여지가 가장 많은 부분이다. 연구소에서 줌 예배 때 시도한 몇 가지만 소개해드린다.

- 워십리더가 그날 결단한 내용대로 한주간 살자는 응원
- 흩어지는 교회로서의 성도를 전쟁터 같은 세상에 파송하는 결전의 다짐과 격려(E)
- 그날 주신 깨달음을 각자 섬기는 교회 사역에 반영하도록 격려(E)
- 서로를 축복(B)하며 마무리

3년 동안 온라인 대화식 예배를 드리면서, 서로를 더 깊이 알아가는 기쁨을 얻었다. 무엇보다 질문과 토론을 통해 하나님의 뜻을 더 깊이 깨닫는 은혜를 누렸다. 이때 질문 중심의 하브루타가 주는 놀라운 열매를 알게 되었다.

간사들 안에도 크고 작은 변화와 회복이 일어났다. 그 예배가 일주일 중에 유일한 쉼과 안식의 시간이라고 고백한 간사도 있었다. 그 예배의 영향으로 연구소의 전략이 바뀌고, 새로운 프로젝트도 시작되었다. 무엇보다 대화식으로 가정 예배가 가능하다는 확신을 얻게 되었다.

묵상질문

예배사역연구소 간사들이 온라인으로 드린 대화식 예배에 대한 첫 인상은 어떠했는가?

"저는 아직 준비가 안 되었어요"

많은 분들이 아직 신앙이 약해서 가정 예배 인도할 자격이 없다고 자신 없어 하세요. 그래서 선뜻 가정 예배를 시작하기 힘들어해요. 신앙이 좀 자랄 때까지 미루려 하구요. 충분히 이해는 가지만, 이 세상에 준비된 부모는 없어요. 가정 예배를 인도할 만큼 성숙한 날은, 어쩌면 영원히 오지 않을 수도 있답니다.

일단 대화식 가정 예배는 딱딱한 예배 의식이 아니라 자녀와 밥 먹고, 질문하고, 대화하며 하나님을 조금씩 알아가는 것이니 부담을 덜 가지셔도 돼요. 자녀에게 부모도 아직 연약하고 변화될 것이 많은 구도자라는 점을 솔직하게 말하는 것이 도움이 될 거예요. 어쩌면 우리 인생은 천로역정의 주인공 크리스천처럼 평생 구도자의 자세로 하나님을 더 알아가는 순례자의 삶이에요.

호세아는 풍요에 취한 종교지도자들, 가난하고 소외된 자를 외면하는 백성들을 향해 "힘써 여호와를 알자"(호 6:4 개역개정)고 외쳤어요. 하나님을 아는 것은 우리가 추구해야 할 최고의 예배에요. 그래서 가정에서 부모와 자녀가 함께 성경 말씀에 관해 질문하고 토론하며 그리스도를 알아가는 것은 그 자체가 예배라 할 수 있어요. 그러므로 말씀을 맡은 엄마 아빠가 주도권을 갖고 권위를 휘두르는 것이 아니라, 말씀의 권위 아래 동등한 입장에서 질문하고 토론하는 진솔한 모습으로 다가가 보세요. 자녀들은 오히려 부모의 영적 권위를 더 인정하게 될 거예요.

* 꿀팁: 이미 자녀와 대화가 단절되고, 권위가 무너진 상황일지라도 포기하지 마세요. 부모가 완벽해서가 아니라, 실패하고 부족해도, 여전히 나를 도우시는 성령께 의지해서 말씀에 순종하려고 애써보세요. 혹시 자녀에게 실수나 잘못을 했을 때는, 미루지 말고 사과하세요. 그럴 때 오히려 영적 권위도 회복되고, 헝클어진 관계와 대화의 실밥도 하나씩 풀릴 수 있어요.

35

3일, 쉐마에 숨겨진 비밀

　오늘은 신앙전수의 비결에 대해 다루고자 한다. 자녀가 좋은 크리스천으로 자라기 위해 제일 중요한 것이 무엇일까? 아마도 대부분 좋은 주일학교 시스템을 갖춘 교회, 좋은 중고등부 목회자, 유스 사역자가 떠오를 것이다.

　하지만 성경은 전혀 다르게 이야기하고 있다. 신앙의 계승은 좋은 시스템, 특별한 노하우나 이벤트, 또는 호소력 있는 설득으로 되는 것이 아니다. 성경이 무엇이라 말하는지 함께 살펴보려고 한다.

당신들과 당신들의 자손은 주 당신들의 하나님께로 돌아와서
마음을 다하고 정성을 다하여 오늘 내가 당신들에게 명령한 주님
의 모든 말씀을 순종하십시오_신 20:2

간단하지만 획기적인 방법

1960년에 캘리포니아에 살던 30, 40대 부부들이 수양회로 모였다. 모임의 주제는 "어떻게 하면 아이들을 더 잘 양육할 수 있을까?"였다. 하지만 대화가 깊어질수록 문제가 해결되기는커녕 오히려 자녀 양육의 어려운 점들, 해결하지 못한 문제들이 계속 쏟아져 나왔다.

실망에 빠져 있던 참석자들에게 성령께서 지혜를 주셨는데, 그것은 간단하지만 획기적인 방법을 시도하는 것이었다. 즉, 성경에서 가정에 대해 무엇을 말하는지 찾아서 그대로 실천해 보기로 한 것이다.

결과는 놀라웠다. 부부가 서로 어떻게 살아야 하는지, 부모가 아이들에게 어떻게 대해야 하는지에 대한 새로운 방법을 찾을 수 있었다. 이들은 단지 성경에서 발견한 원리를 가정과 삶에 적용해 보았을 뿐인데[12] 가정이 회복되었고, 자녀가 변화되었다.

이 경험을 근거로 《그리스도인 가정의 신비》[13]라는 책이 출간되었고, 이 책으로 백만 가정 이상이 변화되었다.

순종의 운동이 일어나야

만일 당신이 자녀에게 부모의 신앙을 계승하기를 바란다면 감히 도전한다. 오늘부터 성경에서 말하는 신앙 전수의 원리를 단순히 순종하고,

실천해 보라. 이 일이 쉽지 만은 않다. 우리 안에 있는 죄성이 순종을 거부하기 때문이다.

그래서 성령께 의지하고, 도움을 구해야 한다. 성령의 충만한 역사로 이 땅의 모든 가정에 강력한 순종의 영이 임하기를 기도한다. 그래서 실용주의에 물든 다른 복음과 자기애에 갇힌 유아기적인 신앙을 깨뜨리고, 말씀에 순종하는 거룩한 회복 운동이 일어나기를 기도한다.

여러분에게 순종에 대해 도전하는 세 구절을 소개한다. 하나님께서 명령하신 쉐마(신 6:4~9), 예수께서 가르치신 영과 진리의 예배(요 4:23~24), 그리고 바울이 가르쳐주신 삶의 예배(롬 12:1~2)다.

우리는 이 말씀의 권위를 그 어떤 인기 작가의 베스트셀러나 명저, 고전, 대중적인 스테디셀러 등과 비교할 수 없는 높이에 둘 것이다. 베스트셀러 도서는 우리의 행동을 변화시키기 위해 그 당위성을 탁월하게 제시하고, 깊은 학식과 인문적 통찰력, 그리고 눈을 뗄 수 없는 필체와 실감 나는 사례로 독자를 설득한다.

하지만 성경은 논리적으로 설득하기보다 진리의 빛을 비추고, 영적인 감화를 주며, 사랑으로 강권하고, 인격적으로 명령한다. 이렇게 말씀에 순종함으로 하나님께 나아가면, 하나님의 영광이 우리의 죄를 깨뜨리고, 마음을 정결케 하며, 영혼을 소생시키며, 영생을 누리게 한다. 하나님께서 약속하신 복을 누리게 된다. 행동의 변화는 따라오는 부산물일 뿐이다.

> 그런즉 너는 알라 오직 네 하나님 여호와는 신실하신 하나님이시라 그를 사랑하고 그의 계명을 지키는 자에게는 천 대까지 그의 언약을 이행하시며 인애를 베푸시되_신 7:9

부모 세대가 하나님의 명령에 순종하고 성령께 의지할 때, 자녀들은 이전 세대와는 전혀 다른 세대로 새롭게 일어 날 것이다. 이들이 통일한국의 주역이 될 때 하나님 나라의 새로운 바람이 불 것이라 확신한다.

쉐마는 순종의 헌장

2019년 초여름, 하나님께서 눈 뜨게 해주신 '쉐마'는 순종과 실천에 대해 어느 때보다 육중한 무게로 다가왔다. 쉐마의 원뜻은 '듣다'가 아니라 '듣고 순종하다'이다. 히브리어에는 순종이란 단어가 없다. 말씀을 듣는 것과 순종하는 것은 하나의 개념이기 때문이다.

유대인의 안식일 만찬은 토라 말씀을 순종하기 위해 필사적으로 노력한 결과로 탄생한 가정 예배다. 이들은 쉐마를 구약에서 가장 중요한 말씀으로 여기고 애지중지하며 매일 아침저녁으로 암송한다.

> 이스라엘아 들으라 우리 하나님 여호와는 오직 유일한 여호와이시니, 너는 마음을 다하고 뜻을 다하고 힘을 다하여 네 하나님 여호와를 사랑하라 오늘 내가 네게 명하는 이 말씀을 너는 마음에 새기고, 네 자녀에게 부지런히 가르치며 집에 앉았을 때에든지 길을 갈 때에든지 누워 있을 때에든지 일어날 때에든지 이 말씀을 강론할 것이며, 너는 또 그것을 네 손목에 매어 기호를 삼으며 네 미간에 붙여 표로 삼고, 또 네 집 문설주와 바깥문에 기록할지니라 _신 6:4~9_

이 말씀이 바로 부모가 자녀에게 대대로 신앙을 계승하라고, 하나님이 명령하신 신앙 전수의 대헌장이다. 유대인은 이 명령을 순종해서 수천 년 동안 신앙을 전수해왔다. 이들의 가장 큰 의무는 토라를 연구하고 후손에게 전승하는 것이다.

당시 일반 백성이 전승을 이해하고 배울 수 있다는 개념은 그야말로 혁명적인 일이었다. 왜냐하면 일반 종교에서 전승은 오직 제사장에게만 알려진 비밀이기 때문이다.[14] 하나님은 이 특권을 모든 평범한 가장에게 부여하셨다. 그래서 모든 백성, 특히 아버지들이 말씀을 배워서 가족에게 가르치도록 하셨다.

최악의 환경에서 피어난 가정 예배

유대인이 쉐마의 중요성을 온몸으로 절감한 계기가 있었다. 출애굽 이후 광야 시절, 그들은 하나님이 모세를 통해 주신 쉐마 명령에 순종했고, 여호수아 세대까지 부모의 신앙을 자녀에게 전수했다.

> 여호수아가 죽은 뒤에도, 주님께서 이스라엘에게 베푸신 큰일을 눈으로 직접 본 장로들이 살아 있는 동안에는 주님을 잘 섬겼습니다_삿 2:7

그런데 부모세대가 죽자 문제가 일어났다.

> 그들이 죽은 뒤에 새로운 세대가 일어났는데, 그들은 주님을 알지 못하고, 주님께서 이스라엘을 돌보신 일도 알지 못했습니다_삿 2:10 하

쉽게 말해서 가나안 2세들은 자녀에게 신앙을 전수하는데 실패한 것이다. 그 결과 유대인은 성전이 파괴되는 재앙을 겪었고, 나라도 빼앗기고, 혹독한 포로 생활을 하게 되었다. 더 이상 성전 예배를 드릴 수 없었다. 그래서 그들은 예배를 가정으로 들여오기 시작했다.[15]

그들은 최악의 바닥을 경험하면서 비로소 정신을 차렸다. 부모가 직접 신앙을 전수하지 않으면 미래가 없다는 것을 깨달았기 때문이다. 그때부터 유대인은 쉐마를 민족 최고의 신앙 헌장으로 삼고, 목숨 걸고 순종하기 시작했다. 말씀 그대로 하나님을 사랑하는 것을 지상 목적으로 생각했다.

그분을 사랑하는 최고의 방법이 자녀에게 성경을 가르치는 것이었고, 가르치는 방법이 강론이고, 여기에서 질문 중심의 대화와 토론인 하브루타가 창안되었다.[16] 그들은 가장 안전한 곳인 가정을 하나님의 임재가 있는 최소단위의 예배 처소(a little sanctuary, 겔 11:16)로 삼았다.

> 비록 내가 그들을 멀리 이방 사람들 가운데로 쫓아 버렸고, 여러 나라
> 에 흩어 놓았어도, 그들이 가 있는 여러 나라에서 내가 잠시 그들의 성소
> 가 되어 주겠다_겔 11:16.

그들은 토요일 오전 회당예배와는 차별된 금요일 저녁 안식일 만찬 예배를 설계했다. 이 안식일 식탁에서 3~4대가 모여 식사를 나누고, 토라와 일상 이슈들을 갖고 질문하고 토론하며 대화를 나누었다.. 이 만찬이 우리가 가장 눈여겨 봐야할 대화식 가정 예배의 모델이다.

이 책을 쓰게 된 이유도 비슷하다. 이 땅에 복음이 들어온지 140년 만에 다음세대가 미전도종족으로 전락했고, 인구절벽이라는 재앙을 경험하면서 부모 세대가 정신 차려야 한다는 위기감을 갖게 된 것이다. 다시 성경으로 돌아가서 그 말씀에 순종하지 않으면 유대인처럼 예배처소가 모두 무너지게 생겼기 때문이다.

절대로 가벼운 이야기가 아니다. 이 문제에 목숨 걸고 대안을 마련하지 않으면 불과 5~10년 후에 한국 교회는 재앙을 만나게 될 것이다. 성경으로 돌아가서, 구약의 지상명령으로 불리우는 쉐마 명령에 부모들이 순종하는 운동이 일어나야 한다. 그래야 희망이 있다.

부모가 회개하고, 자녀에게 선교하는 거룩한 무브먼트가 일어나야 한다. 신앙의 계승은 부모가 순종할 때 반드시 실현된다. 이것은 하나님의 약속이기 때문이다.

> 네가 내 말에 순종했으므로 네 자손을 통해 이 땅의 모든 민족들이 복
> 을 받을 것이다_창 22:18

신앙 계승의 원동력

사실 유대인의 환경은 자녀에게 신앙을 전수하는데 최악이었다. 무려

3,000여 년을 전 세계에 흩어져 살며 수많은 박해와 핍박을 받았다. 이 나라 저 나라 떠돌아다니며 긴 유랑 생활을 했다.[17] 자녀들은 이렇게 나라를 잃게 만든 부모가 믿는 신을 얼마든지 거부하고 덧나갈 수도 있었다. 한국 교회와는 비교조차 안 되는 나쁜 환경이었다.

하지만 이런 악조건 속에서도 유대인은 자녀에게 신앙을 끊임없이 전수했다. 그 비결은 훈계와 잔소리로 자녀를 설득했기 때문도 아니고, 좋은 책이나 최고의 학교 과정 때문도 아니다.

오직 안식일 명령과 쉐마를 문자 그대로 순종했기 때문이고, 가정에서 부모가 친밀한 관계 속에서 질문과 대화 중심으로 말씀을 가르쳤기 때문이다. 이것이 수천 년 동안 포로 생활과 떠돌이 생활, 나치에 의한 대량 학살이라는 최악의 환경에서도 민족의 정체성과 신앙을 계승하게 해준 원동력이 되었다.

개신교도 이천 년 역사 속에서 복음 때문에 수많은 핍박과 학살, 순교를 경험했다. 최근에는 사회와 다음 세대로부터 교회가 외면당하는 수치를 겪고 있다.

지금이라도 늦지 않았다. 하나님께 회개하고 다시 시작하면 된다. 유대인이 가능했다면, 복음을 믿는 개신교는 더더욱 가능하다. 비록 시간은 좀 걸리겠지만, 바로 순종이 미전도 종족이 된 다음 세대와 200만 가나안 성도를 다시 일으킬 유일한 해법이다.

"부모 세대의 삶, 녹록지 않았어요"

어느 부모가 그러더군요. "우리 부모들은 자신을 희생한 죄밖에 없어요." 맞아요. 모든 부모는 위대해요. 부모 세대도 녹록지 않은 삶을 살았어요. 특히 386 세대만큼 자신을 희생해서 나라를 위해 경제 성장과 민주화를 위해 그리고 자녀를 위해 헌신한 세대도 없을 겁니다.

우연히 배우 이순재가 예능 프로그램에서 고백하는 모습을 보고 가슴이 뭉클했어요. 결혼 후 그는 한 달에 5일 정도만 집에서 잘 수 있었답니다. 쥐꼬리만 한 출연료 때문이지요. TV 프로그램 하나로는 먹고 살 수가 없어서 대여섯 개의 영화를 계약하고 하루에 동시에 네 편의 영화를 찍기도 했어요. 그래서 자녀들에게는 아버지에 대한 기억이 없답니다. 그것이 당시 배우 직종의 삶의 현실이었지요. 그는 아버지 노릇을 제대로 할 수 없었던 것이 자신의 인생에서 유일한 회한이라고 고백했어요.[18]

신앙의 본이 되어야 할 목회자들의 삶도 녹록지 않아요. 한국 교회가 존경하는 옥한흠 목사님도 자녀들에게는 목회하느라 바쁜 목사에 불과했어요. 큰아들 옥성호는 조선일보 인터뷰에서 "나에게 아버지는 영원히 실종된 존재"라고 고백했어요. "늘 빈자리였습니다. 아버지를 필요로 할 때 존재감을 느껴본 적이 없으니 부재 不在를 부재로 느껴본 적도 없죠."[19]

옥 목사님은 '매주 가정 예배를 드리자'는 약속조차 지키지 못했고 두세 번 하다 말았대요. 옥성호는 고등학교 2학년 때, 새로 산 가정 예배 교재에서 처음 재미를 느끼고 늦게 귀가한 아버지 뒤를 쫓아 들어갔는데, 옷도 벗지 않은 채 이부자리에 누워 있는 아버지의 힘없는 모습을 보고, 더는 가정 예배라는 말을 꺼낼 수 없었답니다. 교회의 회복을 이끈 거인이 가정에서는 '없는 존재'와 다름없던 것이지요. 언제나 일과 세상에 시달리던 우리 아버지들처럼.[20]

누가 누구를 비난할 수 있을까요? 그저 먹먹한 가슴을 쓸어내릴 뿐입니다. 서민 가장이 생존과 씨름하고, 목사는 목회를 위해 자신의 삶을 희생하면서, 가정은 아버지의 부재로 멍들어갔어요. 부모는 자녀와 정신적, 영적 유산을 나누기보다 성공과 학력을 위한 거대한 입시 지옥에 자녀의 등을 떠밀거나, 자신의 인생을 각자도생으로 헤쳐가도록 방치했고요.

그 사이에 가정의 영광과 가치, 행복을 경험하지 못한 일그러진 세대가 빠른 속도로 양산된 것이죠. 그리고 이들은 부모 세대에 반기를 드는 특성을 보이게 되었습니다. 제가 부모 세대만의 책임이 아니라고 한 이유는, 우리도 부모들로부터 이런 문화를 전수받았기 때문이에요. 또한 우리도 모르게 그 유산을 자녀에게 전달하고 있습니다. 악순환이죠. 적어도 우리 세대에서는 비성경적인 대물림을 끊고, 더 이상 다음 세대에게 악영향을 끼치지 말아야 해요.

신앙 전수의 청사진

이제 쉐마(신 6:4~9)에 대해 나누려고 한다. 개신교는 지난 2천년 동안 이 쉐마 말씀의 놀라운 가치에 무지했거나, 평가절하해 왔다. 2019년 예배 포럼 이후 이 말씀을 계속 묵상하면서 신앙 전수에 관한 청사진이 더욱 구체화 되었다. 이를 일곱 가지로 정리해보았다.

하나, 신앙 전수는 하나님의 명령이다.

쉐마는 모든 성도에게 주어진 신앙 전수에 관한 하나님의 명령이자 원안 original plan이다. 하나님의 명령은 주군이 아닌, 명령의 대상이 유익을 얻는다. 주군의 유익만 추구하는 세상의 명령과는 차원이 다르다. 유대인은 이 명령에 순종해서 수천 년 동안 신앙을 계승한 복을 누려왔다.

예수님도 쉐마를 모든 율법 가운데 '가장 크고 첫째 되는 계명'(마 22:37, 38)이라고 강조하셨다. 하지만 개신교는 이 명령을 소중히 여기지도, 순종하지도 않았다. 그 결과 지난 2천 년간 복음이 들어간 지역과 대륙마다 2~300년 주기로 교회가 흥왕했다가 쇠퇴했다. 안타깝게도 그곳엔 이단과 타종교가 득세하는 비극이 반복되었다.[21]

신앙 계승의 위기는 주일학교 시스템이나 전략의 실패가 아니라 불순종의 문제다. 그러므로 교회는 대안을 찾기 위해 새로운 해법이나 대규모 이벤트, 프로그램을 찾고 개발하느라 쓸데없는 에너지를 허비할 것이 아니라, 하나님의 말씀에 순종하는 기본부터 다시 시작해야 한다.

둘, 신앙 전수의 주체는 주일학교가 아니라 부모다.

하나님께서 신앙 전수라는 중요한 역할을 유수한 학교가 아닌 부모에게 맡기신 이유는, 가정이 가장 친밀한 공동체로서의 힘을 갖고 있기 때문이다. 하나님의 말씀은 마음과 마음, 영혼과 영혼이 연결된 공동체 안에서 강론되어야 한다.[22] 주일학교는 부모를 돕는 구조로 바뀌어야 한다.

셋, 쉐마는 구약의 지상명령이다.

쉐마의 가려진 비밀을 밝혀내어 학계를 놀라게 한 현용수 박사는 신약의 지상명령이 땅끝까지 복음을 전하는 수평적 선교라면 구약의 지상명령은 자녀에게 신앙을 전하는 수직적 선교[23]라는 화두를 던졌다.

넷, 가정은 신앙 전수 최적의 장소다.

그 검증된 모델이 유대인 가정의 안식일 밥상머리 예배다. 탈무드의 대가 마빈 토케이어가 말한 것처럼 유대인 교육의 핵심은 가정이고, 식사 시간이다.[24] 이들은 쉐마와 안식일 저녁 만찬을 융합하여 자기들만의 독특한 가정 예배를 계발했다. 유대인이 2천 년 가까이 나라 없이 떠돌면서도 유대인으로서 정체성을 잃지 않은 데는 회당도 랍비도 아닌, 쉐마를 실천한 가정 덕분이다.[25]

다섯, 안식이 가정을 지킨다.

유대인의 만찬 가정 예배가 수천 년을 이어온 또 하나의 이유는 안식일 때문이다. 이들의 안식일 만찬은 단순한 율법 준수가 아닌, 세상의 시스템과 바쁨의 철학을 거부하고 쉼을 쟁취하는 건강한 저항이다.

안타깝게도 현대 교회는 이 '안식'의 가치를 율법의 사문 조항으로 폐기해버렸다. 성도들은 안식의 복을 누리지 못한 채 피로사회[26]에 지배당하며 살고 있다. 그러니 말씀에 순종해서, 일주일에 하루저녁 만이라도 각종 미디어와 전화로부터 방해받지 않는 상황에서 함께 시간을 보내보자.

특히 하나님 임재 안에 대화하며 예배하는 자리는 가장 가치 있는 안식의 시간이다. 이 가치를 SNS와 드라마, 게임과 바쁜 일로 대체하는 것은 천국을 지옥과 맞바꾸리 만큼 어리석은 행위다. 우리가 안식을 지키는 것이 아니라 안식이 우리 가정을 지켜준다는 것을 잊지 말아야 한다.

여섯, 신앙 전수 방법은 친밀한 대화다.

신명기 6장 7절의 '강론'은 다바르, 즉 '이야기하다', '대화하다', '친하게 사귀다'는 뜻이다. 이 단어가 이 책을 쓰도록 시동을 걸어줬고, 자녀를 가르치는 소통방식에 커다란 패러다임의 전환을 일으켜 주었다.

서로가 질문하고 대화하고 토론하는 하브루타가 여기에서 파생됐다. 한국에 최고의 교육방법론으로 소개된 하브루타는 사실 하나님의 신앙 전수 방법론이다. 이는 부모와 자녀가 친밀한 관계 속에서, 말씀에 대해 질문하고 토론하며, 그분의 뜻을 분별하여 실천하는 가장 탁월한 도구다.

일곱, 대안적 가정 예배를 제안한다.

이 구절에서 전통적인 가정 예배의 한계를 해결할 대안적 예배, 즉 대화식 가정 예배가 탄생했다. 이는 일주일 중 하루를 온 가족이 만찬과 다과를 나누며 말씀과 삶에 대해 자유롭고 수평적이며 활발한 대화를 나누는 예배다. 일방적으로 설교하는 예배가 아닌, 친밀한 질문으로 상호 소통하는 예배다. 이를 통해 자연스럽게 신앙의 대물림이 일어난다.

신앙 전수는 최적기가 있다. 일찍 시작할수록 좋다. 말문이 트인 두세 살부터 10년만 매주 반복해서 대화식 가정 예배를 드리면 신앙 전수가 끝난다. 유대인 자녀가 열두 살(남자는 열세 살)에 치르는 성인식이 이를 증명한다.

물론 유대인의 수천 년 율법 준수 문화와 개신교 한국 교회 상황에는 큰 간격이 존재한다. 하지만 복음을 믿는 개신교가 하나님의 신앙 전수 원안을 순종하고 실천한다면 율법에 순종한 유대인과 비교할 수 없는 열매가 맺힐 것이라 확신한다.

그래서 10년 동안 매주 대화식 가정 예배를 드려서 사춘기 이전에 신앙 전수를 끝내는 청사진을 한국 교회에 제안하고 싶다

묵상질문

1. 60년대에 켈리포니아에 살던 3-40대 부부들이 시도한, 간단하지만 획기적인 행동이 무엇이었는가?

2. 유대인이 쉐마 명령을 목숨 걸고 지키기 시작하게 된 동기가 무엇인가?

"쉐마는 유대주의 사상 아닌가요?"

답부터 말씀드리면 단연코 유대주의 사상이 아니에요. 이런 질문이 나온 배경에는 아마도 하브루타가 20여 년 전 한국 교회에 처음 소개되었을 때, 유대교 풍습으로 오인하거나 일부 적용이 적절치 않아 한국 교회가 등을 돌린 일에 영향을 받은 듯합니다.

실제로 안식일 만찬 가정 예배 모델은 유대인의 문화와 관습 속에서 형성된 양식이지요. 하브루타도 그 속에서 꽃핀 양식이라 한국 교회는 물론 가부장적 문화에 젖어 있는 우리 가정에 그대로 적용하기가 쉽지 않은 면이 있습니다. 하지만 유대주의 사상 논쟁은 차원이 다른 문제예요.

한 번은 쉐마 자료를 검색하다가 우연히 쉐마 인성교육은 엉터리 교육사상이고, 신앙 전수는 유대주의라는 주장을 접했어요. 자세히 살펴보니 이 주장의 핵심은, 기독교 교육은 신앙 전수가 아니라 회심이라는 논리더군요. 처음엔 그럴듯한데, 알고 보면 언어유희에 불과해요. 부모가 전수해야 할 신앙에는 당연히 복음이 포함되어 있기 때문이에요. 즉, 신앙 전수 과정에서 회심은 필수지요.

전수의 성경적 의미는, 바울이 빌립보교회를 향해 "너희는 내게 배우고 받고 듣고 본 바를 행하라"(빌 4:9 상) 권면한 내용에서 찾을 수 있어요. 그는 빌립보 교인들을 4단계로 양육했는데, 그 둘째 단계가 '받고'received, 즉 전수 handing on에 해당해요. '받고'의 헬라어는 '받아들이다, 친밀한 관계가 있는 어떤 사람과 교제하다'는 뜻이에요. 즉 바울의 신앙 전수에는 친밀한 관계 속에서 삶으로 보여주는 과정도 포함되어 있어요. 이것이 바로 부모가 자녀에게 실천해야 할 신앙 전수의 참 모습이에요.

조심할 것도 있어요. 쉐마와 관련된 유대인의 다양한 관습과 율례를 지나치게 강조하거나, 거기에 집착하는 것은 조심해야 해요. 갈라디아에 사는 일단의 유대인 그리스도인은 이방인이 복음을 믿기 전에 먼저 할례를 받고 유대교로 개종해야 그리스도인이 될 수 있다고 주장했어요. 바울은 이런 주장을 '다른 복음'으로 치부하고 강하게 경계했지요.

> 여러분이 이미 받은 것과 다른 복음을 여러분에게 전하는 사람이 있다면, 그가 누구이든지, 저주를 받아야 마땅합니다. 갈 1:9

한편, 율법과 은혜를 대결구조로 놓고, 믿음으로 구원받았으니 율법은 폐지되어야 한다는 주장도 위험한 것이에요. 바울은 오히려 믿음으로, 율법이 원래 의도한 위치로 굳게 세워진다고 했어요.

> 그러면 믿음으로 말미암아 우리가 율법을 폐합니까? 그럴 수 없습니다. 도리어 율법을 굳게 세웁니다. 롬 3:31

은혜는 예수를 믿음으로 거저 받는 선물이고, 율법은 성도가 어떻게 살아야 하는지에 대한 원리입니다. 초등학교 3~4학년 이상의 자녀와는 이 정도의 논쟁을 주제로, 얼마든지 질문하고 토론할 수 있어요.

이것 하나만큼은 분명히 하면 좋겠어요. 쉐마는 사상이 아니라 실천이라는 점! 즉, 쉐마는 성삼위 하나님을 사랑하고, 부모가 말씀을 마음에 새기며, 자녀에게 말씀을 강론하여 복음을 전수하는 실천 강령이에요. 신앙 전수는 신학적인 논리도, 신앙적 신념이나 사상도 아닌, 준엄한 하나님의 명령이에요. 우리는 쉐마 말씀에 대한 쓴소리에 반격하기보다는 달게 받고, 신앙을 전수할 때 더 겸손하게 기도하며, 순종함으로 복음을 전수하는 일에 더 집중해야 합니다.

4일, 가정과 식탁의 잠재력

"혀끝에서 세계가 펼쳐진다."[27]

– 앤드류 서터

오늘은 이 책이 다루는 가장 중요한 키워드 3개만 살펴보려고 한다. 그것은 가정, 식탁, 안식이다. 기존의 가정 예배 관점에서 보면 서로 어울리지 않는 이상한 조합 같아 보인다. 하지만 이 용어들은 대화하는 가정 예배를 드리는데 매우 튼튼한 기초를 다져줄 것이다.

오늘의 묵상구절

생육하고 번성하여 땅에 충만하라, 땅을 정복하라, 바다의 물고기와 하늘의 새와 땅에 움직이는 모든 생물을 다스리라_창 1:28

내 살을 먹고 내 피를 마시는 자는 내 안에 거하고 나도 그의 안에 거하나니_요 6:56

만일 여러분이 예배의 본질을 알면 예배와 가정이 얼마나 긴밀한 연관성이 있는지 알게 될 것이다. 예배는 하나님과 만나는 사건이다.

이스라엘 백성이 애굽을 탈출해서 홍해를 건너 시내광야에 도착했다. 그때 하나님이 시내산에서 모세를 부르시고 인류 최초로 예배제도를 제정하셨다. 그리고 이 제도를 만드신 자신의 의도를 말씀하셨다.

거기서 내가 너와 만나고_출 25:22 상반절, 개역개정

'거기서'는 지성소다. 이곳은 여섯 평밖에 안 되는 작은 공간이다. 예배는 하나님과 예배자가 일대일로 만나는 가장 친밀한 사건이다. 이 예배를 가장 친밀하게 경험할 수 있는 공간이 바로 가정이다. 수많은 사람들이 함께 모이는 교회보다 소수의 가족이 모이니 더 가깝고, 더 자연스럽고, 더 친밀한 만남이 가능한 최적의 장소다.

가정의 놀라운 잠재력

하나님은 가정을 창시하셨다. 이곳에서 우리는 하나님의 사랑을 배우고, 관계를 훈련받고, 인성을 갖추며, 꿈을 키워 간다. 기능이 아닌 존재의 가치를 배운다. 무엇보다 하나님의 말씀을 상고하며 그리스도인으로서

51

의 삶을 훈련받는 영적인 공간이다.

하지만 오늘날 현대인에게 가정은 퇴근해서 쉬고 취침하고 다시 출근하는 숙박시설로 변질되어 가고 있다. 그래서 수많은 가정이 정서적으로나 영적으로 기아 상태로 쓰러져 가고 있다. 하나님은 태초에 가정을 창시하실 때 오늘날처럼 초라하고 말라비틀어진 숙박시설로 만들지 않으셨는데 말이다.

현대인은 하나님이 만드신 가정이 얼마나 아름다운 곳이고, 그곳이 얼마나 큰 잠재력을 지닌 집단이며, 그곳에서 얼마나 대단한 일이 벌어지고 있는지 망각하고 살고 있다.

가정은 모든 면에서 우리가 상상하는 그 이상이라고 보면 맞다. 먼저 가정은 인간관계의 모든 영역, 즉 지적이고 정서적인 영역, 의지적이고 영적인 영역까지 연습하고, 훈련받고, 실현할 수 있는 작은 세상이다.

또한 가정은 위대한 꿈을 꿀 수 있는 드넓은 우주이며, 선과 악을 분별하는 훈련소이기도 하다. 나아가 가정은 자신의 있는 모습 그대로 용납되고 수용되는 안전지대이며, 사랑과 공의를 경험하는 지상 천국이다.

가정에게 주어진 복

하나님께 가정은 그 어느 집단보다 최우선적인 관심의 대상이자 가장 좋아하시는 집단이다.

> 하나님이 지으신 그 모든 것을 보시니 보시기에 심히 좋았더라_창 1:31 상, 개역개정

하나님께서 이런 가정에게 복을 주시는 것은 당연한 것이다

> 하나님이 그들에게 복을 주시며_창 1:28 상

올림픽에서 금메달을 받았다면 얼마나 큰 복이요 영광이겠는가? 하물며 창조주 하나님께서 주시는 '복'은 이 땅의 '상'이나 '복'과는 차원이 다른 영광이다. 이 복이야말로 가정이 지닌 잠재력의 원천이다.

그런 면에서 가정은 지구상의 그 어떤 집단보다 값지고 무한한 가능성을 지닌 기관이다. 이 복은 하나님께서 지시하신 명령으로 더욱 확장된다.

가정에 부여된 문화명령

> 생육하고 번성하여 땅에 충만하라, 땅을 정복하라, 바다의 물고기와 하늘의 새와 땅에 움직이는 모든 생물을 다스리라 창 1:28

이 구절은 성경의 양대 명령 중 하나인 문화명령 Cultural Mandate이다. 지상 명령 Great Commandment과 문화명령은 서로 뗄래야 뗄 수 없는 불가분의 관계다. 쉽게 말하면, 하나님의 형상으로 지어진 인간이 문화 명령을 따라, 하나님의 성품으로 자녀를 낳고, 양육해서 신앙을 전수할 때, 그 자녀들도 자연스레 자녀를 낳고, 양육하고, 다음 세대에게 신앙을 전수할 것이다.

나아가 가정에서 훈련된 하나님의 성품으로 세상을 섬기고, 사업을 경영하게 된다. 그럴 때 일상에서 복음 전하고, 제자 삼는 지상 명령이 자연스레 성취될 수 있다. 대대로 신앙과 삶이 일치하는 신앙의 명가를 이루게 되는 거다. 그런 의미에서 가정은 개인의 차원을 넘어 하나님 나라의 사명이 부여된 공적인 집단이다.

혹자는 가정에게 인류의 회복과 번영의 사명이 주어졌다는 것을 받아들이지 못할 수도 있다. 가정은 자녀를 낳고 열심히 양육해서 좋은 대학 보내고, 좋은 직장 취직해서 결혼하고 행복한 가정을 이루는 역할만 잘해도 충분하다고 여길 수도 있으니까 말이다.

하지만 중요한 것은 성경이 어떻게 말하고 있는가이다 성경은 가정에게 세상을 다스리고 정복하는 사명이 부여되었다고 선언한다. 인류를 경영하고 구원하는, 대 사명의 성패가 가정이라는 최소단위에서 좌우되는 것이다.

디트리히 본회퍼 목사가 감옥에 있을 때였다. 그는 결혼을 앞둔 여조카를 위해 결혼 축하 설교문을 보냈다.

> "결혼이란 서로 사랑하는 것 이상이란다. 연애는 너희 두 사람만의 일일지 모르지만 결혼생활은 네가 하나님께 영광을 돌릴 다음 세대를 연결하는 고리 역할을 하게 된단다.
> 연애 중일 때는 네 행복만을 생각하겠지만 막상 결혼하게 되면 세상과 인류를 위한 책임을 지게 되는 것이지."[28]

그는 결혼의 목적이 서로 사랑하는 두 사람이 행복하게 사는 사적인 영역을 넘어, 세상과 인류를 위한 책임을 감당하는 공적인 사명까지 포함된다고 했다.

특히 결혼을 '다음 세대의 연결고리'라는 표현한 것이 가슴에 남는다. 자녀의 유무와 상관없이 다음 세대에게 신앙을 전수하는 일은 하나님께서 모든 성도의 가정에 주신 영광스러운 사명인 것이다.

가정에 대한 성경적인 비전이 있는 부부와 없는 부부의 삶은 완전히 다르다. 시작은 별 차이가 없어 보이지만, 시간이 흐를수록 엄청난 간격이 벌어진다. 그 열매는 자녀에게 드러난다. 대화식 가정 예배는 하나님께서 주신 가정의 비전을 실현하게 해주는 통로이자 산실이다

예배를 축제로 만드는 식탁

가정 예배와 식탁은 서로 상관 없는 별개의 것으로 여길 수 있다. 하지만 먹고 마시는 것은 기독교 예배 안에 중요한 상징으로 사용될 뿐 아니

라, 예배의 정점을 차지하기도 한다.

예를 들어 구약의 화목제사에는 중요한 식탁의 교훈이 담겨 있다. 화목제는 번제와 소제와 달리 제물의 일부는 제사장, 일부는 예배자에게 돌려준다. 제물에 사용된 고기는 하루 이틀 안에 모두 먹어야 했다.

그래서 화목제사가 진행 될 때는 성소 근처에서 가족, 친지, 이웃과 함께 즐거운 고기 파티가 열린다. 제사 때 드린 제물을 공동체와 함께 먹고 마시는 것은, 예배를 축제로 연결하는 중요한 사례였다.

그런 면에서 한국 교회나 이민 교회가 주일예배 마치고 식탁 교제를 나누는 것은 예배가 코이노니아(교제, 친교)와 디아코니아(봉사, 섬김)로 연결되는 매우 중요한 축제적 요소다.

초대교회 성도들도 유월절 만찬 때 음식을 먹으며 자녀들과 출애굽 이야기를 나눴다. 그때 먹는 구운 양고기는 유월절 어린양 제물을 기억하기 위함이고, 무교병은 그들의 조상들이 이집트를 급하게 떠나서 빵을 누룩으로 부풀릴 시간도 없는 긴박함을 상기시키기 위함이었다.

쓴 나물과 무교병을 젓에 적셔 먹는 것은 조상들이 견뎌온 이집트에서의 고통스러운 삶을 기억하기 위함이었다.[29] 조상의 구원 이야기를 음식을 먹고 마시며 오감으로 자녀에게 전수한 것이다.

오늘 우리가 드리는 성찬의 유래도 예수님의 식탁이 그 모델이다. 성찬식은 유월절 마가의 다락방에서 제자들과 나눈 예수님과의 마지막 만찬을 기념하는 의식이다. 이것은 십자가 사건을 재현하며, 예수님과 연합하는 예배의 정점이다.

예수님은 자신을 '생명의 떡'(요 6:35)이라 하셨다. 모일 때마다 예수님을 상징하는 떡과 포도주를 먹고 마심으로 자신을 기념하라 하셨다.

축사하시고 떼어 이르시되 이것은 너희를 위하는 내 몸이니 이것을 행하여 나를 기념하라 하시고, 식후에 또한 그와 같이 잔을 가지시고 이르시되 이 잔은 내 피로 세운 새 언약이니 이것을 행하여 마실 때마다 나를 기념하라 하셨으니_고전 11:24,25

우리 인생에서 가장 즐거운 경험은 맛있는 음식을 좋은 사람들과 함께 나누는 식사시간이다. 그런 면에서 가정 예배 때 가족과 함께 맛있는 식탁을 나누는 것은 특별한 예식이자 축제의 시간이다.

밥상머리를 살려야

우리는 성경과 예배의 전례를 통해서, 먹고 마시는 것이 예배와 별개가 아닌, 상당히 직결된 행위라는 것을 알 수 있었다. 그런데 이 식탁이 가장 친밀하게 반복되는 공간이 바로 가정의 밥상머리다.

가족을 의미하는 식구는 한자로 먹을 식食과 입구ㅁ다. 밥을 함께 먹는 관계를 의미한다. 얼마나 정이 있고, 가슴 따스한 말인가? 가족이 함께 모일 수 있는 가장 효과적인 장소는 식탁이다.

인간의 문화 가운데 가족과 식탁에 둘러앉아 함께 먹고 마시는 행위만큼 따스하고, 친밀하며, 성스럽고, 인격적인 것이 또 있을까? 이 밥상머리는 단순히 배고픔을 해결하는 것 이상의 가치가 있는 자리다. 우리 선조들은 이 밥상에서 예의와 예절, 인내, 경청, 배려, 소통을 배웠다. 밥상은 단순히 식사 한 끼 먹는 것을 넘어 전인교육과 인성교육의 장이었다.[30]

이렇게 소중한 밥상머리가 오늘날 무너지고 있다. 1인 가구가 1천 만명에 육박하고 있다. 그나마 자녀가 있는 가족도 1주일에 한 번 만나기도 쉽지 않은 실정이다. 국가의 시작인 가정이 친밀함과 행복을 누리지 못하니 국가도 존폐위기에 빠지고 만 것이다.

오랫동안 밥상머리를 연구해온 이대희 교수는 국가 개조 차원에서 적어도 일주일의 하루는 '가족의 날', 아니면 저녁 시간만이라도 '가정의 몫'으로 돌려줘야 한다는 화두를 던졌다.[31] 온 교회와 나라가 달려들어 가정과 밥상머리를 살려야 한다. 그만큼 지금 대한민국은 심각한 위기상황이다.

가정의 식탁문화 회복으로 국가 개조를 운운하는데, 하물며 밥상머리가 하나님이 임재하는 예배의 자리로 회복 된다면 이 나라에 부흥이 일어나지 않겠는가? 대한민국의 영적 회복을 위해, 적어도 일주일에 하루는 가족과 함께 하는 '주의 날', 아니면 저녁 시간 만이라도 '하나님의 몫'으로 돌려드려야 하지 않겠는가? 한국교회가 결단하고 나아간다면 다음세대의 회복은 물론, 한국사회에도 놀라운 회복이 시작될 것이다.

묵상질문

1. 성경은 가정에 공적인 사명(창 1:28)이 주어졌다고 말한다. 내가 생각하는 가정의 역할과 성경이 말하는 가정의 사명에는 어떤 차이가 있는가?

2. 한국교회 전체가 일주일에 하루 저녁을 가족과 함께 하나님께 드리기로 결단한다면 어떤 일이 벌어질 것이라고 생각하는가?

"가정 예배 버전의 성찬이 필요해요"

레오나르도 다빈치는 중세 르네상스가 시작된 피란체에서 활동하던 화가였어요. 그가 남긴 최고의 작품 중 '최후의 만찬'이란 그림이 있어요. 다빈치가 이 그림을 그린 곳은 캔버스가 아니라, 산타 마리아 델레 그라치에 성당의 식당 벽이었어요.

이탈리아 여행 중에 이 그림을 직접 볼 기회가 있었지요. 500년 전 이곳에서 숱한 순례자가 벽면 가득 채운 이 그림을 보며 식사를 했을 거에요. 아마도 그들에게 이 시간은 예수의 만찬에 참여하는 거룩하고 성스러운 시간 여행처럼 느껴졌을 겁니다.

최후의 만찬은, 예수께서 로마 군병에게 잡히시기 전에 제자들과 마지막으로 보낸 유월절 식사를 의미해요. 왜 예수는 유월절에 마지막 만찬을 하셨을까요? 왜 오늘 우리는 예배 때 그날을 기념해서 성찬을 하는 걸까요?

유월절은 이스라엘 백성이 애굽에서 해방된 날을 기념하는 절기에요. 이스라엘의 출애굽 전날은, 전운의 긴장이 감도는 칠흑같이 어두운 밤이었어요. 그들은 하나님의 명령대로 가정마다 어린양을 잡아 좌우 문설주와 상인방에 피를 바르고, 머리와 다리와 내장은 불에 굽고, 누룩을 넣지 않은 빵과 쓴 나물을 곁들여 함께 먹었어요(출 12:5~9).

예수님은 그때 죽어간 수백만의 어린양처럼 자신도 곧 십자가 달려 죽을 것을 직감하셨을 것입니다. 오늘날 유월절과 최후의 만찬을 기념해서 먹고 마시는 의식은 기독교 예배의 정수입니다. 가정의 식탁에서 시도할 수 있는, 성찬과 애찬 중간 단계의 만찬이 있으면 좋겠다는 생각을 오래 해왔어요. 이는 향후 우리 연구소나 예배학자들이 풀어야 할 과제이겠죠. .

5일, 안식이 가정을 지킨다

    오늘은 안식과 가정 예배의 연관성을 살펴볼 것이다. 유대인이 3천년 동안 대화식 가정 예배를 지속적으로 드릴 수 있었던 이유는 안식일 계명이 든든한 역할을 했기 때문이다.

    구약의 안식일 계명이 오늘 우리에게 어떠한 의미를 주는지? 오늘날 우리가 가정 예배를 드릴 때 안식이 어떤 의미와 역할을 하는지 살펴 보자.

오늘의 묵상구절

"하나님이 그가 하시던 일을 일곱째 날에 마치시니 그가 하시던
모든 일을 그치고 일곱째 날에 안식하시니라."

_창 2:2

쉼은 사치?

쉼 없이 일 해야만 생존하는 현대사회에서 온 가족이 모여 앉아 가정
예배 드리는 시간을 확보하기란 여간 어려운 일이 아니다. 현대 사회는
인간의 가치를 일과 기능, 능력과 성과로 평가한다. 가정은 생존을 위해
더 많이 일하고, 더 많이 벌기 위해 존재하는 숙소로 변질되었다. 그러니
쉼을 강조하는 것은 현실감 없거나 사치로 치부될 수도 있다.

이런 세상에서 안식을 주장하는 것은 월터 브루그만의 책 '안식일은 저
항이다'처럼 세상의 시스템과 철학에 순응하지 않고 저항하는 용기이며
도전이다.[32] 그런 의미에서 출애굽 사건은 이스라엘을 과도한 일의 노예
로 몰아가는 바로 왕의 속물적 욕망과, 그 땅을 탈출시켜 예배의 가치를
회복케 하시려는 하나님과의 거룩한 전쟁이었다.

안타깝게도 기독교의 가장 중요한 가치 중 하나인 '안식'은 오늘날 교회
가 가장 소홀히 여기는 가치이기도 하다. 구약의 안식일 계명은 예수님의
십자가 부활로 구속되고 완성되었으니 신약 성도들에게는 더 이상 따를
필요없는 제도라는 인식이 팽배하다.

과연 안식은 21세기 교회에 불필요한 계명이고, 단절된 창조의 원리에
불과할까? 돈을 벌고, 학원 보내고, 교회 성장을 위해서라면 가족과의 대
화 시간이 축소되고, 가정 예배 드리고 안식할 시간은 희생되어도 면죄부
를 줘야 하는 것일까?

문명을 뛰어 넘는 기술

16세기 영국 국교는 주일에도 오락과 장사, 음탕한 연극, 춤, 놀이, 사냥 등에 온통 빠져 있었다. 청교도들은 이같은 풍습을 배격하기 위해 구약의 안식일 원리를 철저하게 적용하여 주일을 성수하도록 강권했다.

이들은 주일에 하지 말아야 할 것을 엄격하게 금하기보다, 하나님을 예배하고 기쁘게 하는 일, 말씀을 배우는 일, 가정 예배로 신앙 전수하는 일을 더욱 강조했다. 그 결과 청교도들을 탄압하던 의회가 무릎을 꿇었고, 이로 인해 주일을 거룩하게 지키는 성수주일 개념이 시작되었다.

루터와 칼빈 같은 종교개혁자들은 예수의 구속 사역으로 인해 안식일 의식의 연속성은 폐지되었지만, 안식일의 고유한 신학적 의미는 주일로 연계되었다고 여겼다. 그것은 "안식일의 주인"(마 12:8)이시며, 진정한 쉼을 주시는 예수 그리스도를 만나고, 그분을 높여 드리고, 그분처럼 생명을 살리는 일에 집중하는 것이다 "수고하고 무거운 짐 진 자들아 다 내게로 오라. 내가 너희를 쉬게 하리라"(마 11:28).

하지만 개신교가 안식일 논의에서 놓친 것이 하나 있다. 바로 안식에 대한 히브리적 관점이다. 우리는 안식일 계명을 마치 기독교의 본질을 침해할 수 있는 아주 위험한 요소인것 처럼 경계해왔고, "즐겁게 안식할 날"을 찬송가에서 삭제해야 한다고 주장하기도 했다.[33] 율법주의를 혐오한 것은 좋은데, 유대인들이 하나님의 말씀을 사모하고, 순종하고, 실천하려 애쓴 흔적까지 애써 지우려 했다.

안식에 관한 가장 탁월한 유대인 신학자인 아브라함 조슈아 헤셸의 저서 《안식》은 그런 면에서 기독교인에게 새로운 통찰력을 제공한다. 서구인에게 일주일에 하루를 완전히 쉬는 유대인의 안식일은 쇼핑, 레저, 일, 사회활동을 방해하는 해괴망측한 제도처럼 보인다.

그러나 헤셸은 안식으로 회복될 존재의 질, 영혼의 풍요에 대한 예언자적 시각을 던져 주었다. 그는 우리가 엿새 동안 문명 속에서 땅을 정복하기 위해 이윤을 짜내며, 공간의 사물이 부리는 압제 속에 살지만, 안식일에는 시간 속의 거룩함과 조화를 이루고, 영혼 속에 심겨진 영원의 씨앗을 각별히 보살필 것을 당부했다.[34] 그에게 안식일은 '문명을 뛰어 넘는 기술'(the art of surpassing civilization)이었다.

안식은 멈춤이다

성경에서 안식이란 단어가 가장 먼저 등장한 곳이 오늘 묵상구절이다. 2절 "안식하시니라"의 히브리어 이쉬보트는 '멈추다, 그만두다, 휴식하다, 내려놓다'의 뜻을 지닌다.

하나님은 "그가 하시던 모든 일을 그치고"(창 2:2) 7일째는 휴식하셨다. 레위기에서 하나님은 7일째 날이 '완전히 쉬어야 할 안식일'(a sabbath of complete rest, NASB)이니 "아무 일도 하지 말라"(레 23:3)고 명하셨다.

멈춤은 안식의 첫 관문이다. 피곤해서 쉬는 것이 아니라 일을 완성한 후의 안식이다. 인간의 창조로 천지창조가 완성되었기에 인간의 첫날은 일이 아닌 쉼이었고, 하나님과의 교제였다. 그런데 인간의 탐욕은 쉼을 용납하지 않는다. 이것은 하나님의 창조질서를 역행하는 죄다.

헤셸의 언급처럼 우리는 쉬어야 할 시간에도 여전히 눈에 보이는 사물과 일에 집중하고, 내 공간을 획득하는 열정으로 살아간다. 하지만 안식의 시간에는 소유가 아니라 존재가, 움켜쥠이 아니라 내줌이, 지배가 아니라 분배가, 정복이 아니라 조화가 목표다. 공간을 지배하고 공간의 사물을 획득하는 것이 우리의 유일한 관심사가 될 때, 삶은 망가지고 만다.[35]

안식은 거룩이다

안식은 단순히 멈춤 그 이상의 의미를 갖는다. 창세기 2장 3절의 "그 날을 복되게 하사 거룩하게 하셨으니"(창 2:3 상반절)에 또 다른 안식의 원리가 숨어 있다. 즉 모든 과업을 마치고, 일에 관한 강박과 부담을 내려놓고 쉼을 누리는 것 자체가 '복'이고 '거룩'이라는 것이다. 이런 안식의 원리는 과업과 성과를 중시하는 사회적 통념에 철퇴를 가하는 것이다.

하나님께서 안식일을 복되고 거룩하게 하신 것은 좀 이례적인 일이다. 왜냐하면 '날'은 시간의 영역이기 때문이다. '거룩하게 하다'로 번역된 '카다쉬'는 성경에서 이곳에 처음 등장하는데, 어떤 대상을 특별한 목적을 위해 구별해 놓는 것, 구별하여 바친다는 뜻을 갖는다. 이 단어가 처음 수식한 것은 공간 속의 어느 대상이 아닌 '시간'(안식일)이었다. 이것은 안식일이라는 24시간을 따로 구별해서 드려야 한다는 뜻이다.

헤셸은 "안식일을 지키는 것은 시간이라는 화폭 위에 신비하고 장엄한 창조의 절정을 그리는 것과 같다. 하나님께서 일곱째 날을 거룩하게 하셨으니 우리도 그래야 한다"[36]고 했다.

주중에 하루, 또는 주말 저녁부터 다음날 저녁까지 따로 구별해서 하나님께 드리는 안식의 실천에 대해 진지하게 고민해보자. 어떻게 구별해야 할지, 무엇을 지킬지 우리 가정만의 영적 루틴을 만들어보자.

안식은 사귐이다

하나님께서 인간과 에덴동산을 만드신 6일째 날에 "그 지으신 모든 것을 보시고 보시기에 심히 좋았더라"(창 1:31)며 자신이 만드신 세상을 크게 기뻐하셨다. 기독교는 그리스도 안에서 형제 자매가 하나 되는 것을 중요하게 여기고 기뻐하는 종교다. 그런데 기뻐하는 이유가 대단한 성과를 내고, 일을 잘해서가 아니라, 존재 자체를 기뻐하는 것이다.

창조를 마치신 일곱째 날, 하나님은 일을 멈추고 에덴동산을 거니시며 마음껏 즐기셨다. 그중에서도 특히 하나님의 형상으로 빚어진 인간을 보시고 얼마나 기뻐하셨을지 눈에 선하다.

그러므로 안식은 성부, 성자, 성령 하나님과의 관계 속에서만 완전체를 이룬다. 하나님 없이 놀고, 마시고, 쉬는 것은 안식이 아닌 '방전'이다. 십계명의 4번째 계명인 "안식일을 기억하여 거룩하게 지키라"(출 20:8)를 실현하는 것은 단순히 주일에 교회에서 하루 종일 예배하고 봉사하는 차원의 문제가 아니다.

안식일 하루 전체를 교회, 또는 가족이 하나님을 경외하며, 서로를 사랑, 존중, 배려, 축복, 기뻐하는 시간을 갖는 것이다. 이를 통해 하나님의 임재를 경험하며, 영육간의 깊은 안식을 누리는 것이다.

안식은 예배다

> 6일 동안은 일하는 날이며 7일째 되는 날은 쉬어야 할 거룩한 안식일
> 이다. 그러므로 너희는 아무 일도 하지 말고 모여서 나 여호와에게 예배
> 드려야 한다_레 23:3 상반절, 현대인의 성경

레위기 23장 3절 본문은 동일한 안식일을 다루는데 창세기 2장 본문에는 없던 내용이 하나 추가되었다. 그것은 "모여서 여호와께 예배드리는" 것이다. 하나님께서 만드신 안식의 청사진에는 모임을 철폐하고 하나님과 개인적인 예배로 만족하는 무교회주의 도면은 애시 당초 없었다. 안식과 예배는 분리할 수 없는 하나다.

창세기 2장 3절의 '복되게 하다'(바라크)에 '무릎 꿇다'의 뜻이 있는 것도 그 날이 예배와 관련 있음을 의미한다. 즉 안식일은 멈춤으로 끝나는 것이 아니라, 누림으로 시작되고, 예배로 절정이 되는 것이다.

우리가 주일을 안식으로 온전히 지키는 이유는 헤셸의 언급처럼 "풍부한 지식을 축적하기 위해서가 아니라, 거룩한 순간들을 마주하기 위해서다. 사람을 감복시키는 것은 사물이 아니라 영적인 현존이다. 영혼 속에 갈무리되는 것은 통찰의 순간이지 행위가 일어난 장소가 아니다."[37]

하나님은 이 놀라운 안식의 복을 우리에게 주시기 위해 안식일 언약을

체결하셨다.

> 이스라엘 자손은 이 안식일을 영원한 언약으로 삼아, 그들 대대로 지켜야 한다. 이것은 나와 이스라엘 자손 사이에 세워진 영원한 표징이니, 이는, 나 주가 엿새 동안 하늘과 땅을 만들고 이렛날에는 쉬면서 숨을 돌렸기 때문이다_출 31:16,17

안식일은 하나님과 우리 사이의 영원한 언약이다. 개신교는 안식일의 주인이신 예수의 구속사역으로 안식일이 주일로 연계되었다고 본다. 오늘의 그리스도인들은 안식의 네 가지 원리인 멈춤, 거룩, 사귐, 예배의 교훈을 어떻게 실천해야 할지 진지하고도 신중하게 상고해야 한다.

안식의 영성을 이렇게 장황하게 나눈 이유는 이것이 창조의 질서이며 하나님의 명령이기 때문이다. 이를 위해 적어도 일주일의 하루는, 그것도 어려우면 하루 저녁이라도 모든 미디어, 스마트폰 같은 문명의 이기로부터 벗어나 시간 속에 계시는 하나님 안에서 영원의 안식을 실천해야 한다. 이것이 우리 가정을 성소로 회복하기 위한 기초요 반석이다.

묵상 질문

1. 과연 내게 일주일 중에 안식의 날이 있는가? 나는 멈춤으로써 존재에 집중하고, 내줌과 분배와 조화를 추구하며 안식하는 날을 확보하고 있는가? 아니면 일, 놀이, 심지어 사역이란 미명하에 정복하고, 획득하고, 지배하는 수고를 하고 있는가?

2. 온 가족이 일주일의 하루를 하나님과 함께 안식하며 가정 예배에 집중하기 위해 멈춤, 거룩, 사귐, 예배를 어떻게 적용할 것인지 적어보자.

"안식의 복과 가치에 눈을 뜨다"

10년 전, 우연히 아브라함 헤셸의 《안식》을 만나고, 기독교가 놓친 소중한 가치를 보게 되었어요. 저자는 서구에 안식의 영성을 부흥케 한 학자이자, 매주 가족과 함께 깊은 안식을 누렸던 한 가정의 아버지였어요. 그의 딸 수재너 헤셸이 이 책의 서문에서 아버지와 함께 보낸 안식일의 단면[38]을 그렸는데, 매주 가정에서도 거룩과 축복으로 충만한 예배 경험을 가족과 함께 공유할 수 있다는 것에 신선한 충격을 받았습니다.

> "금요일 저녁이면 아버지는 키두시(포도주 잔을 놓고 축복과 기도를 암송하며 안식일을 시작하는 간단한 의식-옮긴이) 잔을 든 채로 눈을 지그시 감고 기도문을 읊으면서 포도주를 축성하셨다. 그럴 때면 나는 감동의 물결이 밀려오는 것을 느꼈다. 아버지는 가족 모두가 잘 아는 오래 된 성가를 부르면서 포도주와 안식일을 축복하셨고, 나는 아버지가 나를 포함해서 식탁에 둘러앉은 모든 이의 삶을 축복하고 계심을 느낄 수 있었다. 나는 그 순간을 결코 잊지 못한다.
>
> 신심 깊은 여느 유대인 가정과 마찬가지로 우리 집에서도 금요일 저녁은 한 주간의 정점이었다. 안식일을 위해 어머니와 함께 촛불을 밝히노라면 나의 마음은 물론이고 몸도 갑자기 변화되는 것이 느껴졌다. 주방에 촛불을 밝히고 나서 우리는 서쪽을 향해 있는 거실로 가곤 했다. 거실의 창은 모두 허드슨 강을 내려다보고 있었다. 우리는 빠르게 진행되는 해넘이를 바라보며 감탄하곤 했다."[39]

우리도 하나님의 임재의 순간을 직면할 때가 종종 있어요. 그런데 그 거룩한 체험은 대부분 교회 또는 개인 차원의 경험일 뿐, 가족과 함께 하는 경우는 드물어요. 하지만 종교적 유대인들은 이 거룩한 경험을 매주 안식일 만찬을 통해 가족과 함께 누리고 있답니다. 무엇보다 이들에게 일주일의 정점은 회중예배가 아닌, 가정 예배 현장이라는 점이 문화 충격으로 다가왔어요. 이 만찬 의식은 단순히 가족이 함께 한 두 시간 종교적 체험을 갖고 헤어지는 차원이 아니었어요.

> "성스러운 날을 준비하는 것은 그날 자체만큼이나 중요하다고 아버지는 자주 말씀하셨다. 매주 금요일 아침이면 어머니는 식료품을 구입하셨는데, 오후가 되어 그것들을 요리하실 즈음이면 차츰차츰 분위기가 달아올랐다. 아버지는 해넘이가 시작되기 한 두 시간 전에 사무실에서 귀가하여 손수 준비할 것들을 챙기셨다.(중략)
>
> 우리 가족의 저녁식사 분위기는 대체로 조용하고 느릿하고 느슨한 편이었다. 어머니는 열성적인 요리사는 아니라 음식이 맛깔스럽지는 못했다. 그러나 아버지는 식사를 시작할 때마다 포크를 들고 나를 보시며 이렇게 말씀하셨다. "엄마는 훌륭한 요리사란다." 아버지와 어머니는 두 달에 한 번씩 벗이나 동료 몇 사람을 안식일 만찬에 초대하셨다. 초대받은 손님들은 거의 유럽에서 망명한 학자들이었고, 식탁에서 오가는 대화의 초점은 늘 유럽에 맞춰졌다.(중략)
>
> 겨울철 몇달 동안 우리의 금요일 밤 만찬이 끝난 뒤에도 오래 이어졌다. 부모님이 식탁에 앉아서 차를 마시고 책을 읽으셨기 때문이다. 봄철 몇 달 동안은 긴 안식일 오후가 그날의 평온하고 조용한 중심이 되었다."[40]

수재너가 경험한 안식일 만찬은 풍성한 대화와 교제, 유대 민족의 역사와 문헌, 그리고 집안, 친지들에 관한 대화를 나누는 것이었어요. 이같은 안식일 경험을 통해 그녀는 부모의 신앙과 영적 습관, 전례들을 자연스레 전수 받을 수 있었어요. 결국 그녀는 랍비이자 학자인 아버지로부터 깊은 영향을 받아 자신도 학자의 길을 선택했지요.

서구 개신교 역사가 교회 중심의 신앙을 추구하면서, 상대적으로 가족의 가치와 역할을 지나치게 축소시킨 것은 아닌지 반성하게 됩니다. 우리가 유대주의를 따라서는 안 되지만, 그들이 지키고자 씨름해 온 쉐마와 안식의 실천, 특히 예수의 제자들인 메시아닉 유대인들의 관점에 대해 진지한 숙고가 필요합니다.

소그룹 나눔

5일 동안 묵상하고 메모한 내용을 나누고 토론하는 시간이다.
간단히 기도하고, 아래 질문을 허심탄회하게 나눠보자.
상황에 따라 5가지 중에 선택적으로 다루고, 주중에 크게 다가온 내용을 다뤄도 좋다.

1. 가정 예배에 대한 내 기억은 긍정적인가? 부정적인가?

2. 쉐마에 나타난 신앙 전수의 원안이 21세기 오늘의 가정에도 여전히 하나님의 명령인 이유가 무엇인가?

3. 대화와 식사, 질문과 토론으로 드리는 가정 예배가 가능하다고 생각하는가?

4. 안식에 대해 새롭게 깨달은 점을 서로 나눠보자.

5. 한국교회 전체가 안식의 영성을 회복하고 일주일에 하루 저녁을 가족과 함께 하나님께 드리기로 결단한다면 어떤 일이 벌어질 것이라고 생각하는가?

용어 정리

쉐마(들으라): 듣고 행하라

다바르(강론하다): 이야기하다, 대화하다, 친하게 사귀다

하브루타: 히브리어로 '하베르'라고 하는 친구, 짝, 동료를 뜻하는
단어에서 파생. 짝을 이루어 서로 질문을 주고받으며 논쟁하는
유대인의 전통적 토론 교육방법.

레브(마음): 중심, 지성, 의지

카다쉬(거룩하게 하다): 성결하다고 선언하다, 구별하여 바치다

샤바트(안식일): 유대인이 금요일 저녁 해질 때부터 토요일 저녁 해질 때까지
일하지 않고 예배하며 가족과 안식하며 하루를 온전히 보내는 날

애착: 사랑받고 싶어 하는 인간의 기본적인 본능

안전기지 secure base: 부모로부터 있는 그대로의 모습이 사랑받고 안
전하게 보호받고 있다고 느끼는 안정감으로 영국 정신의학자 존
볼비 John Bowlby의 애착 이론에서 나온 개념

지상명령: 예수께서 승천하시기 전에 제자들에게 마지막 유언처럼
남기신 명령(마 28:19~20, 행 1:8)

필독 도서

전성수, 자녀교육 혁명 하브루타 (두란노, 2012)
이대희, 유대인의 밥상머리 자녀교육법 (베이직북스, 2016)

추천 도서

김수진, 김현주, 방은정 외, 대한민국 엄마표 하브루타 (공명, 2018)
SBS스페셜 제작팀, 밥상머리의 작은 기적 (리더스북, 2012)
조선미, 영혼이 강한 아이로 키워라 (쌤앤파커스, 2006)
아브라함 조슈아 헤셀 저, 안식, 김순현 역 (복있는사람, 2007)

2주

우리 가정에 맞는
예배 기획하기

"어쩌면, 우리는 지난 2천 년 동안
결정적인 무언가를 잃어버렸다."[41]

- 로버트 뱅커스

2주 차는 여러분이 직접 가정 예배를 설계할 수 있는 길을 안내할 것이다. 모든 가정은 자신에게 맞는 고유한 전례와 예배 루틴을 개발해야 한다. 이를 위해 우리는 먼저 기존의 전통적인 가정 예배에 대한 선입관을 내려놓고, 성경적인 가정 예배의 원리부터 살펴야 한다.

이번 주는 고기를 잡아주기보다 고기 잡는 법에 대해 나눌 것이다. 이미 정해진 가정 예배 순서가 아닌, 각 가정에 맞는 삶의 예배로서의 전례와 예배 루틴을 여러분이 직접 짜도록 도울 것이다.

6일, 내 안에 계신 예배의 거장

오늘은 가정 예배가 경이로운 예배의 순간이 되도록 돕는 결정적인 분에 대해 나누고자 한다.

여기 빈 땅에 새로운 집을 짓는 것을 상상해보라. 설계도는 성경이고, 기초는 예배이며, 그곳에 기둥을 올리는 것이 예배의 원리다. 각 방에 맞는 가구들은 가정 예배의 도구들이다.

이 모든 예배 건축 과정을 하나부터 열까지 우리 옆에서 친절하게 도와주시는 분이 계신다. 6일 차는 그분에 관한 이야기다.

오직 하나님이 성령으로 이것을 우리에게 보이셨으니 성령은 모든 것 곧 하나님의 깊은 것까지도 통달하시느니라. 사람의 일을 사람의 속에 있는 영 외에 누가 알리요 이와 같이 하나님의 일도 하나님의 영 외에는 아무도 알지 못하느니라_고전 2:10,11

내 안의 마에스트로

일반적으로 우리는 예배를 기획하고 인도하는 일은 목회자나 예배인도자의 몫으로 여긴다. 하지만 주일 예배이던, 가정 예배이던, 삶의 예배이던 이를 주관하고 인도하시는 분은 성령님이시다.

하루는 예배에 목마른 수가성 여인에게 예수께서 말씀하셨다.

"여자여, 내 말을 믿어라. 너희가 아버지께 이 산에서 예배를 드려야 한다거나, 예루살렘에서 예배를 드려야 한다거나, 하지 않을 때가 올 것이다"_요 4:21

그리고 예배의 정수를 가르쳐주셨다.

참되게 예배를 드리는 사람들이 영과 진리로 아버지께 예배를 드릴 때가 온다. 지금이 바로 그때이다. 아버지께서는 이렇게 예배를 드리는 사람들을 찾으신다_요 4:23

예수님은 예배드릴 때, 시간과 장소 같은 비본질적이고 외형적인 것에 집착하지 말고, 본질인 성령과 말씀에 집중해야 할 때가 왔다고 하신 거다. 우리가 예배할 때 성령께서 하시는 가장 중요한 역할은 하나님께서 계시하신 진리의 말씀을 조명해서 깨닫게 하시는 일이다. 성령은 "모든 것 곧 하나님의 깊은 것이라도 통달"(고전 2:10 하) 하는 분이시기 때문이다.

성경은 살아 있는 하나님의 말씀이다. 하지만 죄와 욕심, 자기애로 인해 마음이 딱딱하게 굳어 있고, 목이 곧은 사람들에게는 들리지 않는 말씀이기도 하다.

그래서 예배드리기 전이나, 성경 읽기 전에 항상 자신의 마음을 살피고, 죄를 회개하고, 겸손한 태도로 하나님 앞에 나아가야 한다. 그리고 성령님께 도움을 구해보라. 그러면 성령께서 우리 마음을 살피시고, 하나님께 중보해주신다.

> 이와 같이, 성령께서도 우리의 약함을 도와주십니다. 우리는 어떻게 기도해야 할지도 알지 못하지만, 성령께서 친히 이루 다 말할 수 없는 탄식으로, 우리를 대신하여 간구하여 주십니다_롬 8:26

이때 성령께서 감동 주시면, 하나님의 말씀이 보이고, 들리기 시작한다. 하나님이 기뻐하시는 예배를 어떻게 드려야 할지 알게 된다. 주일 공예배나 주중의 가정 예배, 또는 혼자 하는 경건의 시간 모두 해당된다.

그런 면에서 성령님은 모든 예배를 총지휘하시는 진정한 예배인도자이시다. 그래서 성령께서 강림하신 초기 예루살렘교회의 예배는 지난 2천년 역사에서 세속과 전통의 때가 가장 적게 묻은 원석과 같은 예배였다.

어쩌면 오늘날 우리가 드리는 주일예배 양식이 우리에겐 너무 당연한 것 같지만, 초대교회 때 드린 원초적인 예배와는 거리가 멀 수도 있다는 것을 가슴에 새겨야 한다. 끊임없이 성령께 의지해서 예배하는 방법 외엔 없다.

1세기 교회의 원초적 예배

초대교회 예배에 관한 다양한 자료 중, 로버트 뱅크스의 《1세기 교회 예배 이야기》는 80쪽의 적은 분량이지만, 1세기 초대교회를 생생하게 만나게 해준다. 이 책이 당시 드렸던 모든 예배 모임을 다루진 않지만, 2천 년 전 로마의 한 가정에서 드린 예배의 일면을 참고하는 데는 부족함이 없다.

가장 눈에 띈 것은 신자들의 예배 모습이었다. 자연스러운 대화, 식탁에서 먹고 마시며 나누는 소박한 교제, 평소에 사용하는 말투와 언어가 신선하게 다가왔다. 특히, 식사하며, 또는 식사 후에 삶의 이슈에 대한 토론, 질문에 대한 사려 깊은 반응, 말씀에 관한 진정성 있는 고백과 기도 등은 일반적인 주일 예배에서는 찾아볼 수 없는 모습이었다.

겉보기에는 그저 평범한 식탁과 대화의 자리 같아 보이지만, 그곳에는 신비한 하나님의 임재와 진지한 나눔, 신분과 출신을 따지지 않는 존중과 배려, 그리고 따스한 환대가 넘쳤다.

활기찬 토론 속에는 당시 로마에서 쉽게 볼 수 있는 차별과 신분의 벽 같은 민감한 이슈도 있었다. 이 넘기 힘든 벽을 복음 안에서 극복한 모습도 보였다. 정해진 순서나 프로그램은 없지만 산만하거나 혼란스럽지 않았다. 오히려 보이지 않는 질서가 있었다.

이 모든 예배를 총지휘하는 주체는 한 사람의 강력한 리더가 아니라, 성령 강림 사건 이후 성도 안에 내주하는 성령님이셨다. 이것이 바로 대화식 가정 예배가 추구하는 모델이다.

이 자료를 통해 우리는 일상의 평범한 식탁과 대화 속에서도 얼마든지 역동적인 예배를 드릴 수 있으며, 복음이 가정과 삶의 현장에서도 우리의 가치관과 행동을 얼마든지 급진적으로 변화시킬 수 있다는 것을 알 수 있다.

예배의 거장

요한복음 4장 23절 말씀은 그런 면에서 예수님 이전과 이후를 가르는 획기적인 '예배 선언'이다.

예수님이 어린 양 제물되셔서 십자가에서 돌아가시던 순간, 성소와 지성소를 가로막고 있는 휘장이 갈라졌다. 이것은, 예수님의 십자가를 믿는 모든 자는 더 이상 인간 대제사장의 도움 없이 영원한 대제사장이 되신 예수님의 공로로 하나님을 일대일로 만나는 예배를 드릴 수 있게 되었다는 뜻이다.

그래서 신약시대의 예배는 이제 더 이상 특정한 장소에 국한되지 않고, 누구나, 어디서나 영과 진리는 예배할 수 있게 된 것이다. 이제 우리는 교회, 가정, 일상 등 어디서나 예배의 총감독이신 성령께 의지해야 한다.

예배를 기획할 때도 성령께 의지해 보라. 우리가 기획한 예배는 천국 가기 전까지는 늘 부족하고, 투박하고, 제한적이다. 그래도 예배의 거장이신 성령님께 의지할 때, 여전히 우린 서툴지만, 그분은 각 가정의 형편과 상황에 맞게 최선의 예배 양식을 짜도록 도와주신다.

묵상질문

1. 초대교회 가정에서 진행되었던 예배 모습을 보며 어떤 생각이 들었는가?

2. 주일예배 뿐 아니라 삶의 모든 자리에서 하나님을 만날 수 있도록 인도하시는 예배의 총 감독은 누구인가?

"영과 진리로 가정 예배 드리기"

영과 진리로 드리는 예배는, 우리가 자주 접하는 용어지만 어떤 의미인지 정확하게 이해 못하고 지나치기 쉬운 구절 중 하나예요. 왜 예수님은 아버지께서 영과 진리로 예배하는 자를 찾으신다(요 4:23)고 하셨을까요? 하나님께서 찾으시는 것은 하나님께도 중요하지만, 우리에게도 최우선으로 중요하고 필요한 것이 틀림없어요. 그렇다면 영과 진리는 대충 알고 넘어갈 용어가 절대 아니예요.

우리의 영을 성령께서 충동하시고, 우리의 진리 추구가 말씀을 통해 예수를 깊이 알아가면 갈수록, 우리는 하나님을 더 온전히 만나게 되어요. 아울러 예수 그리스도에 의해 드러난 하나님의 영광과 복음의 탁월함이 우리의 영혼을 하나님 나라의 가치로 흔들어 놓죠.

이때 진리의 영이신 성령님은 하나님의 깊은 것을 통달하는 분이시니, 예배 가운데 나누는 모든 말씀을 온전히 깨닫게 해주시고, 예수 그리스도의 장성한 믿음의 분량에 이르도록 인도하시는, 예배에서 가장 중추적인 역할을 하는 분이세요.

* 꿀팁: 대화식 가정 예배를 드리기 전에, 부부가 먼저 5~10분 정도 함께 조용히 묵상하고 기도하는 시간을 가져보세요. 짧은 시간이지만, 무엇보다 성령님께 의지하세요. 오늘 하루, 나를 가장 열정적으로 움직이게 한 생각과 욕망이 무엇이었는지, 내가 가장 걱정한 것이 무엇이었는지, 내가 가장 애착한 대상이 누구였는지 생각해보세요.

만일 하나님보다 예수 그리스도보다 더 사랑하고, 더 앞서고, 더 많이 추구했다면, 그것은 내 안에 계신 성령님을 근심케 한 행동이에요. 그런 욕망과 근심, 염려가 내 안에 가득할 때 성령님은 도저히 일하실 수 없어요. 그것들을 먼저 덜어

놓으세요. 하나님께 죄송하다고 고백하고, 회개하세요. 그래야 내 안에 계신 성령께서 일을 시작하실 수 있어요. 이제 "나의 영혼이 잠잠히 하나님만 바람이여 나의 구원이 그에게서 나오는도다"(시 62:1, 개역개정) 고백하세요. 조용히 찬양하셔도 돼요.

"오직 주 만이" cover by Gina 유튜브 바로가기

잠시 후 내 안에 거주하시는 성령께 이렇게 기도해보세요.

"오늘 아이들과 식사할 때 자녀들과 즐겁게 대화하고, 아이의 이야기를 잘 경청할 수 있게 도와주세요. 혼내고 싶은 일이 있어도 끝까지 인내하고, 훈계하거나 잔소리하기보다 질문을 통해 아이가 스스로 자신이 해야 할 일을 깨달을 때까지 기다릴 수 있게 도와주세요.

성경에 대해 질문하고 토론할 때, 내 기준과 내가 원하는 말보다 하나님의 기준과 성령께서 원하시는 대화로 흘러가도록 나를 다스려주세요. 결정적인 순간 성령의 역사로 아이나 부모 모두가 하나님의 임재 가운데 한없는 사랑과 은혜에 휩싸이게 해주세요. 사울이 만난 그리스도를 우리도 만나게 해주세요. 복음의 탁월한 영광이 우리 가족의 삶에 반영되게 해주세요. 예수님의 이름으로 기도합니다. 아멘."

자녀를 변화시키는 것은 어떤 미사여구나 강한 훈계, 끝없는 잔소리, 제동 없는 지적이 아니라, 하나님의 임재와 성령의 감동이에요.

7일, 가정 예배는 삶의 예배다

집을 짓는데 반드시 필요한 것이 기둥이다. 오늘은 첫번째 기둥인 가정 예배는 삶의 예배 Lifestyle Worship라는 부분을 다룰 것이다. 신학적인 사고가 필요한 내용이라 조금 어려울 수도 있다.

왜 주일 예배와 삶의 예배에 관한 이해가 필요할까? 그것은 가정 예배 양식을 정하는데 이 개념이 결정적인 영향을 주기 때문이다. 그래도 어렵게 느껴진다면, "삶의 예배로서의 가정 예배는 예배 양식보다 예배의 원리만 고려하면 된다. 그래서 주일예배 양식을 군이 따를 필요 없다" 정도만 이해하고 넘어가면 된다.

그러므로 나는 하나님의 자비하심을 힘입어 여러분에게 권합니다. 여러분의 몸을 하나님께서 기뻐하실 거룩한 산 제물로 드리십시오. 이것이 여러분이 드릴 합당한 예배입니다_롬 12:1

이 책을 쓰기 시작한 지 1년쯤 지난 어느 날, 가정 예배는 주일예배 양식을 따를 필요 없는, 삶의 예배의 범주에 속한다는 깨달음이 섬광처럼 다가왔다.

언제부턴가 우리는 '삶의 예배' 또는 '삶의 예배자' 같은 용어를 자주 사용하기 시작했다. 그 의미는 주일 만이 아니라 나머지 6일 동안에도 하나님을 영화롭게 하는 예배자의 삶을 살자는, 참 귀한 논지다. 하지만 삶의 예배를 구체적으로 어떻게 드려야 할지에 대해서는 성도 개인의 역량에 맡겨왔다.

가정 예배가 삶의 예배라면 주일예배 양식으로부터 자유할 수도 있고, 거꾸로 주일예배 양식은 물론 다양한 삶의 예배 요소들을 각 가정의 상황에 맞게 선택적으로 다룰 수도 있다. 이 부분에 대해 좀 더 자세히 나누려고 한다.

예배와 삶은 분리가 아닌 구분

코로나 3년간 극심한 예배 가뭄을 겪은 후, 한국교회는 예배와 삶에 대한 신학적, 논리적 혼선이 많아졌고, 심지어 주일예배 무용론까지 흘러나오는 등 예배의 대혼란이 일어났다.

공예배와 삶의 예배 사이의 혼란은 크게 두 부류로 나뉘고 있다. 코로나 이전의 공예배로 돌아가야 한다는 입장과 삶 자체가 예배이니 굳이 교회로 돌아갈 필요 없다는 입장이다.

한쪽은 종교화된 예배만 강조하느라 일상의 예배를 놓칠 우려가 있고, 다른 한쪽은 예배의 일상성을 지나치게 강조하다가 극단적인 주일예배 무용론에 빠진 케이스다.

이 부분에 대해 나는 예배와 삶은 분리해서는 안 되지만, 구분할 필요가 있다not separation, but distinction는 김동춘 교수의 의견에 동의한다. 예배와 삶을 연결하려다가 그 둘을 뒤섞어버리는 동일화의 오류를 범하지 말아야 하고, 예배와 삶을 구별하다가 이 둘을 전혀 상관없이 만드는 이원론의 오류도 주의해야 한다[42]는 것이다.

공교롭게도 대화식 가정 예배의 예배학적 근거로 삼은 두 구절이 예배와 삶의 일치와 구별을 다루고 있다. 예수님의 예배 선언(요 4:23)은 예배와 삶의 일치를, 바울의 삶의 예배(롬 12:1~2)는 예배와 삶의 구별을 다룬다. 다시 말해서, 예배와 삶을 하나로 연결하는 것이 '영과 진리의 예배'라면, 이 둘을 구분하는 원리는 '삶의 예배'인 것이다.

일상이 예배였다 not separation

예배와 삶은 본래 분리될 수 없는 관계였다. 태초의 에덴동산에서는 일상 자체가 예배였다.

> 여호와 하나님이 그 사람을 이끌어 에덴 동산에 두어 그것을 경작하며 지키게 하시고 창 2:15, 개역개정

하나님께서 아담을 창조하신 후 동산을 경작하게 하셨다. 여기서 '경작하다'의 히브리어 '아바드'는 일(노동)하다, 섬기다, 예배하다의 의미를 지닌다. 이 단어가 중요한 것은, 타락 이전에는 일과 예배에 구별이 없었다는 것을 알려주는 근거이기 때문이다. 인간의 모든 삶이 하나님을 예배하

는 것과 전혀 상충되지 않았던 것이다. 그래서 아담과 이브에게는 예배가 삶이고 삶이 예배였다.

이것이 죄로 인해 분리되었다. 에덴에서 쫓겨난 인간이 거할 땅은 저주받아 가시덤불과 엉겅퀴가 가득했다. 인간이 하는 일은 고달픈 노동이 되었고, 일터는 돈과 권력, 성과 우상이 난무하는 치열한 전쟁터로 변질되었다.

예수께서 이 땅에 오셔서 십자가의 피로 우리를 구원하신 목적은 죄를 용서하시고, 무너진 예배를 다시 회복하시기 위함이었다. 이것과 직결된 중요한 본문이 요한복음에 등장한다.

하루는 예수께서 사마리아 여인을 만나셨다. 대화 중에 여인이 던진 질문은 당시 사마리아인들에게는 오랜 상처로 가슴에 맺힌 내용이었다.

> 우리 조상은 이 산에서 예배를 드렸는데, 선생님네 사람들은 예배드려
> 야 할 곳이 예루살렘에 있다고 합니다_요 4:20

당시 이스라엘은 오직 예루살렘 성전에서만 예배를 드릴 수 있다고 굳게 믿었다. 철저한 선민의식과 종교화된 예배에 고착된 이스라엘의 모습이 그녀에겐 마치 예배와 삶을 완전히 분리한 종교적 만행같이 여겨졌을 것이다. 이때 예수님은 당시 예배에 대한 고정관념을 뒤집는 획기적인 답변을 하셨다.

> 여자여, 내 말을 믿어라. 너희가 아버지께, 이 산에서 예배를 드려야 한
> 다거나, 예루살렘에서 예배를 드려야 한다거나, 하지 않을 때가 올 것이
> 다_요 4:21

예배에서 성전은 필수 요소가 아니라는 것이다. 시간과 공간은 예배의 부차적인 문제라는 것이다.

예수님의 예배 선언

이어서 예수께서 유일하게 남기신 예배에 대한 교훈이자, 예배의 역사를 그 이전과 이후로 가르는 '예배 선언'이 등장한다.

> 아버지께 참되게 예배하는 자들은 영과 진리로 예배할 때가 오나니 곧 이 때라. 아버지께서는 자기에게 이렇게 예배하는 자들을 찾으시느니라.
>
> 요 4:23, 개역개정

하나님이 찾으시는 예배는 영과 진리의 예배이다. '영과 진리'라는 표현은 인류 역사 속에 있었고, 지금도 있고, 향후 일어날 예배에 관한 모든 논쟁과 의문, 왜곡과 혼란을 한 방에 날리는 일타 명답이다.

'이때'는 예수의 십자가 공로로 누구나 하나님께 직접 예배드릴 수 있는 때다. 주일 공예배이든, 삶의 현장이든 영과 진리로 예배할 수 있는 때이다.

이 예배 선언은 모이는 교회의 주일예배나, 흩어지는 교회의 삶의 예배 모두에 해당한다. 현대의 때 묻고 굴곡진 예배를 에덴의 원초적인 예배로 돌려놓은 예배 헌장이기도 하다.

마치 "예배는 교회에서 하나님을 섬기는 일이고, 일은 세상에서 하나님을 섬기는 예배"[43]라는 경구처럼, 영과 진리의 예배는 신약 성도들에게, 예배와 삶이 하나 되게 할 수 있는 문을 활짝 열어 놓았다.

공예배의 타협할 수 없는 가치 but distinction

하지만 여기에서 끝나면 예배의 일상성만 강조하다가 주일예배 무용론의 오류에 빠질 수 있다. 김동춘이 예배는 예배의 '영역(차원)'이 있고, 삶은 삶의 '영역(차원)'이 별개로 존재한다고 한 것처럼, 예배와 삶에는 엄

연한 구분이 필요하다. 그 고유의 개별 영역을 혼동하거나 뒤섞지 말아야 한다.[44]

이 명제는 주일예배라는 고유 영역의 가치도 인정하고, 보호해주지만, 이 책이 다루고 있는 삶의 예배로서의 가정 예배라는 영역을 보호해준다. 뿐만 아니라 주일예배와 구분된 '대화식 가정 예배'의 고유한 가치와 정체성까지 인정해주는 고마운 문구이기도 하다.

먼저 주일 공예배의 가치는 두 말할 나위 없이 명약관화하다. 그 가치는 이 지구상에서 유일하고도 타협할 수 없는 위대함을 지닌다. 그 이유는 모일 때마다 예수의 부활을 기념하라 하신 예수님의 명령이 탁월하기 때문이고, 예수를 머리로, 한 몸 된 공동체가 함께 모이는 신비한 연합이 탁월하기 때문이다.

주 안에서 하나 된 영적 가족이 모여 찬양하고 기도할 때 함께 하시는 하나님의 임재가 탁월하기 때문이고, 말씀이 선포될 때 드러나는 그리스도의 복음이 탁월하기 때문이고, 말씀의 꿀을 먹을 때마다 감화 감동하셔서 삶을 회복하고 변화시키시는 성령의 역사가 탁월하기 때문이다.

기독교는 일주일에 하루를 따로 떼어 예수 그리스도를 머리로 한 몸 된 교회로 모여 드리는 공예배를 중요하게 여긴다. 삶으로 드리는 예배, 가족과 함께 드리는 가정 예배, 셀(목장, 구역)에서 드리는 소그룹 예배와 주일 공예배는 모두가 중요한 가치를 지니지만, 우선순위는 분명히 존재한다. 모이기를 힘쓰라(히 10:25)는 히브리서 기자의 권면대로, 몸 된 교회가 주일마다 함께 모여 하나님을 예배하는 것을 부정할 그 어떤 근거도 성경에서 찾을 수 없다.

이렇게 성도가 함께 모여 하나님을 예배하는 과정에서 경험하는 하나님의 사랑을 그 무엇으로 대신할 수 있을까? 이런 엄청난 영적 사건을 어떻게 집에서 혼자 유튜브로 시청하는 예배와 비할 수 있을까?

나는 이 책에서 주일 예배의 가치를 폄하하거나 축소할 그 어떤 의도도 없다. 오히려 대화식 예배를 통해 가정이 회복될 때, 다음 세대가 재건되고 교회가 강건해지기를 간절히 기도하는 마음으로 이 책을 썼다.

삶의 예배는 의식이 아니다 but distinction

하지만 삶의 예배의 중요성도 무시할 수 없다. 바울은 로마서 11장까지 복음의 원리를 가르친 후, 12장 첫 구절부터 삶의 예배를 언급한다.

> 그러므로 나는 하나님의 자비하심을 힘입어 여러분에게 권합니다. 여러분의 몸을 하나님께서 기뻐하실 거룩한 산 제물로 드리십시오. 이것이 여러분이 드릴 합당한 예배입니다_롬 12:1

바울이 "그러므로"라는 접속사로 12장을 시작한 이유는 11장 마지막 부분에 등장하는 바울의 찬양에 녹아있다.

> 하나님의 부유하심은 어찌 그리 크십니까? 하나님의 지혜와 지식은 어찌 그리 깊고 깊으십니까? 그 어느 누가 하나님의 판단을 헤아려 알 수 있으며, 그 어느 누가 하나님의 길을 더듬어 찾아낼 수 있겠습니까?_롬 11:33

바울은 흥분된 심정으로 복음의 위대함을 감탄하는 찬양으로 11장의 대단원의 막을 내린다. 이 격앙된 감격으로 이제는 일상에서 예배자로 살자는 것이 로마서 12장 1,2절의 '삶의 예배 선언'이다. 바로 이 구절이 주일예배와 삶의 예배를 구분하는 결정적인 근거다.

바울은 우리가 드릴 합당한 예배가 우리 몸을 산 제물로 드리는 것이라 했다. '산 제물'의 의미를 알면 삶의 예배가 무엇인지 좀 더 이해가 될 것이다.

구약 제사에서 예배자가 어린 양을 제물로 드리는 과정을 살펴보자. 예배자는 순결한 어린양을 정성껏 골라서, 성막까지 흠이 생기지 않도록 조심스레 데려온다. 이때 시퍼런 칼로 목을 딴 후 생명을 끊고, 가죽을 벗기고, 각을 뜨는 피비린내 나는 도살 과정이 모두 예배자의 몫이다. 비명도 못 지르고, 피범벅 된 채, 발버둥 치며 죽어가는 어린 양을 눈앞에서 직관하는 예배자는 자신의 죄의 끔찍한 심각성을 온몸으로 체감한다.

제사장은 각 뜬 제물을 제단에 태우고, 지성소에 들어가 속죄소에 피를 뿌린다. 제사장이 지성소에서 나올 때, 예배자는 비로소 자신의 죄가 사해지는 기쁨과 감격을 누리게 된다. 이 어린양은 십자가에 피 흘려 돌아가신 어린양 예수를 예표한다(히 9:12).

제물이 구별되고 피 흘려 드려지는 것이라면, 산 제물은 나를 대신하여 온몸을 찢기고, 뼈가 꺾이고, 가시에 찔리고, 손발에 못 박혀 수치와 조롱을 받으며 돌아가신 어린양 예수의 공로로 드려지는 것이다.

죄를 씻기 위해 내가 할 수 있는 일은 아무것도 없다. 그래서 감격의 눈물 없는 삶의 제사는 진정성이 없다. 우린 평생 갚아도 갚을 수 없는 일만 달란트 빚을 탕감 받은 종이기 때문이다.

그 은혜를 생각하면 생각할수록 감사하지 않을 수 없다. 그래서 삶의 예배란 날마다 어린 양 예수의 한 없는 은혜를 가슴에 새기고, 이웃에게도 그 은혜를 베풀며 사는 것이다.

삶의 예배의 중심은 가정 but Distinction

이 삶의 예배를 가장 먼저 실천해야 할 곳은 일터가 아니라 가정이다. 그동안 교회는 삶의 예배의 회복을 강조하면서 일터사역이나 직장선교에 집중해왔다.

하지만, 가장 중요한 가정이 빠져 있었다. 가정이야말로 삶의 예배의 중심이다. 왜냐하면 삶의 예배는 가정에서 시작되고, 가정에서 동력을 얻기 때문이다.

십자가의 은혜 때문에 가정에서부터 먼저 부부와 자녀가 서로 희생하고, 사랑하고, 용서하고, 은혜를 베푸는 연습이 필요하다. 말씀과 복음을 적용할 수 있는 가장 친밀한 공간이기 때문이다. 그럴 때 일터에서 복음의 은혜로 상사를 사랑하고, 거래처와 정직하게 부하직원에게 은혜와 긍휼을 베풀게 된다. 나아가 삶의 모든 영역을 십자가로 구속시키는 삶의 예배가 일어난다.

그런 의미에서 가정 예배는 주일예배와 구분된 고유한 가치와 정체성을 갖고 있다. 특히 가정 예배는 6일간의 삶의 예배를 강화하는 중추신경이다. 가정의 성소가 회복될 때 일상을 살아갈 영적인 동력이 강화되기 때문이다.

나아가 가정 예배가 삶의 예배라는 의미는, 가정 예배를 드릴 때 주일예배라는 딱딱한 종교의식을 굳이 따르지 않아도 된다는 것을 뜻한다. 즉 예배와 신앙, 성경 공부와 인생 교육이 함께 이뤄지는 자연스러운 대화, 사귐, 교제, 식사와 토론 그 자체가 가정 예배라는 것이다.

그러므로 삶의 예배는 형식이 아니라 원리요, 의식이 아니라 대화와 관계다. 바울은 로마서 12장 2절에서 삶의 예배의 구체적인 요소에 대해 설명한다.

삶의 예배는 관계다 but distinction

> 여러분은 이 시대의 풍조를 본받지 말고, 마음을 새롭게 함으로 변화
> 를 받아서, 하나님의 선하시고 기뻐하시고 완전하신 뜻이 무엇인지를 분
> 별하도록 하십시오_롬 12:2

여기에는 어떠한 종교의식이나 제의 요소도 찾을 수 없다. 이 세대의 풍조를 본받지 않고, 마음을 새롭게 하고 변화되어, 하나님이 기뻐하시는 뜻을 분별해서 일상을 살아가는 것이 영적 예배의 요소다.

예배는 하나님과의 만남이다. 공예배가 오랜 역사 속에서 형성된 의식을 재현함으로써 하나님을 만나는 것이라면, 삶의 예배는 가정과 세상에서 만나는 사람들과 하나님이 기뻐하시는 뜻대로 관계를 맺으며 사는 것

이다.

정리해보자. 삶의 예배는 복음과 말씀 안에서 시대의 풍조를 거부하는 것이고, 마음에 변화가 일어나는 것이고, 하나님의 뜻을 분별하는 것이다. 그래서 그 뜻대로 사람들과 만나고, 일하고, 대화하고, 소통하고, 사랑하고, 기뻐하고, 배려하며 사는 일상의 모든 행위다.

이 만남이 가장 친밀한 공간에서, 가장 정직한 모습으로, 가장 인격적인 관계 속에서 가장 깊은 경외로 드러나는 현장이 바로 가정이다. 이 가정에서 부모와 자녀가 축복하고, 식탁 교제 하며, 후식을 나누고, 말씀과 복음에 대해 질문하고 토론하며 하나님의 뜻을 분별하고, 세상의 풍조를 거절하는 것이 바로 삶의 예배의 꽃인 '대화식 가정 예배'라 할 수 있다.

묵상질문

1. 삶의 예배는 '형식이 아니라 원리이고, 의식이 아니라 대화와 관계'라는 경구를 자신의 말로 설명해보라.

2. 왜 가정 예배가 삶의 예배의 중심인가?

"억압과 통제는 관계를 깨뜨리는 독"

대부분 한국 부모에게 무의식적으로 드러나는 태도가 있어요. 내 기준으로 자녀의 인생을 좌우하고 싶어 합니다. 부모 말을 안 들으면 혼도 내고, 벌도 주고, 모종의 협박까지 하지요.

한 드라마에서 전형적인 가부장적 아버지의 모습을 보았어요. 고등학생 딸이 미술을 너무 좋아해서 미대에 가고 싶은데 아버지는 무조건 반대했어요. 엄마는 딸의 마음을 이해하고 몰래 미술용품을 사줘서 미술학원에 보내던 중, 어느 날 아버지에게 들켰어요. 화가 난 아버지는 소리를 지르며 딸이 사용하는 모든 미술용품을 아파트 쓰레기통에 던져버렸어요. 엄마가 왜 딸이 원하는 것을 무시하냐고 하자, 아빠는 의대에 가야 한다고 단칼에 거절했어요.

이런 가부장적 모습은 30~40년 전이나 오늘이나 큰 차이가 없거나 더 심해졌어요. 드라마 속의 아버지는 자신의 기준으로 딸을 통제하고 있어요. 통제는 하나님의 형상과 정반대에요. 사탄이 선호하는 독성을 지녔어요. 부모가 자녀를 통제할 때 감정은 억압되고, 관계가 무너질 수 밖에 없어요.

제 경우가 그랬어요. 초중고 미술 선생님마다 제 그림을 보고 미대에 가야 한다고 권면해주셨어요. 중학교 때 EQ 검사에서는 전교에서 가장 높은 점수가 나왔어요. 저는 음악과 미술에 재능이 있었고, 특히 미대에 가고 싶었어요. 하지만 아버지는 서울대 공대 아니면 대학 안 보내신다고 일종의 협박을 하셨어요.

지금 생각해보면 문인인 아버지가 겪은 재정적 어려움을 아들에게 대물림하고 싶어 하지 않으셨던 것 같아요. 저는 의지와 상관없는 공부하며 불행한 대학생활을 해야 했어요. 군에서 예수님을 만나고, 회복되어 지금까지 찬양 사역을 해오긴 했지만, 여전히 미술이나 음악을 전공하지 못한 것이 평생의 한처럼 남아있습니다.

우리가 아무리 큰 은혜를 경험하고, 영생을 얻어 그리스도인이 되었다고 해도, 뿌리 깊게 자리 잡은 서열 문화, 군대 문화, 엘리트 문화, 권위 의식으로부터 하루 아침에 자유롭지 못한 것이 사실이에요. 어른이 하라면 나이 어린 자녀는 무조건 순종해야 하고 따라야 하는 문화죠. 어른을 똑바로 쳐다보면 버릇없다고 혼내는 문화예요. 어른 말에 따르지 않으면 윽박지르거나 화를 내거나 혼내는 것이 당연한 가부장적 문화예요.

이것이 이 세대의 가치관이요 사조입니다. 자녀를 위한다지만, 오히려 그들의 가슴을 멍들게 하고, 분노와 복수, 한을 품게 하는 역기능적인 가정이 우리 사회에 편만합니다. 자녀를 사랑하지 않는 부모는 없는데, 왜 이런 일이 발생할까요?

대대로 시대의 사조를 물려받고 있기 때문이에요. 우리는 자신도 모르게 부모로부터 영향을 받았고, 그렇게 믿고 살아왔어요. 하지만 이제 더는 우리 자녀 세대에게 그런 자화상을 물려주지 말았으면 좋겠어요.

사도 바울이 로마교회 성도들에게 "이 세대를 본받지 말고 오직 마음을 새롭게 함으로 변화를 받아 하나님의 선하시고 기뻐하시고 온전하신 뜻이 무엇인지 분별하라"(롬 12:2) 하신 것처럼 우리도 시대의 사조를 분별하고, 내 의식과 사고구조에서 제거해야 해요. 대대로 이어온 한국 사회의 비성경적인 가정 문화에 제동을 걸고, 그 연결고리를 끊어야 합니다. 이것은 한 개인의 사명이 아니라 가정의 사명이요. 나아가 교회가 나서서 사회 회복 운동과 국가 개조 운동이라도 벌여야 할 만큼 중요한 시대적 사명이에요.

* 실천: 자신에게 가부장적 가치관이 있는지 진지하게 살펴보세요. 만일 자신에게 그런 가치관과 사고방식이 보이면 하나님 앞에서 자신의 연약함을 인정하세요. 인정할 때 변화가 시작돼요.

그 문화로부터 떠나는 회개와 결단도 필요하구요. 가부장적 가치를 골고다 언덕으로 가져가 십자가 앞에 내려놓고, 성령께 의지해서, 그리스도와 함께 죽고 그리스도와 함께 다시 사는 시간을 가져보세요.

8일, 하나님을 만나는 네 개의 방

오늘은 두 번째 기둥을 세울 것이다. 이 기둥은 2일 차에서 가볍게 소개한 사중 구조 Fourfold Structure 예배라는 기둥이다. 가정 예배는 형식을 깨고 자유롭게 드려도 된다고 했는데, 왜 사중 구조라는 원리가 필요한지, 사중 구조를 왜 네 개의 방으로 부르는지, 이 방들에서 어떤 일이 일어나는지 나누려고 한다.

분명한 건, 이 사중 구조 예배의 원리가 하나님과의 만남을 훨씬 깊고, 인격적이며, 진정성 있게 해준다니 기대해도 좋다.

오늘의 묵상구절

> 그들은 사도들의 가르침에 몰두하며, 서로 사귀는 일과 빵을 떼
> 는 일과 기도에 힘썼다_행 2:42

7일 차에서 삶의 예배는 더 이상 의식을 따를 필요 없다고 했다. 주일 예배에 익숙한 부부가 막상 아무런 순서도, 의식도 없이 자유롭게 예배하려고 할 때, 괜한 불안을 느낄 수 있다. 이때 사중구조 예배 원리는 삶의 예배를 보다 진정성 있게 해주고, 나아가 하나님과 더 깊은 만남으로 인도해 주는 안전장치다.

사중구조 예배의 배경

사중구조 예배는 초대교회 예전에서 착안 된 예배의 원리다. 1세기 예배는 말씀의 예전과 성찬의 예전이라는 두 요소로 구성되어 있었다. 후대 예배학자들은 예배 처소에 모여서 말씀을 나누기 전까지를 '모임', 성찬 후 성도를 세상으로 보내는 '파송'이라는 두 요소를 추가했다. 그렇게 모임, 말씀, 응답(성찬), 파송이라는 공예배의 사중구조가 탄생했다.

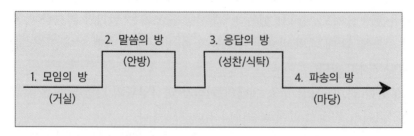

<표 2> 공예배의 사중구조: 하나님을 만나는 네 개의 방

예배는 하나님과의 전인적인 만남이다. 사중 구조는 이 만남을 시간의 흐름으로 구조화한 개념이다. 개인적으로 지난 20년 동안 예배 현장, 연구소 아카데미, 각종 세미나에서 가르치고 토론하는 과정에서 이 사중구조가 인간의 만남과 비슷하다는 것을 깨닫게 되었다.

마치 친구와 저녁 식사를 약속해서 만나고 헤어지는 과정과 비슷하다. 먼저 약속 장소와 시간을 정한다. 만나면 반가운 인사와 즐거운 문안이 오간다. Gathering. 식사하며 그동안 겪었던 일, 사건, 추억, 최근 관심사를 나눈다 Word.

식후엔 간단한 디저트나 커피(차)를 나누며, 그날 분위기에 따라 마음을 열고 요즘 겪고 있는 고민을 나눈다. 친구가 아픔을 공감하고, 관심과 위로로 격려해줄 때 감사로 반응하고 '힘 내야지' 다짐한다 Response. 다음 만날 약속을 정하고 각자 삶의 자리로 돌아간다. 그날 받은 친구의 따스한 격려에 힘입어 자신을 응원하며 일상을 살아낸다Dismissal.

하나님의 인격이 반영된 구조

그러고 보면 사중구조 예배에는 하나님의 세심한 배려가 담겨 있다. 하나님께서 예배제도를 만드실 때 인간의 전인격을 고려하신 것 같다. 자신의 형상대로 만든 인간과 만나는 예배이니 그분의 인격과 성품을 반영하신 것이다.

예배학자 콘스탄스 체리는 예배의 사중 구조를 '하나님을 만나는 네 개의 방'[45]이라 명명했다. 문자 그대로 각 방마다 하나님을 만날 수 있다는 것이다. 현대 교회의 예배는 대부분 만남과 말씀 두 요소로 끝나는 경우가 많다. 예를 들어, 설교 후에 설교자가 기도와 축도로 예배를 마치는 경우다. 이는 선포된 말씀 앞에 성도가 반응하고 하나님께 헌신, 결단할 수 있는 기회를 설교자가 대신해주는 것과 같다.

사중구조 예배는 하나님과의 만남을 자연스럽고 전인적인 양방향 two

way 소통으로, 진정성 있는 만남으로, 그리고 깊고 친밀한 교제로 나아가
도록 인도하는 성경적 예배 원리다.

이 사중 구조를 가정 예배에 적용하면, 예배가 더 깊고, 더 진정성있게
드려질 수 있다. 이제 네 개의 각 방마다 일어나는 하나님과의 만남을 소
개하려 한다. 이 원리를 꼭 이해해 두라. 정해진 특정 의식이나 순서 없이
도 하나님을 만나는 가정 예배를 잘 드리도록 가이드 해주는 안전 장치와
같으니 말이다.

모임의 방 Gathering

이 방은 성막의 '성전 뜰'에 해당한다. 집으로 비유하면 거실이다. 예배
로 초대하시는 하나님의 부르심 call to worship에 예배자가 순종함으로 나
아가는 시간이다. 그래서 모임의 방 키워드는 '환대' welcome다.

왕이신 하나님의 궁전에 초대 받은 예배자는 기쁨과 감사의 찬양으로
나아간다. 이때 함께 모인 자들은 서로를 환대하며, 찬양과 경배, 하나님
성품과 십자가 경외, 회개와 기도의 고백으로 자신을 낮추고 하나님을 높
여드린다. 하나님은 주의 자녀들을 기뻐하시고 은혜와 사랑으로 환대하
신다.

* 적용: 가정 예배는 마치 가정의 주인이자 왕이신 하나님을 집에 초대
하는 것과 비슷하다. 하나님은 자신의 영으로 항상 우리와 함께 하시지
만, 우리는 대부분 그분을 인지하지 못하고 일상을 살아간다.

그래서 가정 예배 시간 만큼은 우리가 초대한 왕이신 하나님께서 식탁
과 거실을 방문하는 시간으로 여기고 그분께 집중해 보자. 유대인은 안식
일 만찬 때 안식의 여왕을 초대하는 심정으로 만찬 예배를 준비한다.

그러므로 모임의 방은 왕의 위엄과 따스한 신적 환대가 가득한 만찬에
모든 가족을 환영welcome하는 시간이고, 함께 준비하는 시간이다. 구체적

인 예배의식은 없어도 여전히 하나님이 함께 하시고 환대해주시는 예배의 자리다.

말씀의 방 Word

이 방은 한 마디로 하나님과 예배자가 말씀으로 만나는 방이다. 집으로 비유하면 안방에 해당한다. 성막에서는 가장 깊고 내밀한 곳인 '지성소'에 해당한다. 말씀의 방의 키워드는 '만남'과 '대화'다.

하나님은 마치 부부가 서로를 아는 것처럼, 성도 개개인을 일대일로 만나시고, 대화하시고, 알아가기를 원하신다. 설교자를 통해 수 백명에게 말씀이 선포될 때 성령께서 각 사람의 상황에 맞게 감동을 주신다.

예배자는 말씀의 빛 앞에 자신의 부패한 모습을 자각하게 되고, 돌처럼 굳은 마음이 부드러워지고, 하나님의 마음과 뜻을 발견해서 자신을 성찰하게 된다.

＊적용: 대화식 예배에서 말씀의 방은 성경 본문에 대해 질문하고, 대화하고, 토론하는 시간이다. 짧게는 1시간, 길어지면 2시간 넘게 이어지기도 한다.

매일 저녁 10분 정도 가정 예배 드리는 것도 좋다. 말씀 읽고 짧게 대화하고 기도로 마친다. 이런 예배는 하루 3번 기도하는 다니엘의 습관처럼, 성도의 일상에 반복되는 영적 습관이 몸에 배게 해준다.

그런데 일주일에 한 번, 그 무엇으로부터도 방해받지 않는 넉넉한 시간을 따로 구별해서 말씀에 대해 질문과 대화로 토론하는 것은 차원이 다른 예배다. 이것은 자녀를 강론(다바르, 친밀하게 사귀다, 대화하다)으로 가르치라(신 6:7)는 하나님의 명령을 실천하는 자리이기도 하다. 이 시간을 통해 신앙 전수는 물론 인성 개발, 소통 능력, 종합적이고 창의적인 사고력이 강화되는 자녀 양육이 자연스레 진행된다.

응답의 방 Response

응답의 방은 초대교회의 성찬의 예전에 해당한다. 집으로 비유하면 식탁이다. 이 방의 키워드는 '감사'와 '반응'이다. 설교보다 더 깊은 예배로 들어가는 단계가 응답이다.

이 시간은 성도가 일주일의 삶 가운데 하나님 앞에 반응할 수 있는 최적의 시간이다. 특히 성찬(고전 11:23~25)은 응답의 정점이다. 성도는 그리스도의 살과 피에 참여함으로써 구원의 예수님께 감사로 반응한다.

성찬의 본질은 감사다. 그리스도의 새 언약(눅 22:20, 고전 11:25)을 재확인하고, 육신은 십자가로 죽고, 영은 그리스도와 다시 사는 부활을 기뻐하고, 영생을 주신 하나님께 감사하는 의식이다.

설교를 통해 선포된 말씀 앞에 이런 다양한 방식으로 성도가 반응할 수 있는 기회가 주어지는 것이다. 이때 예배자는 감사, 회개, 순종, 헌신, 결단, 성찬[46] 등으로 하나님께 자신을 드리게 된다. 그런데 설교 마치고 바로 목사의 축도로 예배가 끝난다면, 성도의 삶이 변화될 수 있는 가장 좋은 기회를 빼앗는 것이나 다름 없다. 이중 구조는 한 마디로 반쪽짜리 예배다.[47]

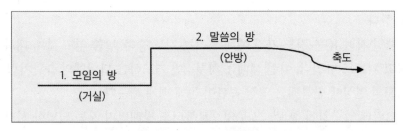

<표 3> 공예배의 이중구조: 하나님을 만나는 두 개의 방

* 적용: 말씀으로 대화하고, 토론하다 보면 말씀 자체가 주는 감동과 은혜로 성도의 마음이 변화되고, 내면의 회복이 일어난다. 그럴 때 예배자는 하나님께 마음을 열고, 회개하고, 헌신하고, 결단하게 된다.

성도의 일주일 중에 딱딱하게 굳었던 마음이 연한 순처럼 부드러워지는 시간이고, 죄를 깨닫고 의롭고 거룩하신 하나님 앞에 선 자신의 모습이 바다의 모래알 보다 작은 미천한 존재라는 겸손과 자각이 일어나는 시간이기도 하다. 말씀에 대해 토론하는 시간을 마치고, 그날 깨닫게 된 내용과 연관된 찬양이 생각나면 기타 반주, 또는 유튜브 찬양을 들으며 함께 찬양하라. 이어서 유튜브 기도반주를 틀어놓고, 함께 기도하며 하나님 앞에 반응하는 시간을 자유롭게 갖는 것도 좋다.

기도 반주: "열방 기도회 피아노 반주" 유튜브 바로가기

파송의 방 Dismissal

파송의 방은 집으로 비유하면 현관문, 또는 마당이다. 키워드는 '위임'과 '보냄'이다. 이 방에서는 머리 되신 그리스도의 권위로 교회가 성도에게 왕 같은 제사장의 신분을 위임하고 세상으로 파송하게 된다. 모이는 교회에서 흩어지는 교회로 전환되는 영광스러운 순간이다.

* 적용: 가정의 제사장인 아버지의 기도로 가족을 파송하는 것이 좋다. 19일 차 '마무리 기도'의 기도문을 참고하라. 교회가 이중구조 예배 전통을 사중구조로 바꾸기까지는 오랜 시간이 걸릴 것이다. 하지만, 가정 예배 현장에서는 '응답' 또는 '파송'까지 신축적으로 시도할 수 있다.

묵상질문

사중 구조 예배 가운데 현재 우리 집이 적용할 수 있는 단계는 어느 방까지인가?

"성경 지식이 약해도 대화식 예배가 가능한가요?"

성경 지식이 약한 아버지나 초신자 부모는 대화식 예배를 인도하기가 어렵지 않겠느냐는 질문을 종종 들어요. 아버지는 가정의 제사장이라는데, 성경도 잘 모르면서 과연 토론 방식으로 말씀을 제대로 해석해서 자녀를 이끌어갈 수 있을지 걱정 될 수 있어요. 목사가 아니면 사사로이 성경 해석하는 것을 금하는 보수적인 교단도 있으니 얼마든지 나올 수 있는 질문이에요.

당연히 성경을 많이 알고, 신앙생활을 오래 해온 부모가 말씀에 대해 자녀와 질문하고 토론하기가 훨씬 쉬울 거예요. 게다가 성경을 잘 모르면 자녀와 말씀에 관해 대화하고 토론할 때 해석이 산으로 갈 수도 있으니까요.

하지만 성경 지식의 많고 적음보다 중요한 것은 하나님을 사랑하고 말씀을 사모하는 것이에요. 유대인은 하나님을 사랑하는 최고의 행위로 말씀을 가슴에 새기고 자녀에게 말씀을 강론(대화)하는 것으로 알고 실천했어요.

성경 지식을 많이 쌓는 것보다 말씀 한 구절이라도 가슴에 새기고 순종하려고 애쓰는 것이 더 중요해요. 잘 모르니까 더 성령님께 의지하게 되구요. 초신자가 더 따끈따끈하지요. 뜨거운 가슴으로 몸부림친 말씀 한 구절이 가슴에 남고, 그렇게 경험한 말씀, 가슴을 움직인 구절부터 자녀와 질문하고 대화하고 토론한다면 해석이 산으로 갈 일도 없고, 더 진솔한 나눔이 될 거예요.

* 꿀팁: 바람이 있다면 교회마다 목회자와 함께 누구나 말씀에 대해 자유롭게 질문하고 토론하는 성경클럽 하나 즈음은 있었으면 좋겠어요. 아버지들이 성경을 공부하는 성경 하브루타반이나, 개인 성경 연구 과정[48]이 교회마다 일어났으면 좋겠어요..

9일, 세상에 하나 뿐인 예배의 집짓기

　오늘은 우리 가정에 맞는 예배 양식을 스스로 설계하는 방법을 안내해 드릴 것이다. 이제 여러분은 어쩌면 세상에 단 하나 뿐인 고유한 예배의 집을 짓게 될거다. 모든 가정마다 부모와 자녀의 문화적, 환경적, 정서적, 영적 상황이 다르기 때문이다.

　앞에서 다룬 두 기둥을 활용할 것이다. 삶의 예배는 형식의 자유를 통해 예배에 즐거움과 상상력, 그리고 활력을 더해 주고, 사중구조 예배는 하나님과 만나는 예배의 질과 진정성을 깊게 해준다고 했다. 이제 이 두 기둥을 활용해서 우리 가정에 최적화된 '예배의 집'을 지어보자.

이와 같이, 성령께서도 우리의 약함을 도와주십니다. 우리는 어떻게 기도해야 할지도 알지 못하지만, 성령께서 친히 이루 다 말할 수 없는 탄식으로, 우리를 대신하여 간구하여 주십니다._롬 8:26

형식으로부터 자유하라

삶의 예배는 장소와 형식으로부터 자유하게 한다고 했다. 그래서 평일에 하는 가정 예배는 주일예배 양식이나 언어를 따를 필요가 없다. 자연스러운 식사와 대화, 사귐과 나눔, 토론과 논쟁 자체가 모두 예배의 요소다.

교회에서만 사용하는 종교적 언어가 있다.

"묵도하심으로 예배를 시작하겠습니다"

"함께 성경 말씀을 봉독하겠습니다"

"우리의 마음을 다해 힘차게 찬양하겠습니다"

"이 구절은 한주간 우리 가정에 주시는 하나님의 말씀입니다"

너무나 익숙한 예배 용어들이다. 하지만 가정 예배에는 어울리지 않는다. 자녀와 거리감만 생기고 예배의 진정성이 약화된다. 2~5명 밖에 안되는 친밀한 가족이 딱딱한 공예배 의식으로 예배한다면 분위기가 경직되고, 지루하며, 가정 예배에 대한 기대감도 사라질 수 있다.

예를 들어 "다 함께 기도하고 예배드리겠습니다"보다는 "자, 오늘은 아빠가 기도할게"가 훨씬 자연스러워요.

"우리 10초만 눈 감고 마음을 차분하게 해보자"

"애들아, 오늘은 아빠가 요즘 자주 생각하는 말씀 하나 읽어보자"

"요즘 좋아하는 찬양 뭐야?"

"아빠 생각에 이 말씀이 이번 한 주간 우리가 함께 생각하고 토론해볼 중요한 말씀인 거 같아"

대화식 가정 예배는 경직된 종교용어가 아닌 평범한 일상에서 사용하는 대화체 용어를 사용한다.

자신의 가정에 맞는 예배 요소를 선별하라

먼저 자신의 가정에 적합한 사중구조 순서를 정해 보라.

모임, 말씀, 응답, 파송이라는 네 개의 방은 순서와 방향이 있다. 말씀의 방은 모임의 방을 통해 들어갈 수 있다. 마찬가지로 말씀의 방을 거치지 않고 바로 응답의 방, 파송의 방으로 갈 수 없다. 마치 우리의 만남과 비슷하다. 만나지도 않고 헤어질 수 없고, 묻지도 않았는데, 대답할 수 없는 것과 같다.

그 구성원마다 신앙의 수준도 다르고, 관계의 친밀도도 다르다. 그래서 가족 구성원, 문화와 세대, 신앙의 정도에 맞게 이 네 종류의 방을 선택해서 예배할 수 있다.

<그림> 사중 구조 예배의 흐름

오늘날 가정마다 참 많은 문제가 있다. 자녀와 대화가 단절된 경우, 부모만 예수 믿는 경우, 이혼한 경우, 자녀가 정서적 어려움을 겪는 경우 등

그 내용도 천차만별이다. 그래서 가정 구성원의 신앙이나 관계의 정도에 따라 모임만 가능한 경우도 있고, 모임부터 파송까지 모두 진행할 수 있는 가정도 있을 것이다. 이렇게 가정 예배를 디자인할 때 선택할 수 있는 대화식 가정 예배는 네 가지 모습이다.

첫째, 모임만으로 끝나는 가정 예배
둘째, 모임과 말씀까지 읽는 가정 예배
셋째, 모임과 성경 읽고 말씀에 반응하는 가정 예배
넷째, 모임과 말씀, 응답 후 세상으로 파송하는 가정 예배

예를 들어, 부모와 사춘기 자녀 간에 대화가 단절되어 모임 자체가 어려운 가정이 있다. 그래서 몇 개월에서 1년이 걸리더라도 관계가 호전되고 대화가 자연스러워질 때까지 '모임'만 계속해야 할 수도 있다. 가정 예배가 삶의 예배이기 때문에 가능한 일이다.

대화식 가정 예배를 드릴 때, 이 네 개의 방 중에 여러분 가정에 맞는 방을 선택하라. '모임'만 진행하든지, 아니면 '모임, 말씀, 응답'까지 진행하든지 상관없다. 자신의 상황에 맞게 진정한 마음으로 성령께 물으며 간절히 의지해서 드린다면, 정도의 차이는 있어도 어떤 방에서는 반드시 하나님을 만날 수 있다. 물론 언젠가는 모임으로 시작해서 마지막 파송까지 모두 드리는 때가 오겠지만 말이다.

각 방을 채울 예배의 요소들

삶의 예배와 사중 구조 예배라는 각각의 기둥마다 다양한 예배의 요소들이 있다. 이 두 기둥을 적절히 조합하면 자기 가정에 맞는 예배의 순서나 루틴을 정할 수 있다.

먼저 사중구조 예배의 요소는 모임 Gathering(G), 말씀 Word(W), 응답

Response(R), 파송 Dismissal(D)이다. 삶의 예배란 일상의 모든 말과 생각, 행동으로 하나님을 영화롭게 하는 것이다.

삶의 예배의 요소는 필수와 선택으로 구분했지만, 여기에 너무 연연하지 않아도 된다. 필수 요소는 넉넉한 시간을 확보하기 어려운 경우나 여건이 허락되지 않을 때, 또는 가족 구성원의 신앙의 유무, 가정 예배에 대한 인식의 부족 등으로 아직 정식 가정 예배가 어려운 환경에서 모일 때 필요한 최소한의 요소라고 이해하면 된다.

이 필수 요소에는 하브루타Havruta(H), 성경Bible(B), 대화Dialogue(Di), 식사 Table(T), 기도Prayer(Py), 격려Encourage(E), 구제Offering(O), 축복Blessing(Bl) 등을 넣었다.

사중구조 예배		Gathering G 모임	Word W 말씀	Response R 응답	Dismissal D 파송
삶 의 예 배	필 수 요 소	Offering O 구제 Blessing Bl 축복 Table T 식사 Dialogue Di 대화	Bible B 성경 Talmud T 탈무드	Dessert Ds 후식 Prayer Request Pr 기도제목	Encourage E 격려 Prayer Py 기도
	선 택 요 소	Praise P 찬양 Bed time B 잠자리 Folktale F 동화	Memorizing M 암송 Reading Rd 낭독 Meditation Md 묵상 Havruta H 하브루타	Drawing Dr 그리기 Repentance Rp 회개 Issues I 이슈 Family Story Fs 가족 이야기	

<표 4> 예배 코드 분류표

반면에 선택 요소에는 찬양Praise(P), 암송Memorizing(M), 낭송Reading(Rd), 이슈Issue(I), 동화Folktale(F), 가족 이야기Family Story(Fs), 잠자리Bed Time(Bt), 묵상Meditation(Md), 탈무드 Talmud(T), 후식Dessert(Ds), 회개Repentance(Rp), 그리

기 Drawing(Dr) 등을 넣었다.

대화와 식사, 격려와 구제 같은 비예전적 요소를 찬양, 낭송, 축복, 묵상 같은 예배 요소보다 필수적인 요소로 지정한 이유는 가정 예배가 삶의 예배이기 때문이다.

구제를 필수 요소로 지정한 것은 신구약성경 전체가 가난한 자에게 남다른 배려와 도움을 줄 것을 강조하기 때문이다. 신앙이 있든 없든 구제는 누구나 할 수 있고 해야하는 선행이다. 이는 어려서부터 몸에 배게 하는 것이 유익하다. 다양한 말씀(신 15:7~11, 레 19:10, 23:22, 시 41:1)에서 구제를 강조하고 있다. 이 부분은 뒤에서 더 자세히 다룰 것이다.

기도를 필수 요소로 넣은 것도 신앙의 유무를 떠나 누구나 할 수 있는 보편적인 행위이기 때문이다. '성경'은 가장 중요하며, 삶의 예배의 전부라 해도 과언이 아니다. 상황에 따라 축복이나 구제를 못해도, 말씀을 함께 읽기만 하거나, 대화, 식사, 격려, 기도는 꼭 하는 것이 좋다.

여기에 소개한 21가지 삶의 예배 요소 외에도 가정마다 더 창의적인 요소를 추가할 수 있다.

마스터키를 사용하라

예배에서 가장 중요한 것은 하나님을 만나는 것이다. 누구보다 하나님께서 우리를 만나고 싶어하신다. 모임의 방, 말씀의 방, 응답의 방, 파송의 방 모두에서 하나님을 만날 수 있다. 방마다 하나님이 계신다는 뜻이다.

그 분을 만나려면 먼저 그 방에 들어가야 한다. 이 네 개의 방문을 열 수 있는 마스터키가 있다. 이 키를 사용하면 어느 방이나 들어가 하나님을 만날 수 있다. 바로 '영'과 '진리'라는 열쇠다.

예수님은 하나님이 찾으시는 예배가 "영과 진리의 예배"라 하셨다. 그래서 "예배하는 자는 영과 진리로 예배하라"(요 4:23, 24) 하셨다. 영과 진리는 결국 성령과 말씀이다.

"성령은 모든 것, 즉 하나님의 모든 깊은 것까지 통달하시는"(고전 2:10) 분이다. "진리의 영"(요 16:13)이시기도 하다. 그러므로 성령님은 우리가 어떻게 예배드려야 하나님을 만날 수 있는지 누구보다 잘 아시는 분이다. 그래서 우리의 연약함을 아시고, 말할 수 없는 탄식으로 도와주신다.

성령은 가장 탁월한 워십리더이시자, 예배의 마에스트로, 즉 거장이다. 그렇다면 교회이든 가정에서든, 예배드릴 때 성령께 의지해서 그 분의 인도하심을 따르면 반드시 하나님을 만날 수 있다. 역으로 영과 진리라는 마스터키가 없으면 그 누구도, 어느 방에서도 하나님을 만날 수 없다.

묵상질문

1. 네 개의 방마다 하나님이 계신다. 각각의 방문을 열어서 하나님을 만나게 해주는 마스터 키가 무엇인가?

2. 모든 가정은 가족 구성원, 문화와 세대, 신앙의 정도에 맞게 네 가지 패턴의 방을 선택해서 예배할 수 있다고 했다. 자신의 가정에 맞는 패턴은 몇 번인가?

　① 모임　② 모임-말씀　③ 모임-말씀-응답　④ 모임-말씀-응답-파송

"엄마 하나님이 뭐라고 하셔?"

잔소리는 가장 게으른 육아랍니다. "오늘 꼭 성경 읽어!" "예배 시간 늦지 마!" 하지만 아이들은 잔소리로 변화되지 않아요. 어느 책 제목처럼, 부모의 삶으로 가르치는 것만 아이들에게 남거든요.

하루는 연구소 간사가 친구에게 일어난 실화를 나누어 주었어요. 자녀가 자매 둘인 가정인데, 신앙이 없는 아이들과 어떻게 성경으로 대화할까 고민에 빠진 거예요. 한참을 생각하던 중에 문득 아이디어가 떠올랐답니다. 자신이 먼저 성경 읽는 시간을 갖는 것이었어요. 엄마는 자녀들에게 이렇게 부탁했어요.

"엄마가 하나님 만나는 시간에는 엄마 건드리지 말고 조용히 해줄 수 있어?"

아이들은 무슨 말인지 잘 이해하지 못했지만, 엄마의 부탁이니까 들어줄 수밖에 없었어요. 그러던 어느 날이었어요. 딸아이가 엄마한테 다가와서 조용히 묻더랍니다.

"엄마, 하나님이 뭐라고 하셔?"

그 질문이 접촉점이 되어 아직 예수님을 믿지 않는 두 자녀와 함께 말씀을 읽고 대화하며 토론하는 시간이 시작되었답니다.

쉐마가 가르치는 원리대로, 먼저 부모의 모범이 참 중요해요. 부모의 사랑은 내리 사랑입니다. 자녀를 보면 부모가 보이고 부모의 성품과 버릇은 자녀에게 대물림됩니다. 뒷모습을 잘 가꾸세요. 아이는 부모의 뒷모습을 보고 배워요. 1년 내내 주일예배 빠지지 않고 참석하는 것보다 가정에서 부모가 보여주는 행동 하나, 자기도 모르게 나오는 말버릇 하나, 사람을 배려하는 태도, 위급한 일이 터졌을 때 대응하는 자세 등에서 자녀들은 더 큰 영향을 받고, 배우고, 따릅니다.

10일, 우리 집 예배 코드

　오늘은 각 가정에 맞는 예배의 모습을 '예배 코드'로 정리해보려고 한다. 예배 코드는 한 마디로 몇몇 알파벳 조합으로 이루어진 가정 예배 순서다. 자신의 가정에 맞는 대화식 가정 예배 순서를 기록하기 위한 영문 또는 한글 약자로 보면 된다.

　혹시라도 예배 코드와 경우의 수가 복잡하거나 어렵게 느껴지는 분들은 이 단락은 넘어가도 상관없다. 영어가 불편하거나 익숙하지 않은 분은 <표 5>처럼 한글 단어의 첫 글자로 표시해도 된다.

초판이 출간되었을 때 예배 코드가 어렵다는 피드백이 있었다. 하지만, 알고 보면 쉽다. 수많은 경우의 수 가운데 자신의 가정에 해당하는 양식은 서너 가지에 불과하기 때문이다. 게다가 일단 시작하면 이후에 얼마든지 바꿀 수도 있고, 첨가하거나 뺄 수도 있다. 삶의 예배라는 자유함이 이를 얼마든지 가능케 한다.

예배 코드 요소 이해

가족의 상황과 형편에 따라 '삶의 예배'와 '사중 구조 예배'라는 두 가지 기둥을 조합하여 가정 예배를 디자인할 때, 다양한 경우의 수가 나올 수 있다. 쉬운 예를 하나 들어보자. 자녀와 대화가 단절된 경우, 일단 모임(G/모)에서 식사(T/식)하며 자신이 가장 좋아하는 물건 또는 인물에 대해 대화(Di/대)를 시도할 수 있다. 예배 코드는 G-TDi 이다. 한글이 편한 분은 모-식대라고 적는다. 예배 코드 약자는 아래 도표를 참고하라.

사중구조 예배		Gathering G 모임	Word W 말씀	Response R 응답	Dismissal D 파송
삶의 예배	필수요소	Offering O 구제 Blessing Bl 축복 Table T 식사 Dialogue Di 대화	Bible B 성경 Talmud T 탈무드	Dessert Ds 후식 Prayer Request Pr 기도제목	Encourage E 격려 Prayer Py 기도
	선택요소	Praise P 찬양 Bed time B 잠자리 Folktale F 동화	Memorizing M 암송 Reading Rd 낭독 Meditation Md 묵상 Havruta H 하브루타	Drawing Dr 그리기 Repentance Rp 회개 Issues I 이슈 Family Story Fs 가족 이야기	

<표5> 예배 코드 분류표, 한글 약자

좋아하는 물건 또는 인물에 대해 나누는 이유는, 자녀와 친해지기 위한 하나의 작은 시도일 뿐이다.

예배 코드를 조합하는 방법은, 먼저 사중구조 Gathering, Word, Response, Dismissal 알파벳의 첫 글자 G, W, R, D(모, 말, 응, 파) 중에 한 자를 선택한다. 하이픈 기호(-)를 표시한 후, 삶의 예배 요소들 중에 현재 우리 가정에 알맞은 요소를 알파벳(한글) 약자 H(하), Di(대), T(식), B(성), M(암), P(찬), Py(기), I(이), Rd(낭), Rp(회), Md(묵), E(격), Tm(탈), Bl(축), Bt(잠)로 쉼표 없이 연결해서 적는다.

삶의 예배의 요소는 매우 다양하다. 그만큼 다양한 내용으로 삶의 예배를 드릴 수 있다는 뜻이다. 필수 요소와 선택 요소는 편의상 구분해 놓은 것이니 융통성 있게 선택하면 된다.

사중 구조의 모임(G)에서 말씀(W) 단계로 넘어갈 경우, 즉 방과 방을 구분할 경우는 세미콜론(;)으로 구분한다. 첫 알파벳이 같은 문자인 경우는 소문자를 추가로 붙여 구분했다.

Praise=P(찬), Pray=Py(기), Memorizing=M(암), Meditation=Md(묵), Dismissal=D(파), Dialogue=Di(대), Dessert=Ds(후).

사중구조와 삶의 예배의 조합

실례를 들어보자. 모임에서 식사하고, 성경으로 하브루타까지 할 경우는 G-TDi; W-BH(모-식대; 말-성하)이다. 자녀의 잠자리에서 말씀을 읽어주거나 기도할 때도 있다. 잠자리도 모임(G/모)에 해당한다.

말씀을 읽고, 말씀에 대해 가볍게 대화하고 기도했다면 예배 코드는 G-Bt; W-BDi; R-Pr(모-잠; 말-성대; 응-기제)이다. 성경 통독 가정 예배를 드릴 때도 모여서 찬양 한곡 부르고, 성경을 함께 읽고 잠시 나누고 기도하니 G-P; W-BDi; R-Pr(모-찬; 말-성대; 응-기제)로 쓴다.

사중구조 4가지를 모두 적용할 경우, 모임에서 식사, 대화 후 말씀에서 성경 하브루타, 응답은 가족 이야기 나누고, 파송에서 기도하고 마칠 수도 있다. G-TDi; W-BH; R-Fs; D-Py(모-식대; 말-성하찬)

몇 가지 예배 코드의 예를 들어봤다. 얼핏 보면 복잡하게 보이지만, 한두 번 진행해 보면 익숙해지니 너무 겁먹을 필요 없다. 시작은 간단하다. 일단 자신의 가정 상황에 맞게 예배요소를 선택하라. 그 이후 조금씩 다듬어서 완성해 가면 된다.

우리 가정에 맞는 예배 코드

모든 가정은 저마다의 속사정이 있다. 상황과 처지도 다르고, 구성원도 다르고, 문화도 가지각색이다. 어떤 가정은 모이는 것 자체가 어려울 수 있다. 왜 모여야 하는지, 왜 가정 예배가 필요한지 동기부여가 안 된 가정도 있다.

그런데 자녀의 신앙 유무나 정도와 상관없이 부모의 강요로 동기부여도 안 된 상황에서 억지로 가정 예배를 진행하면 반드시 문제가 발생한다. 물론 억지로라도 순종해서 예배드리는 것이 축복일 경우도 있다. 문제는 그런 경우보다 상처받고, 가정 예배를 꺼리거나 고등학교 졸업 이후아예 신앙을 떠나는 경우가 훨씬 많다는 데 있다.

예수께서 어린 자녀를 실족케 하는 일을 "차라리 그 목에 큰 맷돌을 달고 깊은 바다에 빠지는 편이 낫다"(마 18:6)고 하신 말씀을 가슴에 새기라. 그래서 먼저 자녀를 배려하고 존중하는 것이 대화식 가정 예배의 첫 단계다. 이때 가장 좋은 방법은 자녀와 열린 대화를 시도해 보는 것이다. 자녀의 나이가 5~6세 이상이라면 자녀와 함께 가정 예배를 디자인해보는 것도 좋은 방법이다.

먼저, 사중구조와 삶의 예배에 관해 짧고 쉽게 설명해주라. 물론 디자인의 키는 부모가 잡고, 최종 결정은 가정의 제사장인 아빠가 하되, 자녀의 의견을 최대한 수렴해서 결정하라.

둘째는 자녀의 신앙적 상황과 자녀의 의견에 따라 사중구조 예배 코드를 선택해보라.

셋째는 선택한 사중구조의 방에서 우리 가족에게 맞는 삶의 예배 요소들을 신중하게 골라보라. 이때 자녀의 발달단계, 신앙의 정도, 정서적 상황, 부모와의 관계라는 변수들을 진지하게 고려해서 예배 코드를 적어보라.

넷째는 예배 코드대로 대화식 가정 예배를 진행해보자. 몇 번 진행하면서 수정하다 보면 우리 가정에 맞는 예배 코드를 찾게 될 것이다.

마지막으로 예배 코드가 어느 정도 익숙해지면, 경건의 요소나 축제적 요소를 창의적으로 더해도 좋다. 가정 예배는 말씀과 질문, 대화와 기도, 축복 등의 루틴만 잘 잡히면 얼마든지 복되고 즐거운 시간이 될 수 있다.

＊꿀팁: 가정 예배 노트 – 가족의 영적 성장 과정을 기록하는 가정 예배 노트를 활용해보자. 예배드릴 때마다 날짜와 본문, 예배 코드와 기도 제목을 적어 놓으면 나중에 가정 예배의 흐름과 변화, 역사를 되돌아볼 수 있을 것이다.

묵상질문

1. 예배 코드란 무엇인가?

2. 자신의 가정환경에 가장 적합한 예배 코드를 만들어 보자.

"교회생활이 어려운 중3 아들과의 데이트"

최근 인스타에 올라온 글 하나가 제 가슴을 움직였어요. 사중구조 예배 중 '모임'(G)에 해당하는 대화식 예배의 좋은 사례[49]라서 허락 맡고 공유합니다.

"중 3이 된 아들은 친구 하나 없는 교회를 다녀야 하는 게 쉽지 않은가보다. 몇 주 전 단 둘이 식사를 하고 카페로 옮겨 대화를 나눴다. 자신의 힘겨움에 대해 말하다 아들은 눈물을 쏟았다. 마음이 아렸다. 내 신앙 이야기를 들려주며 기독교 신앙을 사랑하는 아들에게 전하고 싶은 아빠의 심정을 헤아려 달라고 부탁했다.

주중에 나와 함께 만나 시간을 보내며 천천히 기독교 신앙에 대해 알아가 보자고 했다. 아들은 썩 내키지는 않지만 그나마 그게 낫다고 내 제안을 수락했다.

지난 주 첫 만남에는 서로에게 묻고 싶은 질문 세 가지를 적어보았다. '지금까지 아빠와 보낸 시간 중 가장 좋았던 기억은?', '하나님이 원하는 소원을 들어준다면?', '과거를 되돌릴 수 있다면 되돌리고 싶은 행동, 사건은 무엇인가?'에 대해 내가 물었고, 아들은 내게 '역대 최고 가수가 누구?', '지금까지 살던 곳 중 가장 좋았던 곳?', '인생 책은?'을 물었다.

당근 마켓에 아들이 좋아하는 Harry Styles의 LP가 올라와 있길래 구입해 어제 저녁 아들에게 선물해 주면서 오늘 만남을 위한 미션을 전달했다.

'너의 인생 이야기가 담긴 노래 두 곡과 서로에게 들려 주고픈 노래'

우리는 오늘 저녁, 음악으로 만날 예정이다. 다음 주에는 함께 영화관에 가려고 한다. 그리고 머지않아 기독교 신앙에 대해서도 이야기 나눌 시간을 천천히 가져보려 한다. 아들과 함께하는 화요일 밤이 우리의 우정을 더 단단하게 만들어주면 좋겠다. 무엇보다 아들에게 하나님 사랑이 전해지는 시간이 될 수 있길 바라며 간절히 두 손을 모은다."[50]

자녀를 위해 이 정도의 인격적인 배려와 관심을 갖는 아빠라면 이 아이는 왠만해서는 신앙을 떠나지 않을 것 같아요. 아니, 틀림 없이 이 아들은 아빠의 인생과 생각, 고뇌와 신앙에 대해 깊은 관심을 갖고 아버지를 넘어 인생의 동반자 같은 관계로 평생 이어질 것 같은 예감이 듭니다.

사실 오늘의 한국 사회는 부모와 자녀가 함께 여유를 갖고 대화할 수 있는 시간을 내기가 쉽지 않은 구조예요. 안타깝지만 이것이 현실이지요. 하지만 우리가 누군가요? 회복 탄력성이 아주 강한 민족이에요. 어떤 위기 상황에서도 반드시 극복해내고야 마는 강인한 나라입니다. 자녀의 입장을 이해하고 배려하며 기도하는 운동이 확산된다면 대한민국은 다시 한 번 회복과 부흥을 경험하게 될 거에요.

* 꿀팁: 요즘 같은 시기에 사춘기 특히 중학교 2-3학년 자녀와 정상적인 가정예배를 드리는 것은 쉽지 않은 일이에요. 이런 상황에서는 먼저 '모임'(G)만 시도해보세요. 모임의 예배는 자녀와 서로를 알아가고 친밀한 관계를 회복하는 것이 일차적인 목표예요. 엄마 아빠와 함께 만나도 좋고, 엄마 또는 아빠와 단둘이 데이트해도 좋아요. 장소는 집이나 까페, 공원, 식당 등 그때 그때 다를 수 있어요. 아이의 컨디션과 상황에 맞게 함께 장소를 정해 보세요.

모임 때마다 특정 주제를 정하는 것이 좋아요. 아무런 준비도, 주제도 없이 만날 경우 시간이 무료해질 수도 있으니, 사전에 어떤 대화의 주제를 나눌지, 어떤 영화를 보고, 어떤 추억을 쌓아갈지 자녀의 의견을 묻고 함께 만남을 디자인해 보세요..이 단계가 어느 정도 진전되면 서로의 신앙에 대해, 인생 고민에 대해 마음을 열고 대화할 수 있게 될 거에요.

이런 데이트 자체가 삶의 예배임을 잊지 마세요. 그러다가 자녀에게 신앙이나 성경, 하나님에 대한 더 깊은 질문들이 생길 때 다음 단계인 '말씀의 방'(W)으로 자연스레 나아갈 수 있어요.

소그룹 나눔

5일 동안 묵상하고 메모한 내용을 나누고 토론하는 시간이다.
간단히 기도하고, 아래 질문을 허심탄회하게 나눠보자.
상황에 따라 5가지 중에 선택적으로 다루고, 주중에 크게 다가온 내용을 다뤄도 좋다.

1. 가정 예배가 삶의 예배라는 의미를 자신이 이해한 만큼 나누어보자.

2. 모임, 말씀, 응답, 파송이라는 예배의 사중구조의 원리대로 예배드릴 때 우리에게 어떤 유익을 주는가?

3. 예배의 네 방마다 하나님을 만나게 해주는 마스터키가 무엇인가? 왜 그렇게 생각하는가? (요 4:23, 24)

4. 왜 대화식 가정 예배 양식은 경우의 수가 많을 수밖에 없는가?

5. 자신이 만든 가정 예배 코드를 서로 나눠보자.

용어 정리

아바드(경작하다): 일(노동)하다, 섬기다, 예배하다
삶의 예배: 바울 사도가 로마서 12장 1, 2절에서 언급한 일상의 예배
사중구조 예배: 모임, 말씀, 응답, 파송으로 구성된 공예배의 원리
예배 코드: 대화식 가정 예배 양식은 삶의 예배와 사중구조를 조합할
    때 다양한 경우의 수가 가능하다. 예배 코드는 이 경우의 수를
    더욱 쉽게 구분하고, 표시 또는 기록하기 위한 참고용 코드다.

필독 도서

콘스탄스 M. 체리, 예배 건축가, 양명호 역 (CLC 2015)
로버트 뱅크스, 1세기 교회 예배 이야기, 신현기 역 (IVP, 2017)

참고 도서

이재천, 개인성경연구 핸드북 (IVP, 2003)
이유정, 잠자는 예배를 깨우라 (예수전도단, 2012)

3주
하브루타는 대화의 혁명

"부모의 역할은 아이가 내면의 소리를
들을 수 있도록 영감을 얻게 하는 것이다."

— 슈물리 보테악

이번 주의 목표는 대화식 가정 예배의 가장 중요한 도구인 질문과 하브루타를 이해하는 것이다.

지난 주에는 자신의 가족 환경에 맞는 예배를 기획하기 위해 두 기둥과 네 방을 살펴보았다. 이제 3주 차는 방에 필요한 가구를 배치하는 것이다. 이 가구들은 가정이 하나님의 임재가 있는 거룩한 성소로 세워지는 역할을 한다. 우리가 주목해야 할 가구는 '질문'과 '대화'다. 특히 우리에게는 생소한, 질문 중심의 대화인 하브루타의 엄청난 효능에 대해 집중적으로 다룰 것이다.

이해를 돕기 위해, 대화식 가정 예배와 가장 근접한 모델이자, 질문으로 자녀를 양육하는 유대인의 안식일 만찬 예배도 살펴 보려고 한다.

11일, 왜 하브루타인가?

오늘은 대화식 가정 예배의 핵심 도구인 하브루타에 대해 소개하려고 한다. 예배와 질문, 언뜻 보면 서로 어울리지 않는 단어다. 예배 중에 질문하는 것을 경솔한 행동으로 볼 수도 있다. 우리 문화권에서 갖는, 질문에 대한 다소 왜곡된 선입관 때문이기도 하다.

6일 차에서 다룬, 초대교회 당시 가정에서 진행된 예배 모임에서는, 질문이나 토론이 예배를 가로막는 이슈가 아니라, 성도의 가치관과 행동을 복음 안에서 급진적으로 변화시키는 하나의 통로였다.

이 책의 서브타이틀이 '질문과 토론으로 하나님을 만나는'인 이유는 대화식 예배를 진행할 때 질문이 그만큼 결정적인 역할을 하기 때문이다.

"우리 조상은 이 산에서 예배를 드렸는데, 선생님네 사람들은 예배드려야 할 곳이 예루살렘에 있다고 합니다." 예수께서 말씀하셨다. "여자여, 내 말을 믿어라. 너희가 아버지께, 이 산에서 예배를 드려야 한다거나, 예루살렘에서 예배를 드려야 한다거나, 하지 않을 때가 올 것이다."_요 4:20,21

질문의 힘

뜨거운 뙤약볕이 내리쬐는 정오였다.

사마리아 지역의 우물가에서 한 여인이 예수님께 묻고 또 물었다. 자신의 인생과 존재, 그리고 죄에 대한 끊임없는 갈증과 목마름 속에서 묵혀 둔 질문들이 쏟아져 나왔다. 수십 년 동안 그 누구도 이 여인의 질문에 관심 갖지 않았다.

그런데 예수님은 이 초라한 여인의 질문에 귀를 기울이셨다. 그녀가 쏟아내는 질문들을 하나도 무시하지 않으셨다. 여인의 눈을 똑바로 보시며, 질문 이면에 있는 깊은 내면의 탄식을 읽으셨다. 계속 이어지는 질문과 대화 속에서 그녀는 답을 찾았고, 예배가 회복되었고, 결국 메시아를 만났다.

목회자들이 강단에서 모든 답을 주기 위해 목청을 높이기보다, 어느 날은 예수님처럼 힘을 빼고 서민들의 치열한 삶의 현장에 다가가, 그들의 질문에 귀를 기울이는 시간을 가져보는 것도 필요하다. 한창 질문이 많을 청년들에게 빨리 정답을 주고 봉사하게 하는 목회자 보다는, 충분히 질문하고, 사고해서 스스로 답을 찾아가도록 옆에서 도와주고, 질문을 던지고, 격려하는 목사가 많았으면 좋겠다.

왜 가정에서 질문을 중요하게 다뤄야 할까? 사회가 질문을 중요하게 다루지 않기 때문이다. 오늘날 학교 교육은 질문을 통해 활발한 사유를 하는 학생보다 정답을 잘 골라 높은 점수를 받는 학생을 양산하고 있다. 교회도 질문하는 성도보다 말 잘 듣고 순종하는 성도를 선호하는 경향이 있다.

하지만 묻지도 않고 어떻게 얻을 수 있겠는가? 어떻게 질문 없이 깊은 진리에 도달할 수 있겠는가? 진리는 쉽게 터득되는 것이 아니다. 질문하고 구하고 문을 두드리고 찾을 때(마 7:7-8) 활짝 열리는 것이다.

강론에서 창안 된 하브루타

대화식 가정 예배는 질문을 가장 중요한 도구로 여긴다. 삶의 예배의 키는 이 세대의 풍습을 본받지 않기 위해 하나님의 뜻을 분별하는 것이라 했다. 빛처럼 빠르게 변하는 이 시대의 사조와 문화를 질문하지도 않고, 치열한 토론도 없이 어떻게 분별할 수 있겠는가?

여기 유대인 부모가 12살 자녀에게 던진 질문을 통해 자녀와 이어지는 대화를 엿볼 수 있는 좋은 영상을 소개한다.

"유대인 부모가 12살 자녀에게 던진 놀라운 질문"
유튜브 바로가기

질문은 사람의 마음을 열고, 자기 주도적으로 문제를 풀어가고, 상상력을 일깨우는 대화의 촉매가 된다. 나아가 사물을 다양하고 창의적인 관점에서 바라보게 하고, 문제의 핵심을 꿰뚫어 본질에 도달하게 한다.

최근 만난 한 젊은이는 하브루타의 하자도 몰랐다. 하지만 함께 대화하는 과정에서 자신이 이미 오랜 시간을 하브루타 정신과 원리대로 질문하고 토론하고 논쟁해 왔다는 것을 깨닫고 놀라워했다. 하나님의 형상으로 창조된 모든 인간에게는 이미 질문의 DNA가 존재하고 있기 때문은 아닐까?

하브루타는 쉐마의 '강론'(신 6:7)이란 단어에서 창안되었다.

> 네 자녀에게 부지런히 가르치며 집에 앉았을 때에든지 길을 갈 때에든
> 지 누워 있을 때에든지 일어날 때에든지 이 말씀을 강론할 것이며 _신 6:7

'강론'의 히브리어 '다바르'는 친하게 사귀다, 말하다, 대답하다, 이야기
하다의 뜻을 갖는다. 영어는 speak about 즉 대화하다, 이야기하다로 번역
되었다.

이 독특한 단어에서 하나님은 자녀를 가르치는 두 가지 중요한 원리를
보여주셨다. 하나는 친밀한 사귐이고, 다른 하나는 대화다. 이 두 가지 중
에 하나라도 빠지면 반쪽짜리 가르침이 되는 거다. 그 결정체가 바로 하
브루타이다.

하브루타는 단순히 질문 중심의 토론이 아니라, 친밀한 관계 속에서 이
루어지는 학습이다. 하브루타가 히브리어로 '하베르' 즉 친구, 짝, 동료
를 뜻하는 아람어에서 파생된 것도 일맥 상통한다.

하브루타는 동료와 서로 짝을 이루어 질문을 주고받으며 논쟁하는 유
대인의 전통적인 토론 교육방법인데, 보통 하브루타 동료와 깊은 신뢰 관
계가 형성되곤 한다. 그래서 하브루타는 단지 지식을 습득하는 것을 넘
어, 대면 능력, 공감 능력, 관계 능력까지 좋아지게 하는[51] 독특한 특성이
있다.

단순히 질문과 대화 하나로 이런 좋은 열매들을 얻을 수 있는 이유가
무엇일까? 왜 하나님은 자녀에게 성경을 일방적이고 주입식으로 가르치
는 것보다 질문과 토론으로 강론하라고 하셨을까? 하브루타에는 설명하
기 힘든 신적 친밀함과 신성한 힘이 있다. 분명한 것은 부모와 자녀가 말
씀에 대해 친밀한 관계 속에서 질문으로 대화하는 것은 그분의 강력한 의
지가 담긴 명령이라는 점이다.

최고의 교육 방법론?

근래들어 교육학계에서는 하브루타가 세계 최고의 교육방법론으로 주목받고 있다. 질문하고 토론하는 하브루타 소통방식이 뇌를 격동시켜서 최고의 뇌로 만들어주기 때문이다.[52]

보통 일방적으로 가르치는 주입식 교육보다는, 학생들이 과제에 적극적으로 참여해서 질문하고, 토론하고, 다른 사람을 가르칠 때 더 효과적인 학습효과가 나타난다.

대학시절에 한 교양과목 교수가 독특하게 수업을 진행했다. 모든 학생이 조를 이루어 특정 주제에 대해 발제하고 토론하는 방식이었다. 내가 발표한 것은 토마스 쿤의 《과학혁명의 구조》였다. 어려운 책이었지만, 발제를 위해 몇번이나 탐독하고, 밤새 자료를 만들어 발표한 기억이 난다.

교수가 질문하면 답하고, 학생들과 토론으로 이어졌다. 그때 난생 처음 공부가 재미있다는 생각이 들었다. 대학시절 배운 어떤 과목보다 이 수업시간의 활발한 분위기, 그리고 발표 내용이 지금까지도 기억에 남는다.

하브루타는 문제에 대해 주도적으로 질문하고 토론하고 논쟁함으로써, 상대를 이해하는 의사소통이 계발되며, 창의적인 생각과 논리적이고 종합적인 사고능력이 극대화되는 독특한 대화법이다.

관계 중심의 대화법

유대인이 수많은 노벨상을 수상하고, 정치, 경제, 학문, IT, 예술, 대중음악, 영화계 등 각계각층에서 두각을 나타나는 원동력이 바로 여기에 있다. 이런 현상을 알게 된 한국의 학부모들이 하브루타 교육에 열을 올리고 있다. 최근까지 하브루타 관련 서적이 수백 권 출간되었고, 그중에 부모, 특히 어머니를 위한 하브루타 서적이 압도적으로 많다.

한국의 하브루타 열풍은 건강한 모습도 많지만, 상대방을 논리적으로 이기기 위한 경쟁의 도구로 삼거나, 세계적인 인재를 만들기 위한 최고의 학습법으로 오해하는 경우도 많아 보인다. 그럴 때 하브루타는 탁월한 두뇌를 갈고 닦아 성공하기 위한 탐욕의 도구로 오용될 수 있다.

하브루타의 본질은 상대를 이기는 것이 아니라, 사람의 마음을 읽고, 상대를 이해하고, 공감하면서 친밀한 관계로 상생하는 데 있다. 그러한 성품과 인성이 따르지 않는 하브루타는 진정한 의미에서 하브루타가 아니다.

구글의 창업자 세르게이 브린과 래리 페이지가 그 대표적인 예다. 유대인인 이들은 자라면서 함께 질문하고 토론하면서 맺어진 하브루타 친구이자 스탠퍼드 대학 동문이다. 이들은 둘 다 질문하고 토론하는 분위기의 집안에서 자랐고, 가족 식탁은 항상 격렬한 토론의 장이었다.[53]

하브루타의 뜻인 동료, 친구라는 의미 그대로 이 둘은 둘도 없는 하브루타 친구요 파트너로서 전 세계를 움직이는 IT 그룹을 일구어 냈다. 그 덕에 구글의 사내 분위기도 질문과 자유로운 토론을 중시하는 수평적 분위기 속에서 창의적인 혁신을 계속해서 일으키고 있다.

하브루타의 출발은 학교가 아닌 가정이었다는 점, 그리고 하브루타의 실제는 부모가 사랑하는 자녀에게 신앙과 전례를 전수하는 과정에서 나누는 친밀한 대화와 질문, 토론이었다는 점을 놓쳐서는 안 된다.

하브루타로 세계를 제패?

세계 인구의 0.2%밖에 안 되는 유대인이 미국을 중심으로 각계각층에 두각을 보인 이유가 질문과 토론 문화라는 것은 공공연한 사실이다. 다음 통계를 보면 세계를 이끄는 것은 미국이고, 미국을 이끄는 것은 유대인이라는 말도 부족하게 느껴진다.

노벨상 190여 명, 미국 400대 재벌의 25%, 아이비리그의 30%가 유대인이다. 이름만 대도 알만한 애플의 스티브 잡스, MS의 빌 게이츠, 페이스북의 마크 저커버그, 스타벅스의 하워드 슐츠, 대중가수 엘비스 프레슬리, 저술가 앨빈 토플러, 과학자 뉴턴, 아인슈타인, 발명왕 토머스 에디슨, 음악가 레너드 번스타인, 정치인 헨리 키신저, 영화감독 스티븐 스필버그, 영화배우 찰리 채플린, 다국적 투자은행 골드만삭스를 세운 마르쿠스 골드만, 사업가 존 D. 록펠러, 학자 카를 마르크스 등 역사에 큰 발자취를 남긴 인물의 상당수가 유대인이다.

이렇게 각 분야를 대표하는 한 명씩만 소개했는데도 이 정도이니 누가 뭐래도 특출난 민족이 아닐 수 없다.

유대인을 향한 두 가지 시선

이같은 유대인을 가장 선망하는 민족이 한국인들이다. 자녀들이 세계적인 인물이 되기를 바라고 어느 민족보다 하브루타에 열광한다. 하지만 기독교인이라면 유대인에 대해 선망의 시선이 아닌 복음의 관점으로 볼 필요가 있다.

이들이 탁월한 지혜와 창의성으로 각계각층에서 두각을 보이는 것을 부러워하기보다, 믿음의 조상 아브라함의 후예임에도 복음을 깨닫지 못하는 민족이라는 긍휼한 시선을 가져야 한다. 복음이 없는 탁월함은 독선적인 선민사상과 자기 의에 빠지고 말기 때문이다.

서구인에게 비친 유대인의 이미지는 배타적이고, 부를 나눠도 자기 민족끼리 나누는 구두쇠다. 찰스 디킨스의 소설 《구두쇠 스크루지 영감》에 나오는 마음씨 고약하고 돈밖에 좋아하는 게 없는 구두쇠 스크루지 영감은 실제로 전형적인 유대인의 모습에서 따온 캐릭터다. 유대인이 많이 몰려 사는 뉴욕은 코로나 이전까지 대부분의 인종 혐오 범죄의 대상이 유대인이었다.

아마도 반유대주의라는, 서구 역사에서 뿌리 깊게 이어져 온 유대인을 향한 증오의 감정 때문일 수도 있다. 메시아닉 유대인들은 유대인을 통해 메시아 예수 그리스도가 오셨기 때문에 사탄이 유대인을 향한 꺼지지 않는 증오를 품고 있다[54]고 보기도 한다. 그래서 반유대주의자들은 여러 세기 동안 지구 전체를 뒤지며 유대인을 사냥했고, 지금도 반유대주의 감정이 계속되고 있다고 여긴다.

유대인에게 보이는 연약함에도 불구하고, 이들은 온 세상의 지속적인 공격을 뚫고 오히려 세계를 움직이는 특출한 민족으로 일어났다. 거기에는 무엇보다 가족 중심의 친밀한 대화와 관계가 수천 년 동안 유지되고 있는 유대인의 삶이 가장 든든한 버팀목이 되었다. 그 위에 가정에서 부모를 중심으로 자녀에게 전수되는 토라와 탈무드 지혜 그리고 이를 가능케 하는 질문 문화를 눈여겨 볼 필요가 있다.

하브루타로 양육해야 할 이유

이제 가정 예배에 관한 책에서 왜 질문을 중요하게 여기는지 감이 올 것이다. 이해는 되는데 실천이 어렵게 느껴질 수도 있다. 우리 문화권은 정답을 말해야 하는 문화이기 때문이다. 정도에서 빗나가면 눈치 주고, 지적도 당하고, 남과 다른 길을 가면 수군수군대는 문화다.

중요한 것은 이것이 성경적인 문화인가에 있다. 만일 아니라면 우리는 더 이상 이런 문화에 지배 당하지 말아야 한다. 그 영향을 거절하고 성경의 가르침을 따라야 한다.

하브루타는 정답을 강요하지도, 지적하거나 정죄하지도 않는다. 하브루타는 그저 상대를 배려하고 존중하는 관계 중심의 대화다. 나아가 말씀을 가슴에 새기는 영성의 연금술이고, 영리함에 도달하는 지혜의 기술이며, 지식을 터득하는 논쟁의 기술이기도 하다.

처음 이 책을 쓰기 시작할 때만 해도 이런 놀라운 대화 문화인 하브루타를 창안한 유대인이 대단해 보였는데, 시간이 흐를수록 하브루타의 시조는 유대인이 아니라 하나님이라는 사실을 깨닫게 되었다.

하브루타의 존재 이유도 두뇌를 격동시켜서 최고의 뇌로 만들어 탁월한 민족으로 두각을 나타내는 것 이전에, 부모와 자녀가 서로를 공감하고, 배려하며, 말씀에 대한 인격적이며, 창의적인 대화와 토론을 통해 신앙을 전수하는 것임을 알게 되었다. 이를 통해 13세 이전에 신앙적으로 독립적인 성인을 만들어 하나님께 돌려드리는 것임을 깨달았다.

그런 면에서 우리는 신앙 교육의 목표를 좀 더 전략적으로 접근할 필요가 있다. 하브루타라는 하나님의 교육방법론으로 교회는 돕고 부모가 주도해서 사춘기 이전에 자녀에게 신앙과 복음의 전수를 완성하고, 그 이후에는 하나님께 자녀를 돌려드리는 것을 실현하는 것이다. 과연 이것은 무리한 욕심일까? 그렇지 않다. 이것은 우리의 욕심이기 이전에 하나님의 명령이다.

개신교 부모가 자녀 양육의 목표로 세워야 할 인물은 누구일까? 각계각층에 두각을 나타내는 유대인? 아니면 이방 나라 정치의 한복판에서 신앙을 지킨 다니엘? 분명한 것은 하브루타로 성경을 토론하는 목표는 자녀가 예수님처럼 장성한 믿음과 지혜의 분량까지 자라는 것이다. 그 결과 사탄이 왕 노릇하는 세상이 능히 감당하지 못하는 강인한 영혼으로 양육되는 것이다. 신앙 교육에 이것만큼 중요한 것이 있을까?

묵상질문

1. '강론'(다바르)이란 단어에 숨어있는, 자녀를 가르치는 2가지 원리는 무엇인가?

2. 자녀를 하브루타로 양육해야 하는 이유가 무엇이라고 생각하는가?

"신앙 전수를 위한 가장 탁월한 대화법"

성경을 읽다 보면 종종 어린 나이에 놀라운 행동을 하는 인물이 등장해요. 다니엘과 세 친구가 그랬어요. 이방 제국의 황제가 사는 왕궁에서 포로 신세임에도 불구하고 신앙의 순결을 지키고, 느부갓네살 왕을 감화시켜 그가 하나님을 알도록 한 때가 소년의 나이였어요. 다윗도 소년의 나이에 골리앗을 쓰러뜨릴 대담한 용기가 어디서 나왔을까요? 예수님도 아직 열두 살밖에 안 되었는데 어떻게 예루살렘 회당에서 당대의 랍비들과 3일씩이나 질문하고 토론할 수 있었을까요?

하브루타를 신앙 전수의 관점으로 보면 모두 이해가 되는 일이에요. 즉, 두세 살의 어린 나이부터 질문과 대화를 통해 주체적인 신앙이 형성되었기 때문이에요. 그런데 하브루타에 관한 책 대부분이 하브루타의 교육적 탁월함에 집중하는 경향이 있어요. 하브루타는 '두뇌를 격동시켜 최고의 뇌를 만들어준다', '세계 최고의 교육방법론이다', '한국 교육의 근본부터 바꿀 수 있는 혁명적인 교육법이다'와 같은 찬사를 하브루타 책들이 아끼지 않지요.

이제는 하브루타의 근본이 하나님의 말씀에서 출발한다는 점, 그리고 교육방법론 이전에 자녀에게 신앙을 물려주는 가장 탁월한 신앙 전수 방법론이라는 것을 강조할 때가 되었어요. 이 방식으로 자녀가 말을 시작할 때부터 10년만 집중해서 가정 예배를 드린다면 사춘기 이전에 신앙 전수가 끝나는 것은 물론, 말씀에 대해 목회자들과 토론할 수 있을 만큼 성경을 보는 눈과 논쟁 능력, 지혜와 인성까지 갖추게 되는 것이지요.

그 결과 열두 살이라는 어린 나이에 예수님처럼 지혜와 키가 자랄 뿐 아니라 하나님과 사람에게 더 사랑을 받는 성품도 형성되지요. 소년 다니엘처럼 담대하고, 순결하고, 미래를 내다보는 지혜와 분별력, 예배를 타협하지 않는 용기와 결단력을 갖게 되고요. 소년 다윗처럼 하나님을 위해 일어나 행동하며, 온갖 역경에서도 그분만 의지하고, 무엇보다 주님의 마음에 합한 삶을 살게 되어요. 한마디로 질문 중심의 대화와 토론은 신앙과 말씀을 자녀에게 전수하기 위한 가장 탁월한 대화법이에요.

솔직히 두 자녀가 사춘기 전까지, 그들의 마음과 영혼에 하나님의 말씀과 예배의 영이 자리 잡게 하는 것이 얼마나 중요한지 잘 몰랐어요. 사춘기 이전에 악한 세상의 가치관과 영이 자녀의 생각과 가치관을 장악할 경우, 이를 해결하기 위해 자녀와 부모 모두 뒤늦게 극심한 영적 전쟁을 치러야 하거든요.

* 꿀팁: 신앙과 영성이 자연스럽게 형성되는 영유아와 유년기에는 가능하면 최대한 미디어의 영향력으로부터 자녀를 분리하는 노력이 필요해요. 질문과 토론 중심의 하브루타 대화가 자연스러운 가정의 문화로 자리 잡히려면 식탁이나 거실의 가구 배치부터 신경 쓸 필요가 있어요. 이를 위해 거실에 TV 대신, 책장을 배치하거나, 서로 마주 보고 대화하는 일상을 만들기 위해 탁자와 의자, 소파의 배치까지 신경써야 하겠지요.

12일, 하브루타의 뿌리는 에덴

대화식 가정 예배를 드리려면 하브루타라는 동산 하나는 넘어야 한다.
하브루타는 때론 거대한 산맥 같기도 하고, 때론 동네 작은 언덕같이 다정
하게 느껴지기도 한다.

하브루타를 이해하기 위해 수많은 관련 책을 읽어보았지만 나에게 가장
영감을 준 책은 성경이었다. 오늘은 하브루타의 시조와 맥에 대해 살펴보
려고 한다.

오늘의 묵상구절

"여호와 하나님이 아담을 부르시며 그에게 이르시되 네가 어디 있
느냐" 이르되 "내가 동산에서 하나님의 소리를 듣고 내가 벗었으므로
두려워하여 숨었나이다" 이르시되 "누가 너의 벗었음을 네게 알렸느
냐 내가 네게 먹지 말라 명한 그 나무 열매를 네가 먹었느냐"_창 3:9,10

아브라함의 하브루타

유대인은 하브루타의 뿌리를 아브라함과 하나님의 대화(창 18:22~33)에서
찾았다. 아브라함은 소돔과 고모라가 멸망당하지 않도록 하나님께 질문
한다.

주님께서 의인을 기어이 악인과 함께 쓸어버리시렵니까?_창 18:23

이후 아브라함은 총 8번의 질문을 던지면서 소돔과 고모라의 사악한
죄를 심판하시려는 하나님의 마음을 막아 보려고 노력한다.

아브라함이 또 아뢰었다. "주님! 노하지 마시고, 제가 한 번만 더 말씀
드리게 허락하여 주시기 바랍니다. 거기에서 열 명만 찾으시면, 어떻게
하시겠습니까?" 주님께서 대답하셨다. "열 명을 보아서라도, 내가 그 성
을 멸하지 않겠다."_창 18:32 하

아브라함이 한 질문의 특징은 문제를 해결하기 위해 상대의 마음을 움
직여서, 최선의 결과를 얻기까지 끊임없이 질문하고 설득하는 거래적인
성격이다. 결국 아브라함의 질문 공세에 하나님이 설득되셨다. 그 결과
심판을 멈추는 조건이 '의인 열 명'까지 낮춰졌으니 대단한 질문이 아닐

수 없다. 그래서 유대인은 이 사건을 하브루타의 뿌리로 삼은 것으로 보인다.

그런데 하브루타의 정체를 찾기 위해 씨름하던 어느 날, 인간이 하나님께 드린 질문보다 하나님이 인간에게 던지신 질문들 속에 하브루타의 정수가 녹아 있는 것을 발견했다. 그 질문들의 특징은 인간의 존재와 정체성의 정곡을 찌르는 것에 더해서, 내면의 회복과 부흥까지 일으키는 놀라운 힘이 있었다.

하브루타의 시조는 하나님

하나님은 인생이 처한 중요한 상황마다 한 개인을 찾아가셔서 질문을 던지신다. 인류 최초의 질문은 에덴동산에서 일어났다. 죄를 짓고 나무 그늘 밑에 숨어 있던 아담과 이브를 향해 하나님이 처음 하신 말씀은 꾸중이나 정죄가 아니었다.

"아담아 네가 어디 있느냐?"_창 3:9

존재를 묻는 묵직한 질문이었다. 하나님께서 인류에게 던지신 최초의 질문이다. 그 이후 두 번째, 세 번째 하신 말씀도 모두 질문이셨다(창 3:11, 13). 광야에서 방황하던 하갈에게는 이렇게 물으셨다.

"사래의 여종 하갈아, 네가 어디서 왔으며, 어디로 가느냐?"_창 16:8

얍복강에서 천사와 밤새워 씨름하다가 허벅지 뼈가 부러진 야곱에게는 그의 정체성을 물으셨다.

"네 이름이 무엇이냐?"_창 32:27

이세벨의 위협 때문에 호렙산 굴에 도피한 엘리야에게는 두려움의 근원을 묻는 질문을 던지셨다.

"엘리야야 네가 어찌하여 여기 있느냐?"_왕상 19:9

원인 모를 고난을 주시는 하나님께 욥이 "왜 저에게 이러십니까?" 질문했을 때, 하나님은 질문과 전혀 동떨어진 질문을 하셨다.

"내가 땅을 창조할 때 너는 어디 있었느냐?"

이것은 시작에 불과했다. 그때부터 무려 60가지 질문을 쏟아내셨다(욥 38:4~41:7). 하나님은 질문의 대가이시다. 하브루타는 그 자체에 이미 하나님의 지혜와 영감, 영향력이 묻어 있다. 그래서 하브루타는 신앙과 상관없이 하나님의 형상으로 창조된 모든 인간이 누릴 수 있는, 창조주가 주신 보편적인 선물이다.

하브루타의 대가, 랍비 예수

공관복음에 나타난 예수님의 대화방식도 하나님의 소통방식과 다르지 않다. 유대인 가정에서 자란 예수는 부모인 요셉과 마리아로부터 질문과 토론으로 토라를 전수받았다. 공생애를 시작하고 제자를 훈련할 때 그는 자신이 경험한 유대 문화와 유대 현자들의 제자 양육 방식을 그대로 따랐다. 물론 당시 백성들도 예수를 '랍비'로 불렀다.[55]
그분에게 하브루타는 성품이요, 대화의 기반이며, 삶의 일부였다. 공관복음에는 예수의 논쟁 사례가 15번 소개된다. 짝을 지어 질문하고, 대화하고, 토론하며, 논쟁하는 하브루타 가운데 논쟁은 가장 수준이 높은 것이다.[56] 예수께서 사람들과 나누신 논쟁에서 우리는 하브루타의 진수를 엿볼 수 있다.

예를 들어, 마가복음 11장에 등장하는 예수님의 성전 청결 사건을 살펴보자. 예수님은 장사치를 쫓아내고 물건 파는 집기를 둘러엎고 기도하는 집을 "강도의 소굴로 만들었다"고 호통 치셨다(막 11:15~17).

당대의 종교 지도자들은 따져 물었다.

"누가 당신에게 이런 권한을 주었소?"_막 11:28

그때 예수님은 굳이 논쟁으로 에너지 낭비, 시간 낭비 하지 않으셨다. 질문 하나로 당대의 종교 지도자들을 제압하셨다.

"나도 한 가지 묻겠다. 너희가 대답하면 내가 무슨 권한으로 이런 일을 하는지 말하겠다. 요한의 세례가 하늘에서 왔느냐? 아니면 사람에게서 왔느냐?"_막 11:29

참으로 멋진 한판 승부 아닌가.
그 외에도 예수님은 제자들의 신앙을 확인하기 위해 질문하셨다.

"너희는 나를 누구라 하느냐?"_마 16:15

베드로의 무모한 열정을 절제하시기 위해 질문하셨다.

"네가 나를 위하여 네 목숨을 버리겠느냐?"_요 13:38

나사로가 죽어 무덤에 있을 때 슬피 우는 마르다에게 질문하셨다.

"나는 부활이요 생명이니 나를 믿는 자는 죽어도 살겠고, 무릇 살아서 나를 믿는 자는 영원히 죽지 아니하리니 이것을 네가 믿느냐?"_요 11:25~26

무리를 가르치실 때도 질문으로 문을 여셨다.

"하나님의 나라가 무엇과 같을까 내가 무엇으로 비교할까?"_눅 13:18

심지어 십자가 위에서 숨을 거두시기 직전 하나님께 마지막으로 하신 말씀도 질문이었다.

"아버지시여 아버지시여 어찌하여 나를 버리셨나이까?"_마 27:46

돌아가신 후에도 자신을 핍박하는 사울에게 나타나셔서 혼내시거나 잘 못을 징계하시기는커녕 질문 한마디로 사울의 인생을 바꾸셨다.

"사울아, 사울아, 네가 왜 나를 핍박하느냐?"
"주님, 누구십니까?"
"나는 네가 핍박하는 예수다"_행 9:4-5

그 결과 그리스도인을 앞장서서 핍박하고 죽이던 사울이 신약성경의 반 이상을 쓴 위대한 사도로 거듭났다.

나는 예수님의 질문의 절정을 요한복음 21장에서 찾았다. 베드로는 세 번이나 예수를 부인하고 저주까지 했다. 제자들도 두려워서 줄행랑을 쳤 다. 예수님은 십자가 위에서 돌아가셨고, 이들은 절망하며 고향으로 돌아 갔다. 밤새도록 고기나 잡던 이들 앞에 부활하신 주님이 찾아오셨다. 주 님은 이들을 혼내지도, 잘못을 지적하거나 정죄하지도 않으셨다. 그저 질 문 하나 던지셨다.

"예들아 무얼 좀 잡았느냐?"

제자들이 못잡았다고 하니 그물을 배 오른쪽에 던지라고 말씀하셨다.

그리고 자신은 손수 숯불을 피우고 조반을 준비하셨다. 고기가 너무 많아 그물을 끌어올릴 수 없자 제자들은 그제서야 부활하신 예수님이신 것을 깨닫게 되었다. 예수님은 회한에 가득찬 제자들과 조용히 음식을 나누셨다. 그리고 베드로에게 질문한다.

> "요한의 아들 시몬아, 네가 이 사람들보다 나를 더 사랑하느냐?"
> _요 21:15 상

예수님과 베드로의 관계에 대한 질문이었다. 똑같은 세 번의 질문으로 베드로는 깊은 절망으로부터 헤어나왔다. 예수님과의 관계는 물론, 자신의 정체성도 회복했다. 결국 다시 일어나 사도로 세워졌다. 참으로 놀라운 질문의 힘이다.

예수님은 과거의 실수와 잘못을 추궁하는 분이 아니시다. 그분은 자신의 문제를 스스로 깨닫고 해결하여 미래로 나아갈 수 있도록 질문을 던지고, 상처를 어루만지시며, 심신을 격려하시는 인격적인 분이시다. 우리가 자녀에게 던져야 할 질문이 바로 이런 유의 질문이어야 한다.

이상에서 우리는, 예수님이 그 누구도 따를 수 없는 하브루타의 대가이셨음을 알 수 있다. 우리가 따라야 할 가장 탁월한 하브루타 모델이시다.

묵상질문

1. 절망하여 고향으로 돌아간 베드로를 찾아가신 예수께서 그를 다시 일으킨 대화는 무엇이었는가?

2. 예수님의 대화 방식과 나의 대화 방식에는 어떠한 차이가 있는가?

"하브루타의 목표는 13살?"

최근 한국에서 부는 하브루타 열풍은, 자녀가 똑똑해지고 지혜로워지는 데 있는 것 같아요. 실제로 하브루타는 상대의 생각과 의도를 경청하고, 논리적이고 종합적인 사고로 상대를 설득해서, 원하는 것을 얻어내는 능력을 갖추기에는 최고의 교육방법이에요. 부모에겐 이처럼 매력적인 자녀 양육 도구도 없을 것입니다.

하지만 유대인이 추구하는 자녀 교육의 목표는 사회적으로 성공한 사람을 만들기 위함이 아니라, 온전하고 독립적인 인격체로 성장시키는 데 있어요.[57] 게다가 아주 구체적입니다. 유대인 부모는 자녀가 12세(소년은 13세)에 치르는 성인식을 목표로 모든 힘을 집중하지요.

그때까지 부모는 자녀가 성인이 되는 데 필요한 덕목들, 즉 하나님을 경외하고 인간을 사랑하는 것부터 사회성, 배움의 가치, 노동의 가치, 배려와 공감 능력까지 집중적으로 가르칩니다.[58]

그 과정에 가장 중요한 역할을 하는 것이 바로 하브루타입니다. 이를 통해 12세라는 어린 나이에 신앙과 인격, 사회성까지 성인과 유사할 만큼 성숙해진답니다. 그러니 이들이 대학을 졸업하고 사회에 진출할 때, 다른 나라 젊은이들보다 100미터 앞에서 시작한다는 말이 이해가 됩니다.

우리가 왜 말씀으로 하브루타를 하는지, 왜 일상의 이슈에 대해 하브루타 해야 하는지 그 목표와 동기가 분명하지 않으면, 하브루타는 내 욕망을 실현하기 위한 또 하나의 이기적인 도구로 전락할 수도 있음을 잊지 말아야 해요.

* 꿀팁: 가정 예배에서 하브루타를 하려는 동기와 목적을 적어보세요. 특히 자

녀가 사춘기 이전에 예수님을 자신의 구세주로 영접하는 것은 가장 중요한 동기이겠죠. 실제로 초등부 시기에 예수님을 영접하는 경우가 꽤 많다고 해요.

그 외에도 질문과 토론하는 과정에서 하나님을 만나는 것, 말씀을 더 깊고 온전히 깨닫는 것, 가정에 대화의 꽃이 피는 것, 사춘기 이전에 신앙을 전수하는 것, 자녀가 신앙과 인생을 주도적으로 살아가는 것 등, 다양한 열매가 있어요.

이들 중에 3가지만 택해서 하브루타의 목표를 잡아보세요. 선택과 집중을 통해 보다 좋은 결과를 얻게 될 수 있을 거예요.

1. _____

2. _____

3. _____

이스라엘 자손은 이 안식일을 영원한 언약으로 삼아, 그들 대대로 지켜야 한다. 이것은 나와 이스라엘 자손 사이에 세워진 영원한 표징이니, 이는, 나 주가 엿새 동안 하늘과 땅을 만들고 이렛날에는 쉬면서 숨을 돌렸기 때문이다. 출 31:16,17

13일, 가정 예배의 꽃, 하브루타

어제 하브루타의 뿌리와 산맥을 살펴보았다면, 오늘은 친밀한 질문 대화법으로서의 하브루타라는 작은 언덕을 살펴볼 것이다. 이 언덕은 온 가족이 함께 경험할 수 있는 신비한 순례의 길을 열어 줄 것이다. 이 언덕은 그리 높지 않아 누구나 쉽게 오를 수 있다.

유대인의 안식일 만찬에서 가장 실제적인 도구는 하브루타다. 유대인에게 하나님을 사랑하는 최고의 행위는 자녀에게 토라를 가르치는 것이다. 그런 면에서 하브루타는 가정 예배의 꽃이라 할 수 있다.

오늘의 묵상구절

"나는 부활이요 생명이니 나를 믿는 자는 죽어도 살겠고, 무릇 살아서 나를 믿는 자는 영원히 죽지 아니하리니 이것을 네가 믿느냐?"_요 11:25~26

하브루타는 친밀한 사귐 속에서 질문 중심으로 나누는 대화다.

그래서 서로 토론할 동료를 만나는 것이 중요하다. 그와 함께 질문하고 대화하고 토론하고 논쟁하는 것이다. 대화의 상대는 적을수록 더 좋다. 그래서 둘씩 짝을 지어 하브루타 할 때 가장 효과적이다. 유대인의 전통 도서관인 예시바Yeshiva는 세상에서 가장 시끄러운 도서관이다. 두 명씩 짝을 지어 끊임없이 토론하느라 도서관 전체가 항상 시끌벅적하다.

자녀가 둘일 경우, 특정 본문을 좀 더 깊게 토론할 때, 엄마와 아들, 아빠와 딸이 짝을 지어 할 수도 있다. 물론 세 명이나 네 명이어도 괜찮다.

하나님의 DNA

하브루타의 유익은 우리의 상상을 뛰어 넘는다. 전성수 교수는 그의 책 《자녀교육 혁명 하브루타》에서 그 효과를 다양한 관점과 견해, 창의적인 시각을 갖게 되고, 체계적이고 종합적인 사고능력이 증진된다고 소개했다. 의사소통 능력, 경청하는 능력, 설득하는 능력을 기르는 데 가장 효과적인 대화방식이다.

게다가 나만의 생각, 새로운 생각, 남과 다른 생각을 하게 만들어준다. 소통과 협력, 문제해결 능력도 향상된다. 이를 통해 친구 관계도 돈독해지고, 인간 네트워크를 형성해주며, 평생지기를 만들어준다니[59] 이보다 더 좋은 대화법이 또 있을까?

또한 자녀의 머리를 비평적이고 분석적이며 조직적이고 통합적으로 만들어준다. 토론하는 동안 본인이 평상시에는 도무지 생각하지 못한 아이디어가 무수히 떠오르게 된다. 토론하는 두 사람의 창의력이 부딪치면서 파생되는 고차원적인 창의력의 시너지 효과[60]는 우리의 상상을 뛰어 넘는다.

그 결과 상대방 논리의 허점을 극복하고 더 나은 대안과 해결책을 제시할 수 있는 체계적이고 종합적인 사고력[61]이 증대된다. 이런 시너지가 일어나려면 상대를 이기려는 경쟁심보다, 상대의 마음을 읽고, 서로를 이해하고 배려하는 것이 우선되어야 한다.

어떻게 대화법 하나가 이토록 수많은 유익을 가져다주는지 놀랍기만 하다. 이렇게 체계적이고 창의적이며 종합적인 사고능력과 배려하고 공감하는 인성까지 갖춘 고차원적인 토론 능력은 어려서부터 가정에서 부모와 함께 끊임없이 반복되는 질문 중심의 대화를 통해 계발된다.

하브루타에 이토록 놀라운 힘이 있는 것은 하나님의 DNA가 담겨 있기 때문이라 여겨진다. 하브루타는 마치 햇빛처럼 신자나 비신자 모두에게 선한 빛을 비춰주시는 하나님의 일반은총이다. 한 걸음 더 나아가, 개신교가 추구해야 할 하브루타의 목표는 개인의 능력과 탁월함을 넘어, 이웃을 섬기고, 희생하며, 복음의 향기가 배어있는 인성을 갖춘 성숙한 자녀로 자라가는 것이다.

하브루타의 핵심원리

전성수 교수는 그의 책《자녀교육 혁명 하브루타》에서 탈무드 논쟁 원리를 적용해서 하브루타의 기본원리[62]를 소개했다. 이를 토대로 가정 예배 버전의 하브루타 원리를 만들어보았다.

1. 하브루타의 핵심은 질문이다

부모는 자녀에게 자신의 생각을 일방적으로 설명하거나 주입식으로 지시하기보다는 질문을 통해 스스로 답을 찾을 수 있도록 유도해 준다. 질문은 부모가 하기도 하지만, 살아있는 대화와 토론이 되려면 아이들이 스스로 질문하도록 질문 방법을 훈련해야 한다. 초등학생 부터는 질문하는 것을 힘들어할 수도 있다. 공교육에서 주입식 교육을 받아왔기 때문이다.

하브루타 질문 방법에는 사실 뚜렷한 정답이 없다. 유대인에게 하브루타는 수 천년 동안 이어온 자신만의 독특한 언어와 문화라 할 수 있다. 그러니 우리는 전통문화와 서구문화가 뒤섞인 K-문화 속에서 우리 만의 질문 방식을 개발할 필요가 있다.

가정 예배에서 말씀에 대해 질문하고 토론 할 때 도움이 되는 질문방식은 우리가 이미 경험한 성경공부나 QT(경건의 시간) 할 때 사용해온 방식을 활용하는 것도 좋다. 한 예로 배경 질문, 내용 질문, 상상 질문, 적용 질문을 소개해 본다.

배경 질문은 본문이 처한 문화적, 환경적 배경에 관한 질문이다. 내용 질문은 단어나 문장, 의미 등에 대한 질문이다. 상상 질문은 이해된 본문의 이면에 대해 상상하는 질문이다. 주인공이나 하나님, 예수님의 감정, 기분, 의도 등을 추측하거나 상상해보는 질문이다. 마지막으로 적용 질문은 자신의 삶에 어떻게 반영하고 실천할지에 대한 질문이다.

고학년 자녀들과 좀 더 깊은 하브루타를 시도하려면 개념 질문, 반론 질문, 뒤집기 질문, 감정이입 질문, 미래 유추 질문 등도 가능하다. 성경을 보다 깊이 있게 연구하려면 개인 성경 연구 PBS 방법론을 적용해서 관찰 질문, 해석 질문, 적용 질문으로 접근하는 방법도 있다.

2. 엉뚱한 질문이나 답을 교정해주려 하지 말라

아이의 입에서 잘못된 답이 나와도 틀렸다고 지적하거나, 핀잔주지 말아야 한다. 그 어떤 대답도 하찮게 여기거나 못하게 하지 말고, 넉넉하게 수용해줌으로써 부모가 자신의 의견을 잘 수용해준다는 안정감을 느끼게 하라.

부모가 의도하는 답을 바로 알려주지 마라. 부모가 원하는 답이 나오지 않아도 괜찮다. 자녀 스스로 답을 찾아갈 때까지 계속 질문하면서 인내심을 갖고 기다려주라. 그럴 때 자녀 스스로 창의적으로 생각할 수 있는 사고의 지평이 넓어지게 된다.

3. 사전 배경 설명이나 검색은 도움이 된다

하브루타를 하기 전에 그날 다룰 성경 본문, 동화, 스토리의 배경이나 흐름, 주제에 대해 충분히 이해하도록 도와주라. 말씀을 토론하는 과정에서 아이가 모르는 것은 그 자리에서 알려주지 말고, 책을 다시 보거나 인터넷을 검색하는 등 스스로 학습하는 주도적인 능력을 키워주라.

4. 논리적이고 창의적인 사고력을 키우라

어떤 지식을 기억하고 암기하고, 알도록 하는 것보다 훨씬 중요한 것은, 아이의 뇌를 자극해서 논리적인 생각과 창의적인 사고력을 키우는 것이다.

창의력이란 다르게 생각하는 힘이다. 즉, 주어진 문제를 다양한 관점과 견해로 보는 열린 시각이다. 나이가 어릴수록 더 엉뚱하고 더 창의적인 답이 나올 수 있다. 유대인 100명이 토론하면 100가지의 답이 나온다고 한다. 그만큼 하브루타는 현상을 보는 한 가지의 옳은 방법보다 수많은 관점이 존재한다는 것을 알게 해준다.[63]

나이가 어릴수록 하브루타로 토론하면 더 엉뚱하고 창의적인 답이 나올 수 있다. 종종 성경에 대한 질문을 자유롭게 열어 놓으면 성경을 잘못 해석하거나 산으로 갈 위험을 걱정하기도 한다. 하지만 질문하는 방법을 연습하고 어느 정도 훈련이 되면 본문의 의미를 분별하고, 더 본질적인 해석과 삶의 적용을 위해 하브루타만큼 강력한 도구는 없다.

물론 부모와 자녀 모두 성령님께 의지하는 자세, 그리고 토론 가운데 하나님을 만날 수 있도록 기도하는 마음은 필수적이다.

5. 아이의 눈을 보고 대화하라

많은 육아 전문가가 자녀와 대화할 때 아이의 눈을 봐야 한다고 조언한다. 그래서 아이가 한눈 팔지 못하도록 뚫어져라 노려보며 말하는 분들도 있다. 반대로 얼굴도 안 보고 일하면서 하고 싶은 말만 툭 던지는 경우도 많다.

하지만 아이의 눈을 보는 보다 중요한 이유는, 자신의 메시지를 주입하기 위함이 아니라, 아이의 눈에 표현되는 감정의 반응을 보기 위함이다. 사람의 눈에는 희로애락의 모든 감정이 담겨 있다. 눈을 똑바로 보지 않고 대화한다는 것은, 한 마디로 상대방의 감정이나 마음에 관심이 없다는 뜻이기도 하다.

신의진 교수는 감정에 둔감한 부모는 아이의 정서와 마음을 헤아리기보다, 통제하는 데만 급급하다고 했다. 예를 들어, 아이가 퍼즐을 갖고 놀라고 하면, "너 이거 쏟으면 혼날 줄 알아" 하며 겁을 준다. 아이가 계속 특정 장난감만 갖고 놀면 "이것만 하면 어떡하니. 다른 것도 해야지" 라며 그 장난감을 치워버리고 엄마가 원하는 놀이를 강제로 하게 한다[64]는 것이다.

이렇게 통제당하고 혼나는 아이의 눈빛은 어떤 모습이겠는가? 초롱초롱 빛나야 할 눈망울은 사라지고, 두려움과 겁에 질려 한없이 움츠러든 가여운 눈 아닐까? 자녀의 눈빛과 감정에 관심 없는 부모는 자신의 감정도 잘 모른다. 그런 사람은 "세세한 감정의 결이 없어서 다른 사람의 감정을 읽지 못하고 배려하고 맞춰주는 법을 모른다."[65]

하브루타 대화의 관건은 친밀한 관계에 있다. 이것은 자녀를 친밀한 사귐 속에서 대화하며 가르치라는 하나님의 명령이기도 하다. 그런 면에서 자녀의 눈을 바라보고 질문하고 대화하는 것은 하브루타의 본질에 가깝다고 할 수 있다.

6. 구체적으로 칭찬하라

아이의 대답 중에 좋은 내용, 창의적인 내용, 남다른 발견이 있으면 그냥 넘어가지 말고 꼭 칭찬해줘라. 이때 "우리 아들, 질문 참 잘한다"와 같이 막연한 칭찬보다는 "그 질문은 본문을 해석하는 데 결정적인 역할을 하는 아주 좋은 질문이야"와 같이 구체적인 근거를 들어서 칭찬하는 것이 좋다.

이런 구체적인 칭찬은 아이가 가정 예배 시간을 기대하게 만들고, 자녀가 더 나은 단계로 발전하는 디딤돌 역할까지 해준다.

7. 한 가지 주제로 깊고 길게 토론하라

하브루타는 진도보다 심도를 추구한다. 많은 내용과 다양한 주제로 토론하기보다는 한 주제나 짧은 말씀을 갖고 깊이 있고, 길게 토론하는 것이 더 좋다. 어린아이라도 그 또래의 관심사나 쟁점을 찾아서 질문하고 토론해보라. 고학년으로 올라가면 논쟁도 시도해보라.

특히 논쟁할 때 서로 의견이 다르다고 상처받을 필요 없다는 것을 가르치라. 의견은 의견일 뿐이다. 나와 생각이 다르다고 상대를 인신공격하는 태도는 미성숙한 행동임을 가르쳐야 한다. 토론과 논쟁할 때는 치열하게, 끝나면 화목하게 행동하도록 자녀를 코칭하라.

8. 나이에 적절한 단어와 문장을 사용하라

가정 예배를 드릴 때 반드시 참고해야 할 부분은 발달단계에 따른 연령별 특징이다. 이제 5~6살 아이에게 논리적인 사고를 강요하거나, 고등학생에게 너무 쉬운 주제로 대화하는 것은 흥미를 잃게 할 수 있다.

하지만 어린아이에게 이해하기 어려운 내용이라도 쉬운 단어와 문장으로 질문해서 아이의 생각의 근육을 키워주고, 최대한 이해할 수 있도록 도와주는 것도 필요하다.

마찬가지로 고학년 자녀에게도 모두가 아는 뻔한 주제나 이야기에 대해 다른 각도와 새로운 접근으로 생각할 수 있는 창의적이고 열린 사고를 계발해주는 것도 필요하다.

9. 예배와 대화에만 집중할 수 있는 시간을 확보하라

어쩌면 우리는 대화할 시간이 없는 것이 아니라, 대화할 환경을 미디어와 SNS에게 빼앗겨 버린 것일 수 있다.

일상에서 벌어지는 다양한 일과 이슈에 대해 가볍게 하브루타 하는 것도 필요하지만, 시간을 정해 놓고, 아무에게도 방해 받지 않는 환경에서 여유있게 대화하고 예배하는 시간을 구별하는 것이 반드시 필요하다. 그래야 말씀도 깊이 이해하고, 서로를 더 깊이 알아가며, 하나님의 임재를 더 온전히 경험할 수 있다.

10. 원칙이나 가치관은 반복해서 인지시키라

성경적으로 꼭 가르쳐야 하는 원칙이나 가치관은 질문과 대화를 통해 분명하게 인지하도록 도와줘야 한다. 중요한 주제일수록 반복해서 질문하고 대화하고 토론하는 것이 좋다.

이상의 열 가지 원리는 대화식 가정 예배의 실전에 꼭 필요한 기본원리다. 습관이 될 때까지 반복해서 연습할 필요가 있다. 질문 중심의 대화기술에 관한 한, 마치 숙련된 장인처럼, 자신의 것으로 장착하기를 권면한다.

말씀을 직면하는 최고의 도구

대화식 가정 예배의 핵심 재료는 성경이다. 이 가정 예배의 꽃은 말씀으로 질문하고 토론하는 하브루타 시간이다. 성경은 부모가 자녀에게 물려줄 가장 위대한 유산이다.

한때 하브루타선교회 대표로 섬겼던 이익열 목사가 아들과 탈무드, 일반도서, 시사, 뉴스 등 다양한 자료로 하브루타를 시도했다. 아들은 이 모든 것을 재미있어 했지만, 정작 자신을 변화시킨 것은 말씀이었다[66]고 고백했다. 성경은 청소년들에게도 여전히 역동적인 변화를 일으키는 하나님의 말씀임을 알 수 있다.

네이선 미첼은 성경을 하나님이 세상의 마음을 읽은 결과물이라 했다.[67] 그러므로 성경으로 하브루타를 할 때 우리는 마치 부부가 서로의 몸을 읽어낼 수 있듯이, 말씀으로 나와 세상의 실체를 읽어낼 수 있게 된다.[68]

그런 면에서 하브루타로 말씀을 토론할 때, 나를 향한 하나님의 마음을 깨닫게 된다. 어쩌면 이것이 하브루타의 가장 우선적이고 중요한 역할이다. 나를 모르고 어찌 세상을 알 수 있을까?

아울러 하브루타는 세상을 향한 하나님의 마음을 발견하게 해준다. 하나님의 시선에서 바라본 돈, 권력, 정치, 교육, 사건, 성, 비유, 인문, 역사, 경제, 법, 예술에 대해 질문하고 토론할 때, 그 결과 하나님의 관점을 우리의 두뇌에 새기고 심장에 장착하기 위함이다.

말씀의 권위

말씀에는 창조주 하나님의 권위가 있다. 그러므로 자녀가 하나님의 성품으로 양육되는 가장 좋은 방법은 자녀 스스로 말씀의 권위 앞에 직면하도록 도와주는 것이다. 하브루타만큼 스스로 말씀에 직면케 해주는 대화도구는 없어 보인다.

하지만 많은 부모가 자녀 스스로 자신의 신앙과 인생을 주도적으로 살아가도록 도와주는 대신, 부모의 생각과 가치관을 주입하려 한다. "누구처럼 잘 믿어야 한다", "이렇게 살아야 한다", "저렇게 살아야 성공한다" 엄포를 놓고, 비교하고, 강요하고, 통제한다.

이런 양육 태도는 오히려 자녀의 주체성을 떨어뜨리고, 결단력 없는 의존적인 존재로 만든다. 자녀가 주체적으로 결정하지 못하는 모습을 보는 부모는 마음은 이해한다. 하지만 그러한 자녀의 태도는 부모가 그렇게 교육했기 때문에 일어나는 당연한 결과일 뿐이다.

하나님은 인간의 죄성 때문에 일어나게 될, 가정 안의 갈등과 소통의 단절을 이미 아셨다. 그래서 자녀에게 신앙을 전수하는 도구로 '대화'를 택하셨고, 강론 speak about하라 명령하신 것이다.

그러므로 질문과 대화를 통한 하브루타로 자녀 스스로 말씀을 직면하게 할 때, 그들은 절대자 하나님의 존재를 스스로 직면할 수 있다. 그런 토양에서 자란 자녀들은 다니엘과 그의 세 친구나 다윗처럼 역경을 뚫고, 광야를 돌파하는 강인한 영혼과 성숙한 인성을 지닌 미래의 리더로 세워질 것이다.

묵상질문

1. 하브루타의 장점이 무엇이라고 생각하는가?

2. 자녀가 주체적인 삶을 살지 못하는 이유가 무엇인가?

3. 왜 자녀가 스스로 말씀 앞에 직면하게 해야 하는가?

"자녀에게 영적 애착을 강화시키기"

하나님은 부모가 자녀를 가르칠 때 친밀한 관계를 중요하게 여기셨어요. 친밀함은 사랑받고 싶어 하는 인간의 기본적인 본능이에요. 이것을 애착이라 하죠. 애착은 육아 양육의 모든 것이라 할 만큼 중요해요. 특히 애착을 형성하는 초기 3년은 엄마의 충분한 사랑과 관심, 스킨십이 필요한 때입니다. 이때 엄마가 해야 할 가장 중요한 행위는 아이와 놀아주고, 소통하고, 대화하는 것이에요.[69]

인기 TV 프로그램 "우리 아이가 달라졌어요"[70] (이하, 우아달)에서 이상 행동을 보이는 아이들을 치료하기 위해 소아 전문 코치가 내린 해결책은 대부분 아이와 놀아주기예요.

어려서부터 부모와 충분한 대화를 통해 안정된 애착을 형성한 청소년의 특징은 자아상이 긍정적[71]이에요. 이런 아이는 어떠한 일이든 두려워하기보다 자신감을 갖고 도전해요. 일정 기간이 지나면 부모를 떠나 긍정적인 자아와 자신감으로 자신의 삶을 주도하며 개척해 나가요.

하지만 애착 관계가 불안정한 아이들은 잠투정, 음식 투정, 학습장애를 일으키고, 주의력 결핍, 자폐증, 공황장애, 강박 증세까지 나타나요.[72] "우아달"에 나오는 아이들의 이상 행동 원인은 절대 다수가 부모의 잘못된 육아때문이지요. 이 프로의 진짜 제목이 "우리 부모가 달라졌어요"이어야 한다는 말이 나올 정도에요.

자녀의 모든 문제는 부모에게 달려 있어요. 문제는 대다수 부모가 문제의 심각성을 깨닫지 못하거나, 자신에게 문제가 있다는 점을 전혀 인식하지 못한다는 데 있어요. 그나마 이 TV 프로그램이 희망을 남겨준 것은 부모의 태도가 바뀔 때, 자녀의 이상 행동은 반드시 교정된다는 점이에요.

부모와의 건강한 애착 관계 위에, 조건 없이 우리를 사랑하시는 하나님과의 애착 관계가 더해질 때 무슨 일이 벌어질까요? 자녀들은 세상이 감당할 수 없는 인물로 자라게 됩니다. 이를 위해 유대인이 토라를 달달 외우는 것 이상으로, 우리의 자녀들도 기독교 신앙의 정수인 그리스도의 십자가와 복음에 정통하도록 적극적으로 양육해야 해요. 자녀를 영혼이 강한 아이로 키우려면 무엇보다 그 내면에 복음을 심어야 해요.

인생이라는 물컵이 있어요. 아이들의 인생 컵에는 잔소리, 지적, 비교, 비난, 모욕, 폭언이라는 더러운 흙이 시시때때로 들어가요. 한번 더럽혀진 흙탕물은 제아무리 이물질을 건져내도 여전히 더러워요. 하지만 이 컵에 맑은 물을 계속 부으면 이물질들이 넘치는 물과 함께 컵 밖으로 나오고, 물은 점점 깨끗해져요.

오염된 마음의 이물질을 제거하기 위해 시간 낭비할 필요 없어요. 대신 말씀과 복음이라는 생수를 자녀의 심령에 끊임없이 부어보세요. 부으면 부을수록 아이의 심령은 정결해지고, 맑아지고, 강해집니다.

마음이 깨끗한 사람은 복이 있다. 그들이 하나님을 볼 것이다_마5:8

마음이 깨끗한 자는 막힘이 없어요. 하나님을 볼 수 있을 때 우리는 그분과의 친밀함으로 들어가는 거에요. 하나님의 임재 가운데 있을 때 우리는 두려울 것이 없어요.

대화식 예배를 통해서 질문과 토론으로 자녀의 심령에 복음의 생수를 쏟아부으세요. 부모와의 애착은 물론, 하나님과의 애착까지 깊어지는 지름길이에요.

14일, 안식일 만찬 예배 들여다보기

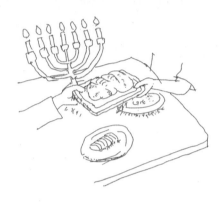

오늘은 유대인의 안식일 만찬 예배에 대해 나누고자 한다. 개인적으로 이들의 가정 예배를 만난 것은 마치 오랜 먹구름 사이에 비취는 햇빛을 보듯, 한 줄기 소망을 품게 해주었다.

유대인은 율법을 그렇게 철저히 지키면서도, 가정 예배는 자유로운 흐름과 즐거운 분위기로 진행된다. 그런데 순서 하나 하나에 토라의 원리와 조상의 영적 숨결이 살아 숨쉬고 있다. 맛있는 식사, 후식을 즐기고 축복과 격려, 친밀한 대화, 하브루타 대화의 즐거움이 넘친다.

우리는 10분만 넘어도 아이들이 지루해서 빨리 끝나기만을 바라는데, 이들은 자녀와 부모, 할머니 할아버지까지 3대가 말씀에 대한 스스럼없는 질문과 수평적인 대화, 활기찬 토론으로 시간 가는 줄 모른다. 잔소리도, 지적도, 훈계도 없다. 개신교의 전통적인 가정 예배에 비하면 혁신적인 모습이다. 이런 가정 예배 모델을 20년 전에만 만났어도 나는 자녀들을 전혀 다르게 양육했을 것이다.

오늘의 묵상구절

여호와께서 너를 축복하시고 지키시기 원하노라_민 6:24

금요일 저녁 시작되는 안식일 만찬 Sabbath Dinner은 가족 모두가 손꼽아 기다리는 축제 같은 시간이다. 아버지는 오후부터 시장에서 장을 봐오고, 집 안을 깨끗이 청소한다. 어머니는 일주일 중 가장 맛있는 음식을 가장 좋은 접시에 담아 정성스럽게 식탁을 준비한다.

사중구조 예배 요소	Gathering G 모임	Word W 말씀	Response R 응답	Dismissal D 파송
안식일 만찬 예배 요소	Candle C 촛불	Torah T 토라	Dessert Ds 후식	Prayer Py 기도
	Offering O 구제	Memorizing M 암송	Issues I 이슈	
	Blessing Bl 축복	Talmud T 탈무드		
	Prayer Py 기도	Havruta H 하브루타		
	Table T 식사	Family Story Fs 조상 이야기		
	Dialogue Di 대화			

<표 6> 안식일 만찬 예배 코드

가족의 몸가짐도 평소와는 다르다. 안식일 하루 동안 가족들은 서로 대화하는 데 모든 관심과 정성을 집중한다. 아무리 바빠도 이 시간만큼은 절대로 양보하지 않는다.[73] 이러한 준비 자체가 '모임'(G)에 해당한다.

안식일 식탁에는 할머니, 할아버지부터 어린 손자, 손녀까지 3~4대가 함께 모인다. 안식일 만찬 시작 전, 두 개의 촛불을 준비해서 켜놓는다. 이 두 개의 촛불은 출애굽기 20장 8절의 "안식일을 기억하여 거룩히 지키

라"는 구절에 나오는 두 개의 동사 '기억하라'(자코르)와 '지키라'(샤모르)를 상징한다.[74]

이제 일주일 동안 준비한 구제금(O)을 구제함에 넣는다. 이처럼 진지하고, 체계적이며, 구체적으로 구제하는 민족이 없을 정도로 유대인들은 남을 돕는 일에 철저하다. 원래 구약시대에는 구제라는 단어가 없었다. 그래서 이들이 선택한 단어가 신명기 16장 20절에 나오는 쩨데크(정의, 공의)다.

> 당신들은 오직 정의만을 따라야 합니다. 그래야만 당신들이 살고, 주 당신들의 하나님이 당신들에게 주시는 땅을 당신들이 차지할 것입니다
>
> _신 16:20

이 단어를 사용한 이유는, 구제가 정의의 차원에서 다루어져야 할 의무라고 믿었기 때문이다. 그래서 유대인에게 구제는 권장 사항이 아니라 의무 조항이다. 이들은 구제받는 자를 더 복되게 여긴다. 왜냐하면 구제하는 사람에게 선행의 기회를 제공하기 때문이다.[75] 구제함이 가득 차면 가족회의를 거쳐서 도와줄 곳을 함께 선정한다.

축복 기도의 힘

아버지는 가정의 제사장이다. 특히 안식일에 그 역할이 확연히 드러난다. 아버지는 먼저 자녀의 머리에 손을 얹고 축복(B)한다. 이때 낭독하는 기도문이 있다. 창세기 48장에서 야곱이 요셉의 두 아들을 축복할 때 예언적으로 한 기도를 적용한 기도문이다.

"하나님이여 이 아들에게 영감을 주소서. 그리하여 이 아들이 우리 민족의 삶을 계승해 온 에브라임과 므낫세의 전통을 따라 살게 하소서"[76]

그 많은 믿음의 선조들 가운데 왜 하필 요셉의 두 아들인 에브라임과 므낫세처럼 되는 것이 축복일까? 야곱의 예언적 기도가 한몫했을 것이다. 메시아닉 유대인 학자들은 그 이유를, 에브라임과 므낫세가 당시 세계 최고의 강대국이자 우상을 섬기는 이방 문화의 한복판에서 성장하면서도 주류문화에 동화되지 않고, 하나님 신앙과 전통을 전수받고 유지한 자녀들이었기 때문이라고 해석[77]하기도 한다.

　딸들에게는 다음과 같이 축복한다.

"하나님이여 이 딸에게 영감을 주소서. 그리하여 이 딸이 우리 민족의 삶을 계승해 온 사라, 리브가, 라헬, 레아의 전통을 따라 살게 하소서."[78]

　이어서 제사장 아론의 축복기도를 낭송한다.

　　여호와께서 너에게 복을 내리시고, 너를 지켜 주시고, 여호와께서 너에게 자비를 베푸시며, 너에게 은혜를 내려 주시기를 빈다. 여호와께서 너를 내려다보시고, 너에게 평화를 주시기를 빈다. 민 6:24~26, 쉬운성경

　남편이 아내를 축복할 때는 잠언 31장 10~31절을 사용한다. 이 말씀을 현대인의 성경으로 요약 정리한 내용이다.

　　"누가 현숙한 여인을 얻겠느냐? 그녀는 진주보다 더 소중하다. 그런 여자의 남편은 아내를 믿기 때문에 아무것도 부족한 것이 없을 것이다. 그런 여자는 일평생 남편에게 선을 행하고, 남편을 해치지 않는다. 그녀는 언제나 강인하고 근면하며, 가난하고 불쌍한 사람들을 도와준다. 그녀는 능력과 품위가 있고, 앞날을 걱정하지 않으며, 말을 지혜롭고 친절하게 하고, 집안일을 잘 보살핀다.

　　자녀들은 어머니를 고맙게 생각하며, 남편도 그녀에게 '세상에는 훌륭한 여성들이 많이 있지만 당신은 그중에서도 가장 위대한 여성이오' 칭

찬한다. 고운 것도 거짓되고 아름다운 것도 헛되지만 두려운 마음으로 여호와를 섬기는 여성은 칭찬을 받을 것이다."

이제 아내가 시편 112편으로 남편을 위한 축복기도문을 낭송한다.

할렐루야. 주님을 경외하고 주님의 계명을 크게 즐거워하는 사람은, 복이 있다. 그의 자손은 이 세상에서 능력 있는 사람이 되며, 정직한 사람의 자손은 복을 받으며, 그의 집에는 부귀와 영화가 있으며, 그의 의로움은 영원토록 칭찬을 받을 것이다. 정직한 사람에게는 어둠 속에서도 빛이 비칠 것이다. 그는 은혜로우며, 긍휼이 많으며, 의로운 사람이다. 은혜를 베풀면서 남에게 꾸어 주는 사람은 모든 일이 잘 될 것이다. 그런 사람은 일을 공평하게 처리하는 사람이다. 그런 사람은 영원히 흔들리지 않을 것이다. 의로운 사람은 영원히 기억된다. 그는 영원히 흔들리지 아니함이여 의인은 영원히 기억되리로다_시 112:1-6

남편은 가족 전체를 위해 기도한다. 대화식 예배 중에 이런 기도문을 낭독할지 안 할지는 진행자의 자유다. 하지만 이런 축복기도를 일년에 52회, 십년 동안 520회를 반복해서 들은 자녀와 부부에게 어떤 엄청난 회복과 하늘의 복이 임할지는 불보듯 뻔하다.

기도 후에 손 씻는 의식을 가진 뒤 서로 즐겁게 음식(T)을 나누며 대화(Di)한다. 식사가 끝나면 토라(B)나 탈무드(Tm)의 특정 본문을 암송(M)하거나 낭송(Re)하고, 2시간 정도 자유롭게 질문하고 대화, 토론하는 하브루타(H)가 시작된다. 이는 사중구조의 '말씀'(W)에 해당한다.

이때 엄마 아빠나 할아버지 할머니의 훈계와 잔소리는 일절 없다. 자녀의 눈높이에 맞게 질문하는 토론을 주도할 뿐이다. 부모는 답을 알아도 알려주지 않고, 자녀 스스로 답을 찾아갈 수 있도록 계속 질문을 던진다.(W-MH)

여담이지만 유대인은 이때 후식을 먹으면서 하브루타를 진행하기도 한다. 좀 더 나은 후식을 고민하는 과정에서 던킨도너츠, 하겐다즈, 허쉬 초 콜릿, 배스킨라빈스가 창업되기도 했다.

그 후에는 일상 하브루타가 이어진다. 일상 하브루타는 토라의 지혜로 가족의 일상과 삶의 이슈들을 분별하는 시간이므로 '응답'의 방에 해당한 다(R-IH). 이때는 가족 구성원이 주중에 일어난 일을 자유롭게 나눈다. 탈 무드나 토라에서 얻은 지혜를 바탕으로 어떠한 주제라도 스스럼없이 질 문하고 토론하고, 자신의 생각과 고민을 나누기도 한다.

이 안식일 예배 양식을 예배 코드에 적용해보면 G-BPPyTD; W-MBH; R-IH 정도 될 것이다. 유대인 자녀들은 이런 밥상머리 예배를 통해 자신 도 모르는 사이에 부모로부터 신앙, 인성, 인내심, 예절, 공손, 나눔, 절제, 배려를 배운다. 이를 통해 자연스레 부모의 신앙을 전수받게 된다.

성인식의 파격

이들에게 가정 예배는 타성에 젖어 반복하는 종교의식이 아니다. 일반 적으로 자녀가 말하기 시작해서 10년이면 사춘기 이전에 신앙 전수가 완 수된다. 유대인에게 자녀란 하나님이 잠시 맡기신 귀한 선물이다. 보통 12세(소년은 13세)에 성인식을 치르는데, 이때 자녀를 신앙적, 사회적, 인 격적으로 성숙한 사람을 만들어 하나님께 돌려드려야 한다.[79]

이들의 성인식은 통과의례 수준이 아니다. 신앙 전수가 완수된 것을 감 사하며, 신앙에 대해 부모로부터 독립하는 공적인 의식이다. 성인식은 율 법의 가르침에 책임질 줄 아는 성인으로서 유대공동체가 받아주는 중요 한 의식이다. 그래서 성인식을 결혼식만큼 중요하게 여긴다.

성인식 시작할 때 자녀가 토라 두루마리의 축복문을 낭송한다. 여기에 부모가 화답하며 공적으로 선언하는 낭독문 하나가 매우 특이하다.

"이 아이에 대한 신앙적 책임을 면케 해주신 하나님을 찬송합니다!"

이 선언 이후부터 부모는 더 이상 자녀의 신앙에 관여하지 않는다.

녀의 종교적 잘못에 대한 연대책임도 지지 않는다. 대신 유대 커뮤니티가 이 아이를 신앙적 성인으로 인정하고 이끌어준다. 자녀도 이때부터 부모의 신앙과 상관없이 자신의 신앙에 스스로 책임지는 영적 독립인의 자리에 서게 된다.

성인식을 마친 후부터 부모는 한 발짝 떨어져 자녀와의 관계를 편안하게 즐긴다. 모든 책임은 서로 직접 소통하고 있는 하나님과 자녀에게 있다고 생각하기 때문이다.[80]

미국 이민 사회의 경우, 자녀가 고등학교를 졸업하고 대학으로 떠날 때, 비로소 부모는 자녀 양육의 무거운 짐에서 해방된다. 종종 부모가 대학 교육비를 지원하느라 4년 내내 고생하기도 한다. 한국은 고등학교와 대학 졸업까지 뒷바라지하고, 취직하고, 결혼해서 아이를 낳으면 손자 손녀를 돌봐주기까지 양육의 짐이 계속 이어진다. 어떤 상황이든, 중학교 1학년 시기에 자녀 양육의 짐을 덜어낸다는 것은 있을 수도, 상상할 수도 없는 일이다. 무엇이 이런 엄청난 차이를 만든 걸까?

우리는 복음을 받아들이지 않고 구약성경에 멈춰 있는 유대인을 긍휼히 여겨야 하지만, 이들이 하나님의 신앙 전수 원안대로 자녀를 양육하여 하나님의 약속의 말씀(신 7:9, 출 20:6)대로 대대로 화목한 가정이 된 것은 눈여겨봐야 한다.

묵상질문

1. 인식일 만찬 예배 때 부부가 서로에게, 자녀에게 하는 축복기도문과 오늘날 우리가 자녀를 위해 하는 기도문에는 어떤 차이가 보이는가?

2. 성인식 때 부모가 선언하는 낭독문이 무엇인가? 왜 부모가 이런 고백을 하는가?

"유대인의 성인식은 신앙교육의 혁명"

성인식을 치르는 아이가 반드시 통과하는 관문이 있어요. 그것은 랍비의 도움을 받아 토라의 구절을 1년 동안 연구해서 설교하는 것이에요. 이 설교를 통해 아이는 자신이 태어난 이유와 정체성, 삶의 목표를 말씀 안에서 고민하고 풀어내야 하죠.

이제 초등부 6학년, 또는 중등부 1학년 학생이 말씀을 연구해서 회중 앞에서 자신의 신앙고백을 담은 설교를 한다? 담임목사와 성경에 대해 토론한다? 부모에게 반항하고 불순종할 사춘기 나이에 인생의 목적과 자신의 정체성, 그리고 신앙을 확립하고, 주도적인 삶을 산다는 것은 놀라운 일이죠. 정통파 유대인에게는 특출한 상위 몇 퍼센트에서 일어나는 일이 아니라, 평범한 사춘기 아이들에게 일어나는 루틴이랍니다. 그래서인지 이들은 사춘기를 가볍게 지난다고 해요.

이것을 가능케 한 것이 바로 10년 동안 드린 안식일 만찬 예배에요. 처음 이 사실을 듣고 놀라지 않을 수 없었어요. 가정 예배를 통해 자녀가 이 정도로 성숙해질 수 있다는 것이 믿기지 않았어요. 가정 예배가 쉽지 않아서 포기한 아버지로서 부럽기도 하고, 부끄럽기도 했어요. 우리 세대가 드려온 가정 예배는 의무감으로 명목만 유지해온 것은 아닌지 반성하게 됩니다.

기독교 교육에 혁명이라도 일어나야 할 것 같습니다. 교회가 주일학교 중심의 신앙 교육 시스템을 부모 중심으로 바꾸고, 주일예배 축소판으로 드려온 기존의 가정 예배를 대화식으로 하루 아침에 바꾸기란 쉽지 않을 거에요.

하지만 이것은 인간의 논리나 교육학적 화두가 아니라, 성경에 명백하게 기록되어 있는 하나님의 명령입니다. 그러므로 우리가 해야 할 것은 순종으로 반응하는 것 밖에 없어요.

15일, 질문이 결정적인 대안이다

오늘은 대화식 가정 예배에서 가장 중요한 도구인 질문에 대해 나눌 것이다.

지난 30여 년간 교회와 어린이 청소년 사역 현장에서, 부모와 자녀 간에 소통이 단절되고, 갈등의 골이 깊은 모습을 수없이 보아왔다. 왜 부모들은 자녀와 대화가 통하지 않는 것일까? 왜 자녀를 사랑하지 않는 부모는 없는데, 자녀는 부모의 사랑을 오해하고, 부담스러워하고, 스트레스받는 것일까?

그 답이 부모의 질문과 대화 습관에 숨어 있다.

"그러면 너희는 나를 누구라고 생각하느냐?" 하고 예수님이 다
시 묻자_마 16:15 현대인의 성경

질문 문화

하브루타의 본질은 '질문'이다. 한국인 부모는 자녀가 학교에서 돌아오
면 "오늘 뭐 배웠어?"라고 묻고, 유대인 부모는 "오늘 무슨 질문 했어?"라
고 묻는다. 유대인은 종종 자녀에게 "오늘 하루 동안 가장 잘한 일과 가장
못한 일이 무엇일까?" 질문한다. 그래서 자녀 스스로 선과 악을 분별하고
대처할 기회를 준다.

페이스북 창업자 마크 저커버그는 유대인 집안에서 태어났고, 질문과
토론의 달인이다. 마크는 어려서부터 "사람들을 어떻게 서로 연결해줄
수 있을까?"가 가장 큰 관심사였고 질문이었다. 이렇게 유대인들은 스스
럼없이 질문할 수 있고, 토론을 장려하는 문화에서 자란다.

한국의 질문 문화는 어느 수준일까? 영상 하나 소개한다. 2010년 9월
G20 서울 정상회의 폐막식 때 오바마의 기자회견장에서 있던 실화다.[81]
버락 오바마 미국 대통령이 폐막 연설을 한 직후에 한국 기자들에게 갑자
기 질문 우선권을 줬는데 아무도 질문하지 못했다.

실습 하나 해보자. 자녀와 함께 아래 유튜브 영상을 보면서 생각나는 질
문을 만들어 서로 나눠보는 것이다. 영상이 끝나면 3분 동안 영상에 관한
질문 세 가지를 만들어보라. 참고로 이 기자회견은 사전에 예고되지 않
은, 오바마의 즉흥적인 이벤트였다.

"EBS 왜 우리는 대학에 가는가 5부, 오바마 기자회견장"
유튜브 바로가기

질문 1: _____

질문 2: _____

질문 3: _____

질문이 완성되었으면 가족(또는 주변 사람)과 그 질문을 나누면서 토론해보라. 가능하면 일대일 토론도 시도해보라.

* 점검: 토론하면서 느낀 점은 무엇인가?

질문을 만드는 일이 어렵게 느껴지진 않았는가?

왜 한국 기자들은 아무도 질문하지 않았다고 생각하는가?

대통령인 오바마가 먼저 기자들에게 질문을 던진 모습에서 느낀 것은 무엇인가?

질문의 본질은 겸손이다

한국인은 질문하는 것을 두려워하는 경향이 있다. 질문하는 것은 내가 모른다는 것을 드러내는 것이고, 이것은 부끄러운 행위라는 의식이 있다. 모르면 루저 looser라는 의식도 있다. 남보다 더 아는 것이 승자라는 경쟁 의식이 무의식중에 깔려 있기도 하다. 끝없는 경쟁과 승자독식을 부추기는 한국 교육 시스템의 슬픈 현실이다.[82]

하지만, 질문의 본질은 겸손이다. 유대인은 토라를 물로 비유한다. 말씀은 높은 곳에서 낮은 곳으로 흐른다. 벼가 익으면 고개를 숙이듯이 진리는 겸손한 자에게 흘러가게 되어 있다. 그래서 진정한 지혜자는 질문하는 자다. 질문은 부끄러운 것이 아니라 진짜 배움이 시작되는 곳이다.

혹 "완전하신 진리의 말씀을 그냥 믿으면 되지, 왜 질문이 필요한가? 질문한다는 것은 말씀을 의심하는 것 아닌가?" 생각할 수 있다. 하지만, 설교 듣고 머리로 이해하고 감동받는 방식으로는 실천까지 이행하기가 쉽지 않다. 말씀에 대해 질문하고 대화하고 토론할 때 그 말씀이 가슴에 새겨진다. 주입식은 하루만 지나도 대부분 기억에서 사라지고 만다.

* 점검: 내 안에 질문을 두려워하는 의식이 있는가?
'질문의 본질은 겸손이다'에 대한 자신의 생각을 나누라.

닫힌 질문과 열린 질문

좋은 질문도 있지만 나쁜 질문도 있다. 나쁜 질문은 답이 이미 정해진 닫힌 질물이다. 어쩌면 우리는 닫힌 질문을 훨씬 많이 하면서 산다. 닫힌 질문은 한 마디로 답이 정해져 있거나, 답을 유도하는 질문이다. 닫힌 질문[83]에는 네 가지 유형이 있다.

첫째, 답을 정해놓고 유도하는 질문: "엄마 말 안 들으면 어떻게 될까?", "숙제 안 하면 무슨 벌 받지?", "밥 먹을 때 떠들면 호랑이가 와서 잡아간다고 했지?"

둘째, 자신의 우월감을 과시하기 위한 질문: "그것 봐, 엄마가 하라는 대로 하니까 훨씬 좋아졌지?"

셋째, 비난의 의도나 비아냥거리는 질문: "그럴 줄 알았어. 엄마 말 안 들으니까 이런 결과가 나온 거 아닐까?"

넷째, 상대방의 무지를 드러내려는 질문: "그것도 몰랐어? 엄마한테 물어봤으면 진작 가르쳐 줬지."

하지만 열린 질문은 세대와 나이, 문화를 뛰어넘어 상대방을 이해, 존중, 공감하는 관계 능력이 계발된다. 열린 질문은 정해진 답이 없다. 상대가 스스로 고민해서 답을 찾아가도록 돕는 질문, 상대방이 자신의 생각을 마음껏 표현하도록 돕는 질문이다.

첫째, 관심과 애정을 표현하는 질문
누군가에게 안부를 묻고 질문하는 것은 상대방에게 관심이 있다는 표

161

현이다. 이런 질문은 주로 마음과 감정, 존재, 신앙과 같은 being에 관한 질문이다.

"오늘 기분 좀 어때?", "학교에서 힘든 일 없었어?", "아들, 오늘 왜 이렇게 멋있지? 오늘 좋은 일 있어?", "오늘 설교 시간에 하나님이 뭐라고 하셔?"

그런데 의외로 우리가 자녀에게 던지는 질문은 닫힌 질문이 많다. 대체로 태도와 행동, 성적, 성과 같은 doing에 관한 질문들이다.

"숙제 다 했어?", "빠뜨린 거 없지?", "엄마가 말한 거 까먹지 않았지?" 이런 질문은 관심과 애정이 아니라 지적과 평가의 질문이다. 자녀와의 관계에 악영향만 끼친다.

심지어 신앙에 대한 질문도 평가와 지적하는 질문이 더 많다.

"성경 읽었어?", "교회 늦지 않았지?", "설교 시간에 또 졸았어?" 이런 질문은 답이 '예' 아니면 '아니오'로 끝난다. 이는 자녀의 신앙을 율법적인 신앙으로 만드는 지름길이니 오늘 이후로 절대 사절이다.

둘째, 상대방을 존중하는 질문

사람들은 대화할 때 상대방의 말에 귀 기울이기보다 내가 하고 싶은 말을 많이 하는 경향이 있다. 내 이야기를 상대방이 잘 들어주면 감사, 거기에 격하게 반응까지 해주면 엄지척이다. 하지만 성경은 "자기보다 남을 낮게 여기"(빌 2:3)라고 했다.

나보다 남을 낮게 여기는 가장 쉬운 방법은 상대방의 의견을 존중하고 경청하는 것이다. 질문이야말로 내 의견이나 생각보다 상대방의 의견에 더 귀를 기울이는 행위다. 한 랍비가 "경청은 매우 강력한 친절과 존중 그리고 인정의 행위다"[84]라고 강조할 만큼 질문하고 경청하는 것은 상대방을 존중하는 최고의 행위 중 하나다.

경청을 잘하려면 8대 2 룰을 지키면 된다. 즉, 상대방이 말하는 시간이 8분이라면, 내가 말하는 시간은 2분만 사용하는 것이다. 2분 안에도 내 의견보다 상대방의 생각을 더 깊이 이해하기 위한 질문을 던져보라.

"그런데 왜 그런 생각을 하게 되었어?"

"그렇구나, 마음이 힘들지 않았어?"

뒤늦게 신의진 교수가 말한 80:20 대화의 법칙과 일맥상통함을 알고 놀라기도 했다. 부모와 자녀 사이의 올바른 대화는 '이해하는 대화'와 '가치를 전하는 대화'의 비율을 80대 20으로 하는 것이 이상적[85]이라는 것이다.

예를 들어, 아이가 "엄마 오늘 가정 예배 안 하면 안 돼?"라고 말했을 때, 엄마가 "오늘 무슨 일 있었구나", "피곤해 보이네. 어디 아파?"라고 답하는 것은 이해하는 대화다. 이러한 반응은 아이의 감정에 공감해주고 부정적인 기분을 풀어준다. 신 교수는 이럴 때 아이는 부모에게 마음을 열고, 어떤 말을 하든 의욕적으로 받아들이고 실천하려는 태도를 보이게 된다고 했다.[86]

하지만 "가정 예배는 하나님과 약속한 시간이니 힘들어도 해보자"라고 옳은 말만 했다면, 이는 부모가 생각하는 가치만 일방적으로 전하는 대화다. 아이는 한순간에 엄마의 '옳은 말'에 방어적인 자세를 취하게 된다. 신의진 교수는 "적어도 열 마디의 말 중 여덟 마디는 아이의 기분을 살피고, 이해하고, 공감하는 말이어야 하고, 나머지 두 마디로 꼭 전하고 싶은 가치를 이야기하라고 했다. 그럴 때 아이는 거부감 없이 받아들인다"[87]고 했다. 이는 경청의 원리와 일맥상통한다.

어쨌든 부모가 자녀에게, 부부가 서로에게 질문하고 상대의 감정을 이해하고 경청하는 것은 상대방의 생각과 감정, 의견을 존중하는 가장 현명한 소통방식이다. 오늘부터 시도해보라. 자녀와의 관계는 물론 부부 관계도 달라질 것이다.

셋째, 자신의 문제를 스스로 깨닫게 하는 질문

똑똑한 부모들은 아이보다 한발 앞서서 가르치려 든다. 예를 들어, 아이가 물을 쏟았다. "엄마, 물컵 또 쏟았어.", "으이그, 왜 그랬어?! 엄마가 조심하랬잖아!" 엄마는 버럭 화를 내며 가르친다. "이렇게 자꾸 쏟으면 바닥이 어떻게 되겠어? 다 썩겠지? 그럼 비싼 돈 들여서 바닥을 교체해야 하잖아. 그러니 항상 조심해야 해, 알겠지?"

이런 말은 아이의 존재보다 방바닥이 더 중요하다는 암묵적인 메시지를 아이에게 심어준다. 아이의 자존감을 바닥으로 떨어뜨리는 메시지다. 하지만 정말 똑똑한 부모는 아이가 스스로 문제를 분별할 때까지 아이보다 앞서지 않는다. 지혜로운 부모는 답을 가르쳐주는 것이 아니라 질문을 던진다.[88]

"괜찮아 엄마도 그랬어." 엄마는 차분하지만 아이의 감정에 집중하며 걱정스레 묻는다. "우리 아들, 왜 자꾸 물을 쏟는 걸까?", "글쎄, 아마 내가 컵을 들고 딴생각을 자꾸 하나 봐.", "그래? 무슨 생각을 그렇게 해?", "요즘 생각이 좀 많아. 물 마실 때는 생각을 좀 멈춰야겠어.", "그래, 좋은 생각이야. 혹시 고민이 있으면 엄마한테 언제든지 말해."

엄마의 질문 두 번 만에 아이는 스스로 해법을 찾았고, 자존감도 살렸다. 이런 엄마가 진짜 고수 엄마다.

왠지 열린 대화는 내 기질과 맞지 않는다고 느끼는 분도 있을 것이다. 그냥 화 한번 내고 말면 되지, 꼭 그렇게 세세하게 반응해야 하는가 생각할 수 있다. 아마도 상대를 배려하는 대화를 경험해보지 못했기 때문 아닐까? 부모와의 대화 속에서 한 번도 느껴보지 못했을 수도 있다. 내 기질과 성격에 안 맞아도 "자기보다 남을 낫게 여기"(빌 2:3)라는 말씀에 순종하여 고쳐야 한다. 그래야 나도 살고, 부부도 살고, 자녀도 산다.

* 점검: 나의 질문 습관은 열린 질문과 닫힌 질문 중 어느 쪽에 가까운가?
     나의 대화 습관은 80대 20의 법칙과 얼마나 가까운가?

믿음과 질문의 역할

대화식 가정 예배에서 질문을 가장 많이 활용할 대상은 성경이다. 이미 나눈 것처럼, 삶의 예배는 우리가 사는 세상 풍습에 대해 말씀을 통해 하나님의 뜻을 분별하고, 나와 자녀를 향한 아버지 하나님의 마음을 깨닫는 것이다. 그러므로 성경에 대한 자신의 태도를 점검하는 것이 필요하다. 부모가 성경을 얼마나 신뢰하는지 점검해 볼 필요가 있다.

첫째, 나는 성경에 대해 절대적인 경외심을 갖고 있는가?

둘째, 나는 성경이 하나님의 살아 있는 말씀으로 믿는가?

셋째, 나는 성경의 절대 무오성을 믿는가?

이 세 가지 질문에 "네"라고 답할 수 있다면 성경은 놀라운 광맥으로 변한다. 하지만 "글쎄요"라는 반응이 나온다면 성경이 지닌 보화를 누릴 가능성이 현저히 줄어든다. 성경은 논리나 철학, 과학책이 아니라 믿음의 책이기 때문이다.

기독교 신앙은 믿음의 문제다. 16세기 종교개혁은 믿음의 가치를 회복한 사건이었다. "오직 의인은 믿음으로 말미암아 살리라"(롬 1:17)는 구절에서 비롯된 '믿음'의 재발견으로 인류 역사에 거대한 개혁과 패러다임의 전환이 일어났다.

문제는 이 믿음이 쉽게 생기지 않는다는 점이다. 성경보다 내 생각과 경험, 감정이 훨씬 중요하기 때문이다. 이때 질문이 필요하다. 예수 믿은 후에도 질문을 통해 성경의 깊은 광맥을 찾을 수 있다. 본회퍼가 말했듯이, 성경에 대해 진지하게 질문할 준비가 되어 있을 때만 성경은 스스로 열린다.

정직한 의심은 믿음을 강화한다

여기 의심과 질문으로 믿음이 강해진 사례가 있다. 부활하신 예수를 믿지 못하는 도마에게 주님은 자신의 손과 옆구리를 만져보게 하셨다. 예수의 부활을 확인한 도마는 그 즉시 외쳤다.

나의 주님, 나의 하나님! _요 20:28, 쉬운성경

이는 예수를 주 Lord로 인정하고, 하나님과 동격으로 여기는 매우 훌륭한 신앙고백이다. 그때 예수께서 "너는 나를 보았기 때문에 믿느냐? 나를 보지 않고도 믿는 사람은 복이 있다"(요 20:29) 말씀하셨다. 설마 이 말씀을 '너는 눈으로 확인하고 믿었으니 구원 못 받는다'라는 의미로 해석하는 사람은 없을 것이다. 믿음의 반대는 의심도 회의도 아닌 불신앙이다. 질문과 회의 없는 신앙은 오히려 맹신으로 빠질 위험이 있다.

도마는 정직한 의심과 질문을 통해 믿음의 제자가 되었고, 결국 동방 선교를 개척하여 인도에서 복음을 전하다가 창에 찔려 순교까지 한 충성된 사도로 쓰임 받았다. 그가 개척한 성 도마의 교회는 2천 년이 지난 지금도 인도에 남아 있다.

하나님도 논쟁을 환영하신다

자신이 이해할 수 없는 문제에 대해 하나님과 자주 논쟁했던 자가 있다. 바로 눈물의 선지자 예레미야다.

> 주님, 제가 주님과 변론할 때마다, 언제나 주님이 옳으셨습니다. 그러므로 주님께 공정성 문제 한 가지를 여쭙겠습니다. 어찌하여 악인들이 형통하며, 배신자들이 모두 잘 되기만 합니까? _렘 12:1

'변론'의 원어 리브는 '뒤흔들다', '논쟁하다', '방어하다', '다투다'는 뜻을 갖는다. 하나님은 예레미야의 질문에 항상 응답하셨을 뿐만 아니라, 논쟁도 주고받으셨다. 때로는 하나님이 더 적극적으로 논쟁을 요구하신다.

> 오너라! 우리가 서로 변론하자. 너희의 죄가 주홍빛과 같다 하여도 눈과 같이 희어질 것이며, 진홍빛과 같이 붉어도 양털과 같이 희어질 것이

이 구절에서 '변론'으로 번역된 히브리어 야카흐도 '논증하다', '정당화하다', '논쟁하다'는 뜻이다. 세상 어느 종교의 신이 인간과 논쟁을 한단 말인가? 하나님은 정말 인격적이고 좋으신 아버지다.

하나님과 논쟁해서 이길 수 있는 인간이 있을까? 민족이나 도시를 구하기 위해 논쟁해서 하나님의 마음을 돌려놓은 모세나 아브라함의 경우 외에는, 자신의 지혜와 논리로 하나님을 꺾은 인간은 없다.

이사야 1장의 변론은 조금 특이하다. 지는 자가 구원받는 논쟁이다. 하나님께서 우리와 논쟁하시는 목적은 이기기 위함이 아니라, 우리 죄가 눈같이 하얘지는 회복이고, 우리의 무지가 깨어져서 하나님의 성품으로 자라는 성숙이며, 세속적인 내가 거룩한 자녀로 바뀌는 성화다.

그러므로 하나님과 성경에 대한 열린 질문과 논쟁은 절대 믿음 없는 행위도, 시간 낭비도 아니다. 신앙과 믿음이 한 차원 더 깊어지기 위해 필요한 과정이고 하나님도 환영하시니, 질문은 성도의 놀라운 특권이 아닐 수 없다.

묵상질문

1. 나는 성경의 무오성을 믿는가? 말씀에 대해 정직한 의심을 해본 일이 있는가?

2. 하나님께서 우리와 논쟁하시는 목적은 무엇인가?

"성경을 의심하는 것은 죄 아닌가요?"

성경은 믿음의 대상이니 질문해서는 안 된다고 주장하는 분들이 많아요. 말씀에 대해 의심한다고 여기고, 믿음이 약한 불신앙으로 치부하지요. 하지만 '질문=불신앙'이란 공식은 잘못된 흑백논리예요.

성경은 결코 쉬운 책이 아니에요. 믿어야 할 구절이 있고, 질문해야 할 구절이 있어요. 믿음의 눈으로 봐야 열리는 말씀도 있지만, 깊은 묵상과 질문, 탐구와 성찰, 때로는 의심을 통해 열리는 말씀도 있어요. 쉽게 접근하기 어려운 예언, 비유, 묵시, 수수께끼 같은 내용도 수두룩하지요. 평소에 스쳐 지나던 구절이 어느 날 인생을 뒤바꿀 만큼 강력하게 다가올 때도 있고요.

그러므로 구원받은 성도라 해도 인간의 제한적인 지혜로 창조주 하나님의 생각과 이치를 모두 이해할 수 있다고 자신하는 것은 조심해야 해요.

> "나의 생각은 너희의 생각과 다르며, 너희의 길은 나의 길과 다르다." 주님께서 하신 말씀이다. "하늘이 땅보다 높듯이, 나의 길은 너희의 길보다 높으며, 나의 생각은 너희의 생각보다 높다." _사 55:8, 9

성경에 대한 질문, 궁금증을 지닌 MZ 세대 가운데 교회를 떠난 경우가 매우 많다는 것을 최근 알게 되었어요. 지난 10여 년 동안 수많은 비신자들, 가나안 MZ 세대들[89]을 만나온 한 청년과 이 책에 대해 소통하는 중에, 그가 만난 무신론자들의 대다수가 교회로부터 실망하거나 쫓겨난 자들이었다는 말을 듣고 가슴이 찢어질 듯 아팠어요. 대부분 건강한 질문임에도 불구하고 의심이라는 낙인을 찍고 문제를 덮어두는 경우가 많았다고 해요. 많은 가나안 청년들이 해소되지 못한 의문점들과 복음에 대한 오해를 안고 교회를 떠나는 경우가 많다고 했어요.

    * 꿀팁: 평소에 자녀들에게 성경에 대해 언제든지, 어떠한 질문이라도 할 수 있는 열린 가정 예배 분위기를 만드는 것이 참 중요해요. 질문이 존중받는 가정, 좋은 질문에 칭찬하는 가정, 질문을 많이 하는 아이에게 꾸중하지 않는 가정 문화를 만들어보세요.

    부모가 일일이 답을 주지 못해도 괜찮아요. 오히려 모르는 질문이 나오면 부모가 일주일 동안 연구해서 다음 가정 예배 때 함께 토론한다면 부모에게도 성장의 기회가 될 수 있어요. 질문을 막지만 않아도, 자녀들의 신앙을 지킬 수 있답니다.

소그룹 나눔

5일 동안 묵상하고 메모한 내용을 나누고 토론하는 시간이다.
간단히 기도하고, 아래 질문을 허심탄회하게 나눠보자.
상황에 따라 5가지 중에 선택적으로 다루고, 주중에 크게 다가온 내용을 다뤄도 좋다.

1. 유대인의 안식일 만찬 예배 사례에서 가장 크게 다가온 내용이 있다면?

2. 하나님과 예수님도 사용하고, 유대인은 목숨 걸고, 세상도 열광하는 하브루타가 왜 한국 교회에서는 환영받지 못했다고 생각하는가?

3. 하나님과 예수님의 대화법과 나의 대화법에는 어떤 차이가 있다고 생각하는가? 나눠보자.

4. 자녀 소통의 키인 열린 질문 습관을 계발하기 위해 내가 할 수 있는 것은 무엇인가? 80:20 대화의 법칙을 어떻게 실천할지 나눠보자.

5. 자녀가 말하기 시작해서 10년 만에 신앙 전수를 끝낼 수 있는 방법이 무엇인가?

용어 정리

리브(변론): 뒤흔들다, 논쟁하다, 방어하다, 다투다
야카흐(변론): 논증하다, 정당화하다, 논쟁하다
자코르: 기억하라
샤모르: 지키라
반유대주의: 2천 년 역사를 이어온 유대인에 대한 증오의 편견
도피성: 실수로 살인한 자는 이 성으로 피해 있는 동안, 죽임을 면한다.
　　도피성은 죄인을 구원하시는 그리스도를 예표한다.
성인식: 유대인 자녀의 나이가 12세(남자는 13세)가 되면 종교적으로
　　부모에게서 독립하는 공적인 의식
80대20 대화의 법칙: 이해하는 대화와 가치를 전하는 대화의 비율이
　　80대20일 경우, 가장 이상적인 대화다.

필독 도서

최명덕, 유대인 이야기 (두란노, 1997)
전성수, 부모라면 유대인처럼 하브루타로 교육하라 (위즈덤하우스, 2012)

참고 도서

신의진, 현명한 부모가 꼭 알아야 할 대화법 (걷는나무, 2010)
슈뮬리 보테악, 유태인 가족대화, 정수지 역 (RHK, 2009)
김정완, 질문 잘하는 유대인, 질문 못하는 한국인 (한국경제신문, 2018)

4주

대화식 가정 예배 실전

"나는 완벽한 부모에 대한 욕심과 환상을 버렸다.
대신 나를 있는 그대로 인정하고 아이와 함께
성장하는 부모가 되기로 결심했다"[90]

– 김혜경

드디어 가정 예배 실전이다. 4주 차는 가정 예배를 진행하는 부모가 반드시 갖춰야 할 마음가짐과 가정 예배 진행의 실제를 다룬다. 부모가 제일 먼저 준비할 것은 '완벽한 가정 예배'에 대한 마음을 비우는 것이다.

부족하면 부족한 대로 자녀와 함께 예배 안에서 성숙해가는 부모가 되고자 하는 마음만 있다면 이미 반은 성공한 것이다.

4주차는 분량이 좀 많다. 그만큼 실재적인 내용이 가득하다.

16일, 부부 사랑 연습하기

　가장 중요한 자녀 양육은 부부가 서로 사랑하는 것이다. 이를 위해 오늘은 성경이 말하는 부부 사랑의 원리 세 가지를 연습해보려고 한다. 한 몸 되기, 복음으로 서로 바라보기, 그리고 자신을 살피기다.

　어쩌면 가정 예배를 빨리 시작하는 것보다 이 과정이 훨씬 더 중요할 수도 있다.

첫째, 한 몸 되는 연습

자녀를 향한 최우선적이며 가장 훌륭한 양육은, 부부가 서로 사랑하고 하나 되는 것이다. 하나님께서 가정을 창시하실 때 남편과 아내가 한 몸을 이루라고 명령하셨다.

> 남자가 부모를 떠나 그의 아내와 합하여 둘이 한 몸을 이룰지로다
> _창 2:24

이 구절에는 부부가 한 몸을 이루기 위한 두 가지 명령이 담겨 있다.

첫째는 남자가 부모를 떠나라는 명령이다.

창세기 2장 "남자가 부모를 떠나"(창 2:24 상)의 '떠나다'(히, 아자브)는 '버리다', '거절하다'는 뜻이다. 그러므로 부모를 떠난다는 의미는 부모 세대의 잘못된 가치를 버리거나 거절하고, 그 영향력이나 간섭으로부터 정신적, 신체적으로 완전히 분리되라는 뜻이다.

*꿀팁: 먼저 부모 세대가 추구했던 역기능적인 가정, 비성경적 가치관을 잘 분별해서 거절하고 분리하라. 그래야 아내와 한 몸이 될 수 있고, 그럴 때 오히려 부모를 더 공경할 수 있게 된다.

둘째는 한 몸의 신비를 추구하라는 명령이다.

'한 몸'(에하드 바사르, one flesh)은 통일된 몸, 피부, 자아를 뜻한다. 이는 두 사람의 육체적 결합은 물론 지적, 정서적, 의지적으로 하나 된 상태를 말한다. 이 신비한 하나 됨은 하나님의 존재 방식과 꼭 닮았다. 하나님은 성부, 성자, 성령 세 분이 서로 완전히 구별된 독립적인 존재이면서, 동등한 인격체로서 완전한 하나를 이루신다.

인간의 상식으로는 도저히 이해할 수 없는 이 신비가 부부 관계에도 적용되는 것이다. 우리가 하나님의 형상으로 창조되었기 때문이다. 하나님

은 부부를 신체적으로나 정신적으로나 생각과 사고방식, 행동, 결정 등 모든 면에서 동등하고 독립된 인격체이면서 서로에게 완전히 종속되도록 창조하셨다. 어찌 이런 일이 가능하겠는가?

사도 바울도 남편과 아내가 한 몸을 이루는 것을 심오한 비밀(엡 5:31)이라 했다. 그래서 성숙한 부부는 각자 독립적으로 자신의 잠재력을 최대한 발휘하며 살도록 격려하면서, 동시에 서로 자신을 무한히 내어주고, 순종하고, 무조건적인 사랑을 끊임없이 쏟고, 끊임없는 친밀함으로 나아간다.

> "교회가 그리스도에게 하듯 아내들도 범사에 그 남편에게 복종하고, 남편들도 아내 사랑하기를 그리스도께서 교회를 사랑하시고 위하여 자신을 주심 같이 사랑하라"_엡 5:24, 25

* 꿀팁: 하나님 안에서 결혼했다면 이제 사랑에 대한 정의를 바꿔야 한다. 결혼하기 위해 사랑한 것이 아니라, 결혼했기 때문에 사랑하는 것이다. 결혼을 위한 감정적인 사랑에만 연연하면 얼마 안 가서 금방 바닥이 보이고 쉽게 갈라설 수 있다. 두 사람이 한 몸 되는 결혼을 감정으로만 판단하는 것은 매우 무책임하며, 어리석고 위험한 행위이다. 결혼은 감정을 뛰어넘는 거룩하고 의지적인 언약이고, 두 사람과 다음 세대 자녀를 위한 가장 고귀한 책임이라는 것을 가슴에 새겨야 한다.

우리 부부도 종종 감정적 위기를 겪었다. 나는 그때마다 결혼 직전에 하나님이 주신 사인을 기억했다. '혹시 잘못 이해한 사인인가?' 흔들릴 때도 없지 않았다. 하지만 믿음으로 붙들었고, 의지적으로 극복했다. 그러면 감정은 언제 그랬냐는 듯이 다시 회복된다.

감정이란 갈대와 같아서 수시로 바뀌지만, 하나님께 받은 언약은 영원하다. 때로는 그 언약을 지키기 위해 자신을 십자가에 못 박아야 할 때도 있다. 한 몸의 신비를 자주 묵상하고 성령께 의지해서 힘써 하나 됨을 지키라. 어린 양의 피의 은혜를 자주 묵상하라. 그럴 때 넘지 못할 갈등은 없다.

둘째, 복음으로 서로 바라보는 연습

* 원리: 한 몸의 신비를 가능케 하는 것이 복음이다. 부부와 자녀가 이 복음이라는 안경을 쓰고 서로를 바라보는 가정 문화를 만들어야 한다.

세상 어느 부부가 서로 사랑하고 한 몸 이루는 것을 원하지 않겠는가? 문제는 하고 싶어도 잘 안되는 것이 현실이다. 가까이 다가갈수록 상처받고 절망한다. 우리 안에 도사리고 있는, 해결되지 않은 가시, 상처, 두려움 때문이다.

내 생각과 동등하게 여기지 않을까 봐 두려워하고, 마음이 바뀔까봐 의심한다. 나는 쏟아 주는데 상대방은 누리기만 하니 실망하고, 서로의 기대치가 다른 것을 깨닫고 마음이 서서히 닫힌다. 상처받기 싫어서 희생하기보다 방어한다.

사랑해도 아프고, 미워도 아픈 이 진퇴양난에서 빠져나올 수 있는 길은 무엇일까? 바로 복음이다. 복음은 가장 온전하고 가장 희망적이며, 완전한 의와 거룩으로 생명을 살린다. 그런데 그 속을 들여다보면 가장 피비린내 나고, 역겹고, 부패한 죄의 악취가 진동한다. 복음이 이런 인간의 악취와 환멸을 외면하지 않고 모두 품기 때문이다.

이 악취의 정점이 십자가요, 그리스도의 죽음이다. 하지만 예수의 부활로 인류의 하드디스크는 완전 초기 상태로 포맷되고 최신 OS로 재설치되었다. 그래서 그리스도의 십자가는 더 이상 정죄할 기소 자료도, 증거 사진도, 되살릴 루트 데이터도 갖고 있지 않다.

이것이 바로 복음의 실체다. 그 어떤 인간 말종에게도 기회가 열려 있는 것이다. 누구든지 그리스도의 십자가와 부활을 믿기만 하면 더 이상 정죄함 없이 의롭다 칭함을 받고, 영생의 삶이 시작된다. 이 복음이 부부가 날마다 바라보고 추구해야 할 삶의 기준점이다.

* 실천: 부부가 한 몸을 이루기 위해, 복음으로 살기를 결단해보라. 그

것은 먼저 상대방의 잘못, 실수, 연약함을 '율법이라는 현미경'으로 들여다보고 정죄하는 율법적 버릇을 내려놓는 것이다. 그대신 복음의 능력을 의지해서, 하나님께서 그리스도의 피 값 주고 사신 상대방을 '복음이라는 망원경'으로 바라보며, 앞으로 변화될 상대방의 미래를 그려보는 것이다.

아직은 미완성이니 서로를 긍휼히 여기고, 용납하고, 격려하는 습관이 자신의 마음과 생각에 창작될 때까지 반복해서 연습해 보라. 그럴 때 역기능적인 가정에서 자란 남편과 아내라 할지라도, 부부 안에 내주하시는 성령님께서 두 사람이 온전히 한 몸을 이루도록 도와주실 것이다.

실재로 한 주간 동안 복음이라는 망원경으로 부부나 자녀를 서로 바라보는 연습을 해보자.

셋째, 자신을 살피는 연습

모든 사람에게는 자신도 모르는 습관이나 버릇 또는 성격유형이나 심리적 장애가 있다. 특별한 주의를 기울이지 않으면 평생 인식하지 못하고 살 수도 있다.

최근 나에게 주의력 결핍 과잉행동장애ADHD 성향이 있다는 것을 알고 깜짝 놀랐다. 이제야 그동안 주변 지인이나 가족 사이에 일어난 사소한 갈등들의 원인이 이해되었다. 만일 결혼 전에 인지했더라면 대안도 세우고, 관계도 훨씬 나아졌을 것이다.

자신의 사소한 버릇이나 성격을 잘 알고 대처하는 것은 대인 관계는 물론 가족 관계에 커다란 도움을 준다. 자신의 연약함을 알고 인정하는 자세는 내 안의 죄성을 인정하는 것이고, 자기를 부인하는 것이다.

그 때에 예수께서는 제자들에게 말씀하셨다. 누구든지 나를 따라오려거든 자기를 부인하고_마 16:24 상

가정마다 부부가 살아온 문화, 가치관, 육아 방식, 신앙 색깔과 사소한 습관 차이로 다양한 갈등을 겪는다. 특정 상황에서 자신도 모르게 반복해서 튀어나오는 부정적인 말투로 부부나 자녀에게 서로 상처를 주는 경우도 많다. 언어능력은 가정환경이 가장 강력한 영향을 준다는 연구 보고[91]처럼, 어려서부터 부모로부터 자신도 모르게 습득된 말버릇은 자신을 분석하는 노력이 없으면 평생 자각하지 못한 채 반복될 수 있다.

신의진 교수가 자신을 살피는 방법을 소개했다. 그녀는 한 달 동안, 남편이나 자녀와의 대화에서 문제가 느껴지면, 상대를 지적하기 전에 먼저 자신부터 살펴보라 했다. 자신이 어떤 순간에 화가 나는지 노트에 적어보는 것이다.

단, 조건은 화가 난 순간에 절대로 화를 내면 안 된다. 이 방식의 유익은 첫째, 자신에게 어떤 문제가 있는지 발견하게 되고 그런 태도가 자녀에게 어떤 영향을 주는지 알게 된다. 둘째, 이렇게 자신을 살피는 동안 자연스럽게 부부 혹은 자녀 관계가 좋아진다는 것이다.[92]

자신의 생각 습관도 살펴보자. 한번은 대학 4학년생 아들이 방학해서 집에 왔다. 연말연시에 자신이 어느 교회에 참석할지에 관해 이야기 나누던 중, 한인교회에 대한 그동안의 감정을 처음 드러냈다. 교회에 가는 것이 불편하단다. 이유를 물으니 자녀 세대를 공부, 학교, 실력으로 비교 판단하는 어른들의 시선이 불편하다는 것이다. 하지만 미국 교회에 가면 있는 모습 그대로 환대해줘서 너무 편하다고 했다.

짧은 대화였지만 부모 세대 신앙의 민낯이 드러나 부끄러웠다. 예수는 믿지만 세속적 가치관에 젖어 있는 우리 세대의 모습은 자녀들의 눈에 여과 없이 투영된다. 자녀들이 교회 잘 다니는 것만 신경 썼지, 정작 자신의 신앙은 진지하게 성찰하지 못한 결과다. 자신에 대한 진지한 성찰이 자녀를 살리고, 가정을 살리고, 교회를 살린다.

* 실천 : 한 주 동안 자신의 질문 습관을 살펴보자. 열린 질문과 닫힌 질문 중 어떤 질문을 많이 하는지, 어떤 상황에서 화를 내는지 노트해 보라.

"우리 가정에 부흥이 일어났어요"

한 번은 제가 살고 있는 동네를 방문하신 신학교 동문이자 아프리카 선교사 부부를 만났어요. 가나 국제대학 설립을 위해 홍보차 방문하셨어요. 반가운 만남 후 선교지에서 가정 예배에 도움이 되실 것 같아 《대화식 가정 예배》를 선물로 드렸습니다. 얼마 후 아프리카에서 장문의 카톡이 왔어요. 이 책을 보고 도전받아 두 주간 매일 예배를 드리게 되었고, 가정에 큰 부흥이 일어났다는 내용이었어요.

"책을 다 읽고 너무 감동을 받았습니다. 먼저 우리 가정에 적용하고 싶어서 대화식 가정 예배를 남편에게 제안 했어요. 오늘 저녁 아들 선교사와 저희 부부가 책 내용 처럼 하브루타를 적용해서 예배를 드렸습니다. 마태복음 1장을 읽고 나눔 시간을 가졌는데 아들과 남편은 각각 설교에 사용할 만큼 풍성한 내용이 나왔고, 저도 학생들을 가르칠 때 필요한 만큼 나눔이 풍성했습니다.

저희 각자의 삶에 적용할 것들도 나누고 우리의 부족한 부분들을 주께 자백하며 주의 도움을 구하는 정말 감동적인 시간, 기도하는 시간을 가졌습니다. 그러다 보니 한시간이 넘도록 토론했더라구요. 앞으로 미국에 있는 아들과도 주 1회라도 줌으로 같이 하기로 했습니다.

우리 가정에 예배가 풍성해지고 감격스런 시간을 가질수 있도록 책을 통해 도전해 주신 목사님께 감사하고 싶어서 글을 드립니다."

감격스런 피드백이었어요. 하나님께서 깨닫게 하시고 꿈을 주신 내용을 이 책에 담기만 했는데, 지구 반대편인 아프리카에서도 풍성한 회복이 일어나는 모습을 보니 감사하지 않을 수 없었어요. 하나님을 찬양합니다!

마지막 격려의 문구에서는 소망을 보았습니다.

"가정 예배를 드리는 것이 쉽고 재미있고 영적으로 도움된다는 것이 널리 알려지도록, 대화식 가정 예배가 모든 가정마다 정착되길 기도합니다. 대화식 예배가 모든 믿는 자들의 가정에 다 일어날수 있다면, 또 어린 자녀를 가진 가정에 일어난다면 자녀교육이 살아나고 변화의 역사들이 일어날줄 믿습니다. 기도로 응원하겠습니다."

두 주 후에 또 한 번의 감동 어린 톡 메시지를 받았어요.

"저는 새학기가 시작된 날부터 고등학교 기숙사 상급생들만 데리고 매일밤 잠언을 가지고 토론식 말씀나눔 시간을 갖고 있습니다. 앞으로 한달 훈련시킨 다음에 이 학생들이 하급생들을 조별로 나누어서 똑같이 인도하도록 하려고 합니다. 미리 실습하는 차원에서 토요일 오전에 학생들이 나눔을 인도해 보도록 하는데 잘하고 있네요.

저는 가나에서 우리 학교 기숙사 학생들을 훈련시키고, 우리 부모님들을 교육해서 이 운동이 퍼져나가도록 힘써 보겠습니다. 이 운동이 미국과 한국 더 나아가 전세계로 퍼져나가 가정부터 부흥과 변화가 일어나고 사회와 개인의 삶이 변화되길 기도합니다."

할렐루야! 든든한 기도와 사역의 동역자이신 임철순, 가화숙 선교사님께 감사드립니다. 보내주신 내용이 저에겐 메마른 땅의 단비 같은 소식이었어요. 두 분이 섬기시는 가나국제대학이 하루 속히 온전히 세워져서 가나의 모든 가정마다 복음이 들어가고 가정의 성소가 회복되기를 두 손 모아 기도합니다.

17일, 혀끝에서 펼쳐지는 세계

"완벽한 부모보다 대화하는 부모가 낫다."
– 무명

오늘은 이 책의 핵심 키워드 중 하나인 '대화'에 대해 나눠보려고 한다. 가정 예배를 대화식으로 드리는데는 장단점이 있다. 장점은 수평적이고 인격적이며 양방향 대화로 능동적이고 활기찬 예배가 가능하다는 점이고, 단점은 부정적이고 비인격적인 성품과 말투로 인해 대화가 오히려 예배 분위기를 악화시킬 수도 있다는 점이다.

이런 한계를 극복할 방법이 무엇인지, 독이 아닌 득이 되는 대화는 어떤 대화인지, 자신을 점검할 수 있는 방법을 살펴보려고 한다.

> 우리는 이 혀로 하나님을 찬송도 하고 그분의 모습으로 창조된
> 사람들을 저주도 합니다. 한 입에서 찬송과 저주가 나오고 있습니
> 다. 형제 여러분, 이런 일이 있어서는 안 되겠습니다_약 3:9~10

혀에는 놀라운 능력이 있다.

말을 예쁘게 하는 사람도 있지만, 입만 열면 부정적이고 비판적인 말이
쏟아져 나오는 사람도 있다. 말은 사람을 죽일 수 있고, 살릴 수도 있는 힘
이 있다. 그래서 혀를 조율하는 훈련이 필요하다.

득이 되는 말, 독이 되는 말

믿음이 좋고 영적 지도자가 된다고 자동으로 대화를 잘 하는 건 아니다.
밖에서는 회사를 키우고, 교회를 성장시키는 탁월한 리더이지만, 가정에
서는 말로 상처주고, 쉽게 정죄하는 아버지들이 생각보다 많다.

문제는 대부분의 부부가 혀를 어떻게 다뤄야 하는지, 상대방을 어떻게
배려하고 마음을 헤아리는지 충분히 훈련되지 못한채 결혼하고 자녀를
양육하기 때문이다.

이 훈련은 대부분 어릴 때부터 가정이란 환경에서 이루어진다. 부모가
혀의 능력을 알고 상대방을 배려하는 가정에서 자란 자녀들은 자연스럽
게 건강한 대화의 기술을 습득한다. 하지만 화를 자주내고, 이기적이며,
자기 주장이 강한 부모 밑에서 자란 자녀들은 자기도 모르게 상대방에게
상처를 주고 가슴을 멍들게 하는 언어를 습득하게 된다.

부부와 자녀가 다툴 때 어떤 말을 하느냐에 따라 두 사람의 관계에 독
이 될 수도, 득이 될 수도 있다. 미국 가톨릭대학의 클리포드와 하워드 교

수의 연구에 의하면, 한평생 함께 산 부부나 파경을 맞은 부부나 부부 싸움은 별 차이가 없다고 한다. 그런데 서로 주고받는 언어에는 확연한 차이를 보인다는 것이다.

행복한 부부는 싸울 때 되도록 상대방에게 상처를 주는 말보다 감정언어를 많이 사용한다. 하지만 실패한 부부는 상처 주는 말을 많이 해서 상대를 굴복시키고자 한다.[93]

이것은 부모와 자녀 간의 대화에도 동일한 결과를 낳는다. 자녀에게 지적하고 상처 주는 말을 많이 하면 할수록 부모와 자녀의 관계는 점점 나빠질 수 밖에 없다.

독이 되는 대화방식은, 상대를 지적해서 죄책감을 유발하게 한다.

"자기 실수한거야! 절대 가만 안둘꺼야!"

"어떻게 나를 사랑한다며 그럴 수가 있어?!!"

화를 내고 잘못을 지적한다. 자녀가 잘못했을 때도 이유를 묻기 전에 으름장부터 놓는다.

"왜 거짓말했어?!! 그게 얼마나 나쁜 짓인 줄 알아?!"

비난과 정죄는 율법의 기능이다.

"너는 죄인이야! 너 같은 놈이 뭘 할 수 있겠어!"

이것은 상대의 죄를 깨닫게 하고 자존감만 깎아내릴 뿐, 변화시킬 능력은 전혀 없다.

> 그러므로 남을 판단하는 사람이여, 그대는 변명할 수 없습니다. 그대는 남을 판단하는 그것으로 그대 스스로를 정죄하고 있습니다. 남을 판단하는 그대가 똑같은 일들을 행하기 때문입니다_롬 2:1, 우리말성경

나도 자녀에게 이런 실수를 자주 반복했다. 우리 세대는 교회이든 가정과 사회이든, 이런 문화에 젖어 자라왔다. 이제 이런 세상의 대화 문화는 더 이상 대물림을 해서는 안 된다.

사람은 정죄(율법)로 변하지 않는다. 지적은 오히려 같은 실수를 반복하

게 할 뿐이다. 이것은 마귀가 좋아하는 언어다. 이런 언어는 끊임없이 우리를 참소하고 허물을 들춰내서 낙심하고 절망케 한다.

대화의 정석은 감정언어

득이 되는 대화방식은, 상대방의 잘못을 지적하기보다, 자기감정을 표현한다. 하나님은 사랑이다. 그래서인가? 하나님의 언어에는 감정이 가득 묻어 있다. 하나님은 이스라엘이, 자신이 가장 싫어하는 우상숭배를 했을 때, 지적하고 정죄하기보다 자신의 감정을 표현하셨다.

> 주님께서 말씀하신다. '어쩌자고 조각한 신상과 헛된 우상을 남의 나라에서 들여다가, 나를 노하게 하였느냐?'_렘 8:19 하

이사야서 1장에는, 마음에도 없는 헛된 예물과 살진 짐승의 기름을 드리고, 안식일과 거룩한 대회와 행사와 절기를 지키며 못된 짓하는 이스라엘 백성에게 하나님은 불편한 감정을 거침없이 쏟아내신다. 하나님의 감정이 이토록 구체적이고 사실적인 것이 놀라웠다.

> 나는… 지겹고… 싫다… 기쁘지 않다… 다 쓸모없다… 역겹고… 참을 수 없으며… 더 이상 견딜 수 없다… 싫다… 짐이 될 뿐이다… 내가 너무 지쳤다_사 1:11~14

호세아 11장에는 하나님을 배반하고 우상을 예배하는 에브라임과 이스라엘을 향한 애증 어린 감정이 고스란히 드러난다.

> 에브라임아, 내가 어찌 너를 버리겠느냐? 이스라엘아, 내가 어찌 너를 원수의 손에 넘기겠느냐? (…중략…) 너를 버리려고 하여도 나의 마

음이 허락하지 않는구나! 너를 불쌍히 여기는 애정이 나의 속에서 불길 처럼 강하게 치솟아 오르는구나.호 11:8

감정언어는 상대방You을 지적하거나 판단하거나 다짜고짜 화를 내기 보다 내I 마음의 소리를 표현한다. 소아정신과 신의진 교수는 나-메시지 에 다음 세 가지 내용이 포함되어야 한다고 했다.

첫째, 상대방의 어떤 행동이 문제인지 구체적인 언급이 필요하다.

둘째, 그 행동에 대한 나 자신의 감정이 드러나야 한다.

셋째 그 행동의 결과로 생기는 문제를 짚어야 한다.[94]

예를 들어, 고등학교 1학년 아들이 갑자기 드럼을 전공하겠다고 말했 다. 의사가 되길 바라는 아빠는 화를 내며 단칼에 거절했다. 아내는 아들 이나 남편의 입장이 모두 이해가 되지만, 그렇다고 화를 낼 일은 아니라 고 생각했다. 불편한 마음을 가라 앉히고 차분하게 말했다.

"당신이 너무 강압적으로 아이에게 말하니까 내 마음이 불편하네. 아들 도 크게 실망하는 것 같아."

아내의 말에는 강압적인 태도라는 구체적인 문제가 언급되었고, 자신 의 불편한 감정이 표현되었으며, 그 결과 아들이 힘들어하는 문제까지 모 두 담겨 있다. 참 좋은 나-메시지 대화다.

다른 예를 들어보자. 초등학교 6학년 아들이 엄마에게 처음으로 거짓 말을 했다.

"아들아, 엄마한테 왜 그랬어? 엄마가 좀 혼란스럽고 속상하다. 거짓말 한 이유가 뭘까?"

엄마는 아들의 잘못을 직접 말하기보다 질문으로 돌려서 다루었고, 자 신의 혼란스런 감정도 표현했는데, 이는 행동의 결과로 생기는 문제이기 도 하다. 아울러 엄마는 거짓말 한 이유를 물었다.

이럴 때 질문은 왜 자신이 거짓말을 했는지, 스스로 문제를 깨닫도록 시 간을 준다. 그러면서 자신이 한 행동이 다른 이에게 어떤 아픔을 줬는지 돌아보게 된다. 무작정 화를 내는 것보다 백 배 지혜로운 행동이다. 더 나아가 긍휼을 베풀어 보라. 십자가의 보혈로 덮어주라. 사람을 변화시키는 것은 정죄가 아니라 은혜와 긍휼이다. 그 표본이 예수님이시다.

감정언어의 지존

예수님은 득이 되는 대화이자 감정언어의 지존이시다. 자신을 세 번이나 부인하고 저주한 베드로에게 부활하신 예수께서 찾아가셨다.

"수제자라는 놈이 어떻게 그럴 수 있느냐? 넌 그것 밖에 안 되는 놈이냐?!" 혼내지 않으셨다.

대신 물고기를 배 한가득 잡게 해주시고, 조반까지 손수 차려 배불리 먹이셨다. 제자들의 지친 마음과 수치스런 감정을 이미 공감하셨다.

그래서 먼저 제자들의 몸과 마음을 회복시켜주시려고 숯불 음식으로 환대하신 것이다. 배불리 먹이신 후에, 그 어떤 잘못도 지적하지 않으시고, 질문 한마디만 하셨다.

네가 나를 사랑하느냐?_요 21:17 상

너무 엉뚱한 질문이었다.

문제를 들춰내기는 커녕, 갑자기 둘 사이의 관계에 대한 질문을 던지신 것이다. 게다가 눈물샘을 자극하기도 한다. 세상 어느 지도자나 부모가 자신을 배반한 대박 사건을 터뜨린 직원, 부교역자, 자녀에게 이토록 깊은 이해와 공감과 배려 어린 감정언어로 접근할 수 있단 말인가?

비난하고 정죄하는 차가운 심판의 언어 대신, 따스하게 품어주고 공감하는 사랑의 언어, 차분하고 동일한 세 번의 질문으로 주님은 베드로를 얻었다. 관계 회복과 자발적인 헌신까지 일어났다.

이같이 상대의 마음을 깊이 공감하고, 배려하는 질문에는 놀라운 힘이 있다. 사랑하는 감정, 긍휼히 여기는 정서가 담겨 있는 질문은 사람을 살리는 언어다.

예수께서 보여주신 감정언어와 질문은 이 책이 다룰 질문 중심의 하브루타 대화의 중요한 표본이다.

묵상질문

1. 나는 득이 되는 말을 많이 하는지, 독이 되는 말을 많이 하는지 돌아보자.

2. 예수께서 베드로에게 던진 질문을 묵상해보자.

이것이 왜 감정언어인가? 이 질문으로 어떤 일이 일어났는가?

대가 이야기

"감정언어는 천국 언어를 닮았어요"

우리 사회는 감정 억제를 미덕으로 여기는 경향이 있어요. 그 부작용으로 감정 장애를 겪거나, 감정 표현 불능증 Alexithymia, 정서적 애착 회피로 고통받는 분들이 의외로 많아요. 이런 분들은 자신의 감정을 충분히 표현하지 못할 뿐 아니라, 다른 사람들의 정서적인 고통을 이해하고 반응하기 어려워하지요.

감정에 치우치는 것은 좋지 않지만, 감정을 적절하게 표현하고, 감성이 풍부한 것은 오히려 우리의 인생을 충만하게 해줘요. 주위를 한번 둘러보세요. 우리가 존경하는 사람은 지식이 많은 사람인가요? 사랑이 많고, 감성이 풍부한 사람인가요?

감성적인 사람은 상대의 감정을 잘 분별해서 민감하게 반응하고, 마음에 공감하며, 주위 사람에게 동기를 부여하는 매력적이고 따스한 사람이에요. 감정언어의 시조는 하나님이세요. 천지를 창조하실 때 첫날 하신 말씀이죠. "보시기에 좋았더라"(창 1:4 상) 인간을 만드신 육 일째는 하나님도 감정이 벅차오르셨어요. "보시기에 심히 좋았더라"(창 1:31 상).

하나님은 사랑이에요. 그분의 모든 행동, 대화, 표현, 심지어 일마저 사랑이 아닌 것이 없답니다. 감정에 치우치는 것은 조심해야 하지만, 자기감정을 건강하게 표현하고, 사랑이 넘치고, 감성이 풍부한 사람은 하나님을 닮은 사람이에요. 이를 정서지능이라고도 해요. 자신의 감정을 정확하게 알고, 존중하고, 충동을 자제하고, 불안이나 분노 같은 자기감정을 조절하는 능력이요. 정서지능이 높은 사람은 실패해도 좌절하지 않고 자신을 격려하고, 타인의 감정을 공감하고, 다른 사람과 조화롭게 협력할 수 있어요.[95]

* 실천: 오늘 하루, 자신의 대화 내용을 제3자의 입장이 되어서 살펴보세요. 남

의 잘못을 지적하는 말투가 많은지, 아니면 내 감정을 표현하는 말투가 많은지 세어보세요. 어쩌면 살아오며 한 번도 자신의 말버릇에 대해 진지하게 돌아본 적이 없는 분들도 꽤 계실 거예요.

주위를 한번 둘러보세요. 자신의 감정을 잘 표현하지 않는 분이 의외로 많아요. 아마도 감정이 무뎌졌거나, 감정 표현 기능이 오랫동안 억압되었거나, 죄로 인해 손상되신 분들일 수 있어요. 매일 30분 정도 조용한 시간을 확보하고, 자신의 내면을 들여다보는 시간을 가져보세요. 자신의 감정이 어떤 상태인지 분별해보세요. 가까운 친구나 가족에게 정직한 감정을 표현하는 연습도 필요해요.

억눌린 감정언어는 감정을 창조하신 하나님 앞에 나아갈 때 얼마든지 회복될 수 있어요. 은혜를 받으면 눈물이 나는 이유가 바로 십자가 사랑을 경험할 때 돌 같은 마음이 연한 순처럼 회복되기 때문이죠. 다윗의 시로 만든 찬양을 들으며, 내 속에 정한 마음을 창조하시고, 주의 구원의 즐거움을 회복시켜 주시기를 기도해보세요.

"시편 51편"(좋은씨앗 2집 feat. 조재옥) 유튜브 바로가기

친절한 말은 꿀송이와 같아서 마음을 흐뭇하게 하고 건강에도 좋다

_잠 16:24

18일, 가정 예배 준비하기

"늦었다고 생각할 때가 가장 빠른 때다."
Better late than never.

오늘은 대화식 가정 예배를 시작하기 전에 준비할 것들에 관한 실제적인 내용이다. 부모가 일방적으로 준비하기보다 자녀들과 가족회의를 통해 아이디어도 나누고, 시간도 정하고, 서약서에 사인도 하고, 주 1회하는 만찬 식탁도 함께 준비하는 등 가족 모두가 함께 참여하는 방법에 대해 나누려고 한다.

오늘의 묵상구절

네 자녀에게 부지런히 가르치며 집에 앉았을 때에든지 길을 갈 때에든지 누워 있을 때에든지 일어날 때에든지 이 말씀을 강론할 것이며_신 6:7

스마트폰 내려 놓기

먼저 풀어야 할 숙제가 있다. 위 말씀처럼 현대인이 '거실에 앉아 있을 때, 산책할 때, 차 타고 이동할 때, 잠자리에 들 때, 아침에 일어날 때' 주로 하는 일이 무엇인가? 대부분 스마트폰을 보거나 사용하고 있다. 가족 간의 대화를 스마트폰이 대체하고 있다. 그러니 말씀을 나눌 시간이 없고, 말씀의 능력이 우리 삶에 영향을 미칠 틈이 점점 사라져간다.

현대의 스마트폰 문화는 개인 중심의 삶을 조장한다. 그래서 가족의 대화를 빼앗고, 가족 공동체를 해체하고, 결속을 훼손시키는 나쁜 풍조다.

유대인은 안식일에 전화, TV, 영화 미디어를 시청하지 않는다. 24시간 동안 가족과 함께 보낸다. 때론 가까운 친척, 친구를 만찬에 초대해서 함께 시간을 보내기도 한다. 유대인은 하나님께서 창조행위를 쉬고 안식하신 것처럼, 창조와 연관된 39가지 항목을 금지했다. 그런데 이 안식이 오히려 유대인을 창의적인 민족이 되도록 지켜주었다. 유대인이 안식일을 지킨 것이 아니라, 안식일이 유대인을 지켜준 것이다.

이 이슈에 대해 가족과 함께 진지하게 토론할 필요가 있다. 모두가 동의하면 함께 스마트폰에 빼앗긴 일상을 되찾는 노력을 함께해야 한다. 희망적인 분명한 것은 아이들이 말씀으로 대화하고 토론하는 유익을 직접 체험하고 나면, 자기 주도형 성향으로 바뀔 수 있다. 스스로 스마트폰 보는 시간을 줄이거나, 아예 전화 통화만 할 수 있는 공신폰으로 바꾸는 사례도 있다.[96] 성경으로 대화와 토론하는 것이 스마트폰보다 훨씬 값진 것임을 깨닫기 때문이다.

쉽고 가볍게 시작하라

형식에 얽매이지 마라. 신명기 6장 7절에서 하나님은 집, 길거리, 잠자리, 외식 등 일상의 모든 현장에서 말씀을 나누라고 명령하셨다. 이 모두가 일상의 예배 처소다. 가족이 함께 상의해서 가정환경에 맞게 가볍게 시작하라. 가정 예배 횟수와 양식도 처음에는 가정 형편에 맞춰 정하라.

10분 예배 | 매일 10분만 함께 모여 찬양 한곡 하고, 성경 통독 일정에 따라 본문을 함께 읽고, 기도로 마친다. 또는 10절 정도의 짧은 분량을 함께 읽고 간단히 느낀 점, 궁금한 점을 나누고, 기도로 마쳐도 좋다. 매일 짧게라도 하나님께 예배하는 영적 습관을 만드는 것이 목표다.

교회가 가정을 도울 수 있다. 내가 협동목사로 있는 버지니아 새소망교회는 성도가 가정에서 부부, 혹은 자녀와 함께 권별로 통독하는 가정 예배를 분기별로 드리고 있다. 가능하면 전 성도가 참여하도록 간단한 상품도 준비하고, 단톡방을 만들어 일주일에 한 번씩 통독한 것을 체크하게 해서 성도를 독려한다.

QT 예배 | 아침에 각자 <매일성경> QT 본문을 묵상하고, 하루 일정을 마친 저녁이나 밤에 잠시 모여 나누는 것도 좋다. 이때 자신이 묵상한 말씀에 비추어서 하루를 어떻게 살았는지 대화하고 서로를 위해 기도하고 마치는 방식도 가능하다.

식탁 예배 | 매일 저녁 식사 시간을 활용할 수도 있다. 요즘은 식사 시간에도 엄마, 아빠, 자녀들이 스마트폰에 빠져서 서로 눈을 보고 대화할 시간이 없다. 어려서부터 식사 시간에는 스마트폰 대신 가족의 눈과 입, 표

정을 보며 대화하고, 이상의 이슈에 대해 자유롭게 토론하는 문화를 만들라. 자녀가 사춘기인 경우는 엄청난 에너지와 노력을 들여야 할 수도 있다. 잘못하면 잔소리가 되고, 싸움으로 번질 수도 있다. 그러므로 가정 예배 문화가 정착되려면 어릴수록 좋고 더 쉽다.

물론 함께 식사 한 끼 할 수 없는 가정도 많을 것이다. 어떻게 해서든 가족들과 일정을 맞춰서 함께 식사하려는 노력이 필요하다. 영화감독 스티븐 스필버그는 중요한 저녁 약속이 생기면 상대를 가정으로 초대해서 가족과 함께 식사를 나눈다고 한다. 가족과 함께하는 식사 시간의 가치를 알기 때문에 그렇게까지 해서라도 지키려고 하는 것이다.

아침 예배 | 가까운 후배 목사는 아침에 아이들이 학교 가기 전에 짧게 성경 읽고, 기도해주고 보낸다. 2~3분이면 끝나지만, 반복의 힘이 얼마나 위대한지 것인지 알게 되었다.

베드타임 예배 | 어린 자녀들과는 매일 베드타임 스토리 방식으로 15분 정도 동화책이나 성경을 읽어주는 방식도 좋다. 성경 동화를 읽고 질문, 대화하고 기도해주기, 동화나 탈무드를 읽어주고 질문, 대화, 기도하기 등 다양한 방식이 가능하다. 가능하면 자녀와 함께 많은 시간을 보내기 어려운 아빠가 전담하는 것이 가장 효과적이다. 10년만 투자해보라. 미처 상상치 못한 일이 벌어질 것이다.

수년 전 어느 가을, 운전하던 중에 라디오에서 우연히 《아빠가 책을 읽어줄 때 생기는 일들》[97]을 쓴 저자 인터뷰를 들었다. 책을 만드는 일을 하는 편집장이 10년 동안 매일 아이들 머리맡에서 15분씩 책을 읽어준 실화를 바탕으로 쓴 책이었다. 자녀와 베드타임 스토리를 시도하고 싶다면 이 책이 좋은 가이드가 될 것이다. 특히 연령별 추천 도서 리스트를 강추한다.

모두가 가능한 방법이고 유익하지만, 자신의 가정에 가장 적합한 방식을 찾는 것이 중요하다. 처음부터 무리하게 매일 가정 예배를 드리려는 계획은 오래 가지 못하고 중도에 포기할 수도 있다. 시작은 가볍게 하고, 어느 정도 문화가 정착되었을 때 주 1회 대화식 가정 예배로 진입해도 좋다.

친밀함 속의 대화 | 어떠한 예배 형태이든 원리는 동일하다. 신명기 6:7 말씀대로 부지런히 가르치고 반복해서 대화하는 것이다. '가르치다'의 원어 '솨난'은 '찌르다', '뾰족하게 하다'의 뜻이다. 철이 철을 날카롭게 하듯 말씀으로 대화할 때 자녀의 지혜와 성품이 단련되고, 인성과 신앙이 더욱 성숙하게 된다. 잊지 말라. 가르치는 방법은 강론(다바르) 즉, 친밀한 관계에서 나누는 질문 중심의 대화다.

밥상머리 대화식 예배

이제 연구소에서 제안하는 대화식 가정 예배를 소개한다. 이것은 다른 형태의 가정 예배에 비해 그 깊이와 넓이, 즐거움과 다이내믹의 차원이 다르다. 그것은 일주일에 한 번 가족과 함께 식사부터 대화와 말씀 토론까지 3~4시간 넉넉하게 갖는 밥상머리 대화식 예배다.

한번은 대학생 아들이 방학을 맞아 집을 방문했을 때, 용기를 내서 대화식 가정 예배를 몇 번 시도해보았다. 예전에는 10분만 지나도 예배를 힘들어했는데, 맛있는 식사 후 자연스러운 대화로 풀어가니까 마음 문도 열리고, 2~3시간 동안 말씀과 일상을 나누는 대화에 집중할 수 있었다. 대화식 식탁 예배의 놀라운 힘을 경험한 시간이었다. 너무 늦었다고 조바심 갖지 말고, 기도하며 때를 기다리라. 늦었다고 생각할 때가 가장 빠른 때이다.

대화식 가정 예배는 가능하면 가족 모두가 기대하는 시간, 맛있는 만찬과 다과를 나누는 시간, 기쁨과 즐거움이 있는 시간이 되도록 노력해야 한다. 일주일에 하루, 하나님의 임재가 있는 시간이고, 온 가족이 성결케

되는 시간이다.

　그래서 부모는 이 시간만큼은 절대 자녀를 혼내거나, 잔소리하거나, 어떠한 부담도 주지 않도록 해야한다. 대신 어떤 주제라도 자유롭게 대화하고 토론할 수 있는 분위기, 밝고 은혜가 흐르는 축제의 시간이 되도록 노력해보라. 대화하는 가정 문화가 잘 정착된다면 사춘기 자녀라 해도 이 시간을 기대하게 될 것이다.

가족회의

　시작하기 전에 자녀들에게도 왜 대화식 가정 예배를 하려고 하는지 가족회의를 하는 것이 좋다. 이때부터 일방적으로 결정하거나 강요하지 말고 아이들과 대화하고 질문과 토론을 통해 설득해보라.

　"애들아, 아빠가 진짜 재미있는 가정 예배를 발견했어. 맛있는 밥도 먹고, 후식도 하면서, 성경에 대해 무슨 질문도 다 받아주고, 자유롭게 토론도 하는 예배야. 이런 예배에 대해 너희들 생각은 어때?"

　아이들은 가정 예배라는 용어에는 기존의 예배가 떠올라 부담스러워할 수도 있다. 영아 때부터 드려온 아이에게는 크게 문제 되지 않는다. 하지만 초등학생 나이만 돼도 벌써 자의식이 생겨서, 절대 성급하게 밀어붙이지 말라. "하나님께 예배드리는 일이니 무조건 아빠 말에 순종하고 따라와야 해"라고 말하는 순간 아이들의 마음은 얼음장처럼 차가워질 것이다.

　전혀 경험해보지 않은 새로운 예배이기에 다양한 질문이 나올 수 있다. 그럴 때 너무 장황하게 설명할 필요 없다. 이것 하나만 나누면 된다. "가정 예배는 주일예배 축소판이 아니다. 일상에서 함께 식사하고 대화하며 말씀에 대해 질문과 토론하는 자체가 예배다."

　혹시 이게 어떻게 가능하냐고 물으면 가정 예배는 주일예배가 아니라 '삶의 예배'라는 점을 인지시켜 주라. 일방적으로 가르치기보다, '삶 자체가 하나님께 드리는 예배'(롬 12:1, 2)라는 것에 대해 자녀들과 열린 토론을 해보라.

* 꿀팁: 모임 시간은 가족과 함께 상의해서 모두가 합의했을 때 시작하라. 명칭도 자유롭게 정해보자. '대화식 가정 예배'가 길면 '대가'로 줄여도 된다. '패밀리 타임', '가족 모임', '가족예배', '가족 만찬', '식탁 예배' 등 부르기 편한 용어를 정하자.

시간 확보

가족 모두 정기적으로 함께 모일 수 있는 시간을 확보하라. 이를 위해 누구보다 부모가 그 중요성을 알고 지키려고 노력해야 한다. 한국처럼 바쁘게 돌아가는 사회에서는 일주일에 한 번 가족 식사 자리를 만드는 것부터 쉽지 않을 것이다.

이민자들의 현실은 어떤가? 서구 문화 자체가 가족 중심이니 상대적으로 쉬울 수도 있다. 하지만 예기치 않은 일정 때문에 약속 시간에 못 모일 수도 있고, 당일 일정이 빡빡하고 피곤해서 예배를 취소해야 하는 경우도 생길 수 있다.

대안은 융통성과 배려다. 가족 모두가 새로운 예배를 시작하는 상황이라 익숙하지 않을 것을 염두에 두라. 그동안 살아온 생활 습관을 하루아침에 바꾸기도 쉽지 않다는 것을 이해해야 한다.

처음부터 너무 완벽한 것을 기대하지 말라. 중요한 것은 서로를 존중하고 융통성 있게 배려하는 마음이다. 마치 율법처럼, 지키지 못하면 정죄하고 혼나는 분위기는 금물! 아이들에게 생소한 대화식 가정 예배가 잘 정착되려면 시간이 걸린다는 것을 염두에 두라.

가능하면 다른 날보다 여유 있는 토요일 저녁이 좋다. 주말에 밀린 드라마나 영화 보고, 게임도 하고 싶겠지만, 그것보다 몇 배 몇십 배 더 중요한 것이 가족과 함께 보내는 시간이다. 말씀에 순종하여 안식을 회복하는 것도 그 이상 중요하다. 안식의 가치를 가족 모두가 동의하고 실천하기 까지 시간이 걸릴 수 있다.

* 꿀팁: 식사 1시간, 식후 2시간 등 총 3시간 정도를 확보하자. 예배 모임이 잘 정착되면 재미 있어서 그 시간도 모자랄 수 있다. 이 시간 만큼은 TV, 인터넷, 숙제, SNS, 전화(아주 긴급한 상황이 아니면 외부 전화나 메신저, 카톡)까지 모두 꺼놓기로 합의하라.

왜 그래야 하는지도 충분한 대화와 소통을 통해 풀어가라. 자녀들과 상충하는 의견을 지혜롭게, 합력하여 선을 이루도록 조율하는 것 자체가 이미 삶의 예배임을 잊지 말라.

지인에게 연락이 와도 아주 긴급한 상황이 아닌 이상 전화를 받지 말라. 2시간 정도 늦는다고 심각한 일이 발생하진 않는다. 가정 예배, 패밀리 타임 만큼 중요한 것이 없음을 가족 모두가 인식하도록 하라. 가족이 그 무엇으로부터도 방해받지 않고, 서로에게 집중하고, 대화에 몰입할 수 있도록 댓가를 지불하라.

서약서 pledge

유대인 부부는 결혼할 때 랍비로부터 받은 결혼 언약서를 거실의 잘 보이는 곳에 걸어둔다. 매일 보며 부부 관계를 돈독하게 하려고 노력하는 것이다. 이처럼 자녀들과 함께 서약서를 만들어 가족 모두 사인하고 눈에 띄는 곳에 걸어두면 좋다. 서약서 샘플은 부록을 참고하라.

* 꿀팁: 서약서 이름은 '식탁 예배 서약서', '가족의 밤 Family Night 서약서', '가정 예배 서약서' 등 어떤 명칭도 좋다. 모이는 요일과 시작 시간과 마치는 시간까지 적으라.

마지막으로 가족 모두 서명란에 사인을 한다. 가족이 함께 지킬 수 있는 약속을 정하고 그것을 지키려고 노력하는 것만으로도 그 가족은 건강하고 행복한 가정이 되는 것이다[98]

임재 의식 presence

대화식 가정 예배는 단순히 가족과 함께 하룻저녁을 대화하며 즐겁게 보내는 시간만이 아니다. 우리 안에 내주하시는 성령님을 환대하는 시간이고, 가정의 주인이신 하나님을 예배의 자리에 초대하여 그분의 임재를 가족 모두가 경험하는 시간이기도 하다.

유대인은 안식일을 마치 여왕을 가정에 초대하는 시간으로 여긴다고 한다. 아무리 가난한 집이라도 평화가 흐르고 축복이 넘치는 궁전 같은 분위기로 휩싸인다. 여왕이 있는 곳이 궁전이기 때문이다.[99]

우리가 드리는 가정 예배에는 성령이 함께하신다. 성령은 하나님의 영이다. 여왕과 비교할 수 없는, 우주의 왕이신 하나님을 가정에 모시는 시간이다.

그러니 어떤 집이라도 왕의 영광이 가득하고, 진정한 평화와 샬롬의 기운이 지배하며, 복의 근원이신 창조주 하나님의 풍성함이 흘러넘치게 된다. 게다가 우리의 죄까지 용서하시고, 생명의 잔치를 베푸시는 아바 아버지의 환대로 따스함과 즐거움이 가득하다.

자리는 우리가 준비하지만, 내용은 아버지 하나님께서 우리를 위해 베풀어주시고, 마련해주시는 은혜의 축제요 안식의 베이스캠프가 가정 예배다. 그래서 이 임재 의식은 가족 모두에게 가정 예배 시간이 세상에서 가장 기댈 만한 거룩한 안식의 성소요, 안전지대라는 것을 경험하게 해준다.

* 꿀팁: 자녀에게 이러한 배경을 설명해주라. 우주의 왕으로서 우리의

친구가 되어주신 아버지 하나님을 초대하는 시간이니, 최소한의 준비를 함께하자고 권면하라. 집 청소, 편하고 단정한 옷, 식탁 정돈, 향수 촛대 (디퓨저), 좋은 그릇 그리고 맛있는 음식을 차리면 준비는 끝난다. 가족이 하나씩 역할을 분담해서 준비하기를 추천한다.

식탁 준비 table preparation

메뉴는 자녀가 좋아하는 음식으로 준비하는 것이 좋다. 엄마나 아빠가 일주일 중 가장 맛있는 음식으로 요리한다면 더할 나위 없이 좋을 것이다. 일반적으로 가족보다 손님에게 더 좋은 그릇, 더 좋은 음식을 대접한다. 하지만 가족이야말로 그 어떤 손님보다 중요한 존재다.

일주일에 한 번은 가장 소중한 가족을 위해 최고의 그릇으로 가장 맛있고 풍성한 식사 시간을 가져보자. 그럴 때 가족의 일원들은 자신이 존중받고 있다는 기분이 들 것이다. 상황이 안 될 때는 저녁을 가볍게 먹고, 말씀 대화하는 데 집중할 수도 있다.

SBS 다큐멘터리에서 아들 셋, 딸 둘 청소년을 키우는 한 가정이 '가족의 밤'을 매주 실천하는 모습을 무척 흥미롭게 봤다. 식사 준비할 때 다섯 모두가 각자 자기 역할이 있었다. 숙제, 일과 때문에 바쁜 와중에도 가족의 밤에 맡은 역할을 위해 최대한 자기 일을 끝내는 모습이 참 기특했다. 큰아들은 엄마와 장을 보고, 막내는 청소를 하고, 둘째, 셋째, 넷째 모두 자기 역할을 불평 없이 감당했다. 아버지는 일찍 퇴근하고 함께 일을 거드는 모습이 퍽 인상 깊었다.

* 꿀팁: 대화식 가정 예배를 준비할 때 엄마 혼자 모든 것을 다 하려고 하지 마라. 혼자 하면 더 편하고 효율적이다. 하지만 자녀의 자세는 소극적이 된다. 모두가 작은 부분이라도 함께 분담할 때 각 가족 구성원 사이에 팀워크가 형성되며, 그럴 때 더 주체 의식을 갖고 참여할 것이다.

"자녀 앞에서 부부싸움 하지 마세요"

자녀와 가정 예배를 드릴 때 분노를 절제하기 힘들 때가 있어요. 부부 싸움은 예고 없이 다가오기 때문이에요. 자녀 때문에 화날 수도 있어요. 그럴 때 바울은 권면합니다.

> 화가 나더라도 죄를 짓지 말며, 해가 지기 전에는 화를 풀기 바랍니다. 그렇지 않으면 사탄이 여러분을 공격할 수 있도록 놔두는 것이 됩니다_엡 4:26~27, 쉬운성경

화나는 건 피할 수 없어요. 예수님도 화를 내셨거든요. 하지만 바울은 그 화를 다스리지 못해 죄짓는 것을 방지할 방법을 알려주었어요. 그것은 해지기 전까지 노여움을 품지 않는 것이에요. 이 말은 분노는 다스릴 수 있는 대상이라는 뜻입니다. 솔로몬도 지혜로운 자는 화를 억제한다고 했어요.

> 어리석은 자는 자기의 노를 다 드러내어도 지혜로운 자는 그것을 억제하느니라_잠 29:11

하필 가정 예배 드리는 날 부부 싸움을 했다고 합시다. 바울의 권면대로 해 지기 전에 분노를 가라앉혔어요. 하지만 기분은 편치 않겠죠. 이 상태에서 예배드리는 것이 좋을까요? 불편한 마음으로 드리기보다 마음이 충분히 회복되었을 때 드리는 것이 좋을까요? 저는 가능하면 드리는 것을 권면해요. 왜냐하면 하나님은 오히려 예배에서 상하고, 부끄럽고, 깨진 마음broken heart을 찾으세요. 그런 마음을 예배 가운데 정죄하거나 멸시하지 않으시고 치유와 회복을 주시기 원하

201

세요.

많은 부부가 화나면 아이들이 있는 곳에서도 소리 지르고, 분노를 표출하는 것을 사소하게 여기죠. 하지만 조심하세요. 자녀가 가장 힘들어하는 것은 부모가 싸울 때예요. 부모가 싸우면 자녀가 설 자리가 없어진다. 어린 자녀는 부모에게 전적으로 의존하면서 살고 있는데 그 기반이 완전히 무너지는 공포를 경험하게 되는 겁니다.[100]

그래서 부부 싸움을 보며 자란 아이는 트라우마, 공포심, 불안증에 빠지고, 손톱을 물어뜯거나 자해하기도 한답니다. 성인이 되어서도 공격 성향, 충동조절장애, 우울증으로 고생하는 경우가 많아요. 결혼한 후에도 부모처럼 분노 조절을 못해서 똑같이 고생하기도 합니다.

* 모범: 분노를 해결하는 법을 연구하세요. 화는 다스릴 수 있어요. 이를 위해 지혜가 필요해요. 자기만의 분노 조절 방법을 연습하고 터득해보세요. 부부가 서로 약속하세요. 자녀 앞에서는 절대로 소리 지르지 말고, 부부 싸움도 하지 않기로 말이에요.

19일, 대화식 가정 예배의 아홉 단계

오늘은 대화식 가정 예배의 실제 순서를 다룬다. 이제 다룰 아홉 가지 단계들은 대화식 가정 예배의 사중구조 전체를 진행하는 가정을 염두에 두고 뽑은 대표적인 요소들이다. 물론 이 요소들 외에도 각 가정마다 자신의 환경과 상황에 맞게 선택, 적용할 수 있다.

이것 하나만 집중하라. 예배의 목적은 부모와 자녀가 모두 하나님을 만나는 것이다. 이를 위해 기도하고 성령께 민감하게 의지하라. 가족이 함께 하는 평범하고 친밀한 일상이 곧 하나님이 일하시는 성소다.

식사할 때나, 부모와 대화할 때, 말씀 한 구절로 질문을 던지고 치열하게 토론할 때나, 최근 일어난 지진으로 재앙을 겪고 있는 나라에 관해 토론할 때이든지 상관없다. 이 시간을 주관하고 계시는 성령께서 어느 한순간 부부와 자녀의 마음을 만지실 수 있고, 잊고 있던 인생의 가치에 눈이 뜨이고 영이 열리는 일이 일어날 수 있다.

이제 대화식 가정 예배를 드리는데 도움을 줄 대표적인 예배 코드 아홉 가지를 소개한다.

첫째, 구제하기 Offering(O)

아이들이 용돈을 받기 시작할 때부터 구제를 시작해보자. 구제를 가정에서 훈련하는 것이 유익한 이유는 아이들이 가장 사랑하는 부모의 태도로부터 가장 큰 영향을 받기 때문이다. 그럴 때 일찍이 남을 돕는 습관이 자연스럽게 몸에 배게 된다.

구약에서는 구제를 선행의 차원에서 다루지만, 예수님은 마태복음 25장에서 조금 다른 차원으로 강조하셨다. 예수께서 천사들과 함께 재림하셔서 영광의 보좌에서 심판하실 때 의인들에게 말씀하신다.

> 너희는 내가 주릴 때에 먹을 것을 주었고, 목마를 때에 마실 것을 주었
> 으며, 나그네로 있을 때에 영접하였고, 헐벗을 때에 입을 것을 주었고, 병
> 들어 있을 때에 돌보아 주었고, 감옥에 갇혀 있을 때에 찾아 주었다
> _마 25:35, 36

의인들이 "우리가 언제 그런 행동을 했습니까?" 물을 때 심판자는 말씀하신다.

> 너희가 여기 내 형제자매 가운데, 지극히 보잘것없는 사람 하나에게
> 한 것이 곧 내게 한 것이다_마 25:40.

즉, 예수님은 가난하고, 병들고, 헐벗은 자들을 구제하는 행위가 단순한 선행을 넘어 예수님을 선대한 자로 여기셨고, "창세 때로부터 너희를 위하여 준비한 이 나라를 차지"(마 25:34)할 것이라고 하셨다. 이 말씀은 가난

한 자를 돕는 구제 자체가 예수님의 마음에 합한 믿음의 행위요 삶의 제사임을 깨닫게 해준다.

일주일 동안 모은 돈을 구제함에 넣는다. 구제함이 차면 어떤 방식으로 사용할지에 대해 아이들과 함께 결정하라. 유대인들은 총 여덟 단계의 구제 방법을 사용한다.

몇 가지만 소개하면, 가장 높은 단계는 도와주는 사람과 도움을 받는 사람 모두 대등한 관계를 누리는 구제다. 둘째는 구제하는 자나 구제받는 자가 서로 모르는 상태다. 셋째는 도와주는 자는 돕는 상대를 알지만, 도움을 받는 자는 돕는 자를 모르는 경우다. 넷째는 도움 받는 사람은 자기를 돕는 자를 알지만, 도움을 주는 자는 상대를 모르는 경우이고(…중략…) 마지막 여덟째는 무뚝뚝한 태도로 돕는 경우다.[101] 이렇게 단계를 나누는 이유는 구제받는 사람이 자존심 상하지 않도록 하기 위함이란다.

우리는 종종 누군가를 도울 때 상대의 반응을 보고, 심지어 감사하는 태도를 보이지 않을 때 사람 됨됨이를 평가하기도 한다. 이런 태도는 유대인이 나눈 구제의 여덟 가지 단계에도 들지 못하는 매우 부끄러운 구제에 속한다.

* 꿀팁: 아이들에게 가난한 자를 돕는 것은 삶의 예배임을 알려주고, 구제하는 이유와 기준, 방법을 주제로 토론해보라.

둘째, 촛불점화 Candle(C)

촛불점화도 예배 코드의 다양한 요소 중 하나다. 선택적으로 해도 되고 안 해도 상관없다. 단, 오감을 사용하는 예배는 하나님을 전인적으로 경험하게 도와준다.[102] 유대인은 안식일 만찬을 시작하기 직전에 촛불을 켠다. 이는 '평일과 안식일을 가르는 빛, 일과 휴식을 가르는 빛, 염려와 평화를 가르는 빛, 세속과 거룩을 가르는 빛'[103]을 상징한다.

개신교도 예배 때 종종 촛불을 사용한다. 촛불은 빛 되신 예수께서 우리와 함께하신다는 사실을 상징하는 좋은 도구다. 또한 자신을 태워서 어둠을 밝히신 예수님의 삶을 묵상하는 데 좋은 재료다. 향초는 역사적으로 예배의 구성 요소 가운데 하나다. 하나님은 '향긋한 냄새'(창 8:21, 공동번역), '향기로운 화제'(레 1:9, 2:2, 3:5)를 좋아하신다.

하나님은 성막의 분향단에서 소합향, 나감향, 풍자향과 유향(출 30:34)을 섞어 순수하고, 깨끗하고, 거룩한 향을 만들어서 아침저녁으로 피우라고 명령하셨다. 또한 성막에서 모세를 만나실 때 향의 일부를 빻아서 증거궤 앞에 놓으라고 하셨고, 이것을 "가장 거룩한 것"(출 30:36)으로 여기셨다.

개신교는 예배에서 오감의 요소가 상징하는 경이로움, 경외감, 초월적인 것을 많이 제거해버렸다.[104] 식탁에 촛불을 켜고 향수를 피웠을 때 모임의 분위기가 훨씬 차분하고, 아늑하고, 성스럽고, 집중되는 장점이 있다. 더 나아가 자녀들에게 촛불을 켜고, 향수를 피우는 성경의 근거를 나누고 토론할 때, 아이들은 이 사소하고 상징적인 행위 하나로, 오감을 통한 하나님과의 만남을 경험하는 특별한 시간이 될 수 있다.

* 꿀팁: 초는 일반적인 하얀 양초보다는 예배용 향초, 묵상하는 데 도움이 되는 말씀 캔들이나 LED 양초, 무드등[105], 캘리그래피 말씀 양초, 따뜻하고 은은한 향기를 주는 향초 등을 사용할 수 있다.

셋째, 축복하기 Blessing(Bl)

식사 전에 잠시 아빠가 엄마를 축복하고 자녀를 축복한다. 이 시간은 말 그대로 축복하는 시간이니 "예수님의 이름으로 기도합니다. 아멘"을 하지 않아도 된다. 참으로 그러하다, 그렇게 되어지이다, 진실로를 의미하는 "아멘"으로 응답하면 된다. 축복하기는 3분도 안 걸리는 짧은 시간이지만, 강력한 영향을 주는 시간이다.

기도 형식도 좋고, 눈 뜨고 한 명 한 명을 축복하는 방식도 좋다. 이 시간을 통해 아버지의 영적 권위가 자연스럽게 세워진다. 우리 가족에 맞는 축복기도문을 적어 놓고 반복해서 축복하는 것도 좋다. 먼저 잠언 31장을 참고해서 아내를 향한 축복문을 현대적으로 써보았다.

"하나님께서 세우시는 현숙한 여인, 그녀는 수십 개의 명품보다 귀하다. 그런 여인의 남편은 아내의 존재만으로도 깊은 영혼의 안정감을 누린다. 그런 여인은 일평생 남편에게 선을 행하고, 해를 끼치지 않는다. 그녀는 항상 강인하고 근면하며, 가난하고 병들고 불쌍한 사람들을 돕는다.

그녀는 권위와 품위가 있고, 앞날을 걱정하지 않으며, 말을 지혜롭고 친절하게 하고, 무엇보다 자녀를 잘 양육한다. 자녀들은 그런 어머니를 사랑하고 존경하며, 남편도 그녀에게 '세상에 훌륭한 여자들이 많지만 당신은 그중에서도 가장 위대한 여성'이라고 칭찬한다. 고운 것도 거짓되고, 아름다운 것도 헛되지만, 두려운 마음으로 하나님을 섬기는 여인이야말로 가장 아름답고 현숙한 아내다."

이어서 아내도 남편을 축복한다. 이제 아내가 시편 112편으로 남편을 위한 축복기도문을 낭송한다. 아래 축복문은 다양한 번역본을 섞어서 자연스럽게 만든 버전이다.

"하나님을 찬양하라. 주를 두려워하고 그 명령에 순종하기를 즐거워하는 자는 복이 있다. 그의 자녀는 땅에서 강한 자가 될 것이며, 정직한 자의 자녀는 복을 받을 것이다. 그 집에 부요와 재물이 있고, 의로움도 영원히 계속될 것이다.

정직한 자에게는 어둠 속에서도 빛이 비칠 것이고, 그는 은혜를 베풀 줄 알고, 인정이 많으며, 의로운 자다. 그는 관대하며, 희생적이고, 아낌없이 도와주고, 모든 일을 공평하게 처리한다. 그런 사람은 영원히 흔들리지 않을 것이고, 복이 찾아오며, 그의 의로움은 영원히 기억된다. 그가 나쁜 소식을 두려워하지 않는 이유는, 하나님을 믿으므로 그 마음이 흔들리지 않기 때문이다. 그의 마음은 평안하고, 두려워하지 않으며, 결국 그의 대적이 무너지는 것을 볼 것이다. 그는 가난한 사람들을 넉넉하게 구제하고, 그의 섬김은 열매를 맺고, 하나님과 사람에게 더욱 총애받을 것이다."

이제 아들을 위해 축복한다. 이 기도문은 임의로 만든 샘플이니 참고해서 자신의 자녀에게 축복하고 싶은 내용으로 수정해서 사용해도 된다.

"이 아들에게 성령의 지혜와 영감이 넘치기를 축복합니다. 이 아이가 여호수아처럼 하나님의 임재를 사모하는 복을 누리게 하시고, 다니엘처럼 이방 제국의 한복판에서도 신앙을 지키는 예배자로 우뚝 서게 해주세요. 다윗처럼 하나님의 마음에 합한 자가 되기를 축복합니다. 무엇보다 예수 그리스도를 믿고 아는 일에 충만하여 통일한국의 주역이 되기를 축복합니다."

다음은 딸을 위한 축복문이다.

"하나님, 이 딸에게 성령의 지혜와 영감을 주세요. 이 아이가 진주보다 값진 현숙한 여인으로 자라기를 축복합니다. 요게벳처럼 당대 최고의 이방 나라 문화에서도 모세에게 신앙의 정체성을 갖도록 양육한 믿음의 여인이 되기를 축복합니다. 룻처럼 최악의 환경에서도 어른을 공경하고, 매사에 성실하고 긍정적이며, 마음이 어질고 정숙하며, 하나님을 경외하고, 믿음으로 한 가정을 일으키는 현숙한 여인이 되기를 축복합니다."

이 축복 예문들은 하나의 예일 뿐, 각 가정의 상황에 맞게 만들어 사용하면 된다. 이 축복문들이 10년 동안 매주 가정 예배를 통해 선포된다면,

자녀들은 이 축복의 메시지를 총 500번 이상 듣게 된다. 이것이 하나님께서 세우신 부모의 역할이다. 그럴 때 어떤 일이 벌어질지 상상해보라.

안타깝게도 오늘날 우리의 자녀들은 부모로부터 너무 자주 혼나고, 비웃음과 비난과 지적당하는 데 익숙해 있다. 이들이 부정적인 잔소리나 책망과 조롱보다, 성경의 가치가 담긴 긍정적인 축복과 격려를 더 많이 받을 때, 자녀의 인생은 놀랍게 바뀔 것이다.

넷째, 식탁 나눔 Table(T)

식사 중에는 절대 남을 헐뜯거나 가십성 대화를 하지 않는다. 부정적인 말은 피하고 긍정적인 말을 많이 한다. 혹, 훈계할 일이 있다면 식사 후로 미룬다. 대신 자녀를 칭찬하고, 격려하고, 인정하고, 사랑을 표현한다. 맛있게 식사하고, 한 주 또는 그날 있었던 일에 대해 자유롭게 대화한다. 아이들의 이야기를 중간에 끊지 않고 끝까지 경청한다.

자녀의 성품 교육은 부모의 양육 방식, 특히 언어습관에 의해 만들어진다. 밥상머리에서 무의식중에 오가는 대화 습관에 따라 아이의 미래가 결정된다고 해도 과언이 아니다. 전성수 교수가 지적한 것처럼, 아이와 애착 관계를 갖는 것에는 관심 없고 자녀를 가르치려고만 들거나, 드러난 행동만 보고 야단치는 부모에 의해 문제아가 탄생[106]하는 것은 지극히 당연한 이치다.

아이들은 아직 자기중심적이고, 사회성도 부족하다. 그래서 형제자매끼리 다투기도 하고, 갈등도 겪는다. 그럴 때 자녀의 발달단계를 이해하지 않고, 눈에 보이는 것만으로 혼내고 벌준다면 아이들은 돌봄을 받지 못하는 것이다. 자녀는 자신이 실수하고 부족해도 본능적으로 부모의 이해와 사랑과 돌봄을 원한다.

매일 반복되는 밥상머리에서 아이들의 약점만 지적하기보다, 있는 그대로의 자녀 모습을 공감하고, 배려하고, 문제가 보일 때는 질문을 통해 자신의 문제는 자신이 스스로 깨닫도록 도와주라. 이런 돌봄과 대화가 10년 동안 지속되었다고 생각해보자. 이것만큼 아이들의 자존감을 높이고, 인성과 잠재적인 능력을 계발해주는 육아법도 없을 것이다.

다섯째, 말씀 암송 Memorizing(M)

말씀 암송은 어릴 때 시작할수록 좋다. 우선 부모부터 시작하라. 쉐마의 둘째 구절에 등장하는 암송은 먼저 부모에게 명하셨기 때문이다.

> 오늘 내가 네게 명하는 이 말씀을 너는 마음에 새기고_신 6:6

하나님을 전심으로 사랑하고 자녀에게 신앙을 전하는 쉐마의 핵심이 바로 말씀이다. 유대인은 하나님을 전심으로 사랑하기 위해 토라를 가슴에 새긴다. 말씀을 실천하는 힘은 암송할 때 생긴다.

'새기고'의 어원 '하야'는 '존재하다', '발생하다'는 의미다. 말씀이 내 기억 속에 갇혀 있는 것이 아니라, 가슴 속에 살아서 꿈틀거리게 하려면 말씀을 암송하는 길밖에 없다. 어쩌면 우리에게 쉐마의 세 가지 명령 중 가장 부담되는 구절이기도 하다. 하지만 우리는 1장에서 이미 조건부 순종이 아닌, 간단하지만 획기적인 방법, 즉 성경에서 가정에 대해 말하는 구절을 찾아서 그대로 순종하고 실천하기로 다짐했다.

성경을 대할 때 '나를 설득해봐, 그러면 한번 시도해볼게'와 같은 태도가 나도 모르게 튀어나올 수 있다. 그동안 우리가 영향받은 실용주의 신앙 풍조 때문이다. 성경은 실용주의가 아니라 신본주의다. 말씀을 가슴에 새기는 것이 나에게 유익하니까 실천하는 것이 잘못된 것은 아니지만, 하나님은 우리가 그분의 명령에 조건 없이 순종하는 것을 기뻐하신다.

YWAM 대표 폴 칠더스 목사가 어느 날 새벽에 "하나님, 부흥을 경험하고 싶습니다. 저를 회복하시고 변화시켜 주세요" 간절히 기도했다. 그때 하나님께서 "신약을 다 암송하면 변화가 있을 것이다"는 응답을 주셨다. 그때부터 그는 새벽 3시 30분에 일어나 신약성경을 암송하기 시작했다. 쉽지 않았지만 순종하기 위해서는 희생이 필요했다. 그러던 어느 날 그의 말씀 암송에 대한 열정이 어린 아들에게 전수되고 있음을 알게 되었다.

7세 아들과 요한복음을 암송하던 어느 날, 아들이 바다를 뚫어지게 응시하는 것을 보고 왜 그러는지 물었다. 아들은 바다가 와인으로 변하게 해달라고 기도했단다. 그때 그는 하나님의 말씀이 자녀의 생각과 마음 가운데 살아 역사하는 것을 보았다.[107] 폴 칠더스가 암송하라는 하나님의 음성에 순종했을 때 워드바이하트 Word by Heart 사역이 탄생해 전 세계로 확산되었다. 더불어 그의 세 자녀는 아직 10대의 나이지만 아버지처럼 수많은 사람에게 말씀을 가슴에 새기는 사역을 감당하고 있다.

자녀 세대에게 신앙을 대물림하기 위해 부모 세대가 먼저 말씀을 암송하는 일은 어쩌면 부모의 역할 가운데 가장 고상하고 가치 있는 일이다. 그 가치를 알고 시간을 투자하라. 말씀에 순종할 때 우리 안에 거하시는 성령께서 일하신다는 사실을 잊지 말자.

이스라엘교육연구원 이영희 원장은 《말씀 우선 자녀교육》에서 말씀 암송을 실천할 때 자녀들에게 자연스레 주어지는 선물이 있다고 했다. 그것은 무한한 상상력과 창의력, 어휘력과 독서 능력의 향상, 탁월한 말솜씨, 건강한 자존감, 주의력과 집중력 향상, 학습 능력과 기억력 향상, 통합 능력, 사탄을 묶는 강력한 무기[108] 등이다.

"말씀으로 삶을 변화시키는 지름길"

성경을 많이 읽고, 많이 안다고 자동으로 삶이 바뀌는 것은 아니에요. 말씀을 많이 아는 것보다 암송해서 가슴에 새기는 것이 훨씬 더 중요해요. 가슴에 새겨진 것만이 삶을 움직이기 때문이에요.

생각해보세요. 마음에도 없는 말씀을 어떻게 실천할 수 있겠어요. 말씀이 마음을 주장하면 행동의 변화는 자연스럽게 따라오게 되어 있어요. 그것이 암송의 힘이자 유익이에요.

유대인은 이 암송의 가치를 알았어요. 그래서 하나님을 사랑하는 가장 실제적인 행위로써 말씀을 입술로 암송하고, 자녀에게 가르치는 것을 수천 년간 실천해 왔지요. 이들은 교육비 20만 원이 있으면 아들의 학원비, 딸의 피아노 레슨비보다 엄마를 위한 암송학교 등록비에 먼저 사용합니다.[109]

> 이 율법책을 네 입에서 떠나지 말게 하며 주야로 그것을 묵상하여 그 안에 기록된 대로 다 지켜 행하라_수 1:8 상

하나님은 여호수아에게 말씀을 입에서 떠나지 않게 하라고 명하셨어요. 입에서 떠나지 않게 하려면 계속 소리 내어 말하는 수밖에 없어요. 게다가 '주야로 그것을 묵상하며'의 '묵상'은 히브리어 '하가'로 '묵상하다' 외에 '중얼거리다(기쁘거나 화나서)', '말하다', '속삭이다' 심지어는 '고함치다'라는 뜻도 가지고 있어요.

유대인에게 이 단어는 말씀을 조용히 생각한다는 의미 이상이에요. 그러므로 여호수아 1장 8절은 말씀을 입으로 소리 내어 읽고, 주야로 묵상하고 중얼거리고 말함으로써 그 말씀을 지키고 행하라는 뜻[110]으로 봐도 무방해요.

말씀을 소리 내어 읽는 것이 중요한 이유는 그래야 가슴에 새길 수 있고, 가슴에 새길 때 말씀을 행할 수 있기 때문이에요. 이 놀라운 비밀을 하나님도 말씀하셨어요.

> 오직 그 말씀이 네게 매우 가까워서 네 입에 있으며 네 마음에 있은즉 네가 이
> 를 행할 수 있느니라_신 30:14

즉, 말씀을 입으로 반복해서 읽고, 마음에 각인했을 때 비로소 행할 수 있다는 것입니다. 우리가 그렇게 많은 설교를 듣는 데도 말씀대로 살지 못하는 이유는 그 말씀이 우리 마음에 없기 때문이에요. 마음에도 없는 것을 어떻게 실천할 수 있겠어요?

* 실천: 오늘부터 말씀 암송을 시작해보세요. 암송하면 영이 열려요. 말씀이 마음에 새겨질 때 내 안에 계신 성령께서 일하실 수 있는 최적의 환경이 조성되는 것이죠. 마음에 새기지 않으면 잊어버리고, 몸에 배지 않으면 행동으로 나오지 않아요. 암송한 말씀은 내 생각과 삶을 지배하고 움직이는 원동력이 되지요.[111]

여섯째, 말씀 대화 Havruta(H)

식사 시간이 끝나면 간단한 다과를 나누며 미리 정한 성경 본문을 돌아 가며 읽고 대화를 시작한다. 자녀의 신앙 정도에 따라 기도하고 시작해도 되고, 믿음이 약하거나 없는 아이와는 성경 이야기 하나 읽어주고 마치 대화하듯이 편하게 나눠도 상관없다. 중요한 것은 자녀와 함께 자연스러 운 질문과 대화가 이뤄지는 것이다.

+ 본문 선정

본문은 한 주간 동안 엄마나 아빠의 마음에 맴돌았던 말씀, 예수님 이야 기, 쉐마 말씀, 구약 이야기, 아니면 교회에서 통독하는 말씀 중에 다가온 짧은 내용을 부부가 상의해서 정하거나, 부부가 한 달씩 시리즈를 맡아 번갈아 정해도 된다. 부록에 4주 치의 본문 자료를 추천했다. 본 연구소에 서는 향후 별도의 실습서를 제작해서 대화식으로 예배드리는데 도움을 드리고자 한다.

*꿀팁 : 가장은 가정 예배 전에 본문에 대한 아웃라인, 맥락, 배경을 가 볍게 공부해보라. 자녀에게 본문을 설교하기 위함이 아니라 질문하기 위 함이다. 최소한 다섯 번 정도 소리 내어 읽고, 묵상의 시간 Quiet Time을 가 져보라. 이때 성령께서 깨닫게 하시는 본문의 맥락과 핵심 포인트, 하나 님의 의도 등은 자녀와 하브루타 하는 데 큰 도움을 줄 것이다.

+ 말씀 읽기

본문의 길이는 1장도 좋고, 내용이 구분되는 단락(10절 정도)을 정해도 좋다. 처음 할 때는 이야기가 있는 내용이 흥미를 유발해서 더 쉬울 것이 다. 가족이 한 명씩 돌아가며 한 구절씩 읽으라. 최소한 두세 번 정도 반복 해서 소리 내어 읽는 것이 좋다.

+ 침묵시간

본문 묵상을 위해 5분의 침묵시간을 갖는다. 이 고요한 시간이 우리를 하나님과 일대일로 직면하게 해준다. 살아 있는 말씀 앞에 능동적으로 질문하고 그 뜻을 알기 위해 성령께 기도하게 된다.

* 꿀팁: 현장에서 침묵-묵상 시간을 갖고 질문을 각자 만들어보는 방법 외에도, 모임 전에 미리 본문을 가족에게 알려주고, 각자 질문을 만들어 오게 하는 것도 하나의 방법이다.

+ 하브루타

침묵 후에는 각자가 깨달은 내용을 갖고 함께 대화한다. 이때 질문을 잘 활용하라. 본문에 대한 질문 하나가 수많은 설명보다 더 강력할 수 있다. 질문에 바로 답하는 교실용 질문이 아니라, 질문에 질문이 꼬리를 잇는 토론식 질문이다.

처음에는 익숙하지 않을 것이다. 그래도 계속 시도하다보면 어느 순간 질문하는 방법이 열린다. 익숙해지려면 시간이 걸린다. 일단은 부담을 덜고 부모와 자녀가 동등한 관계로 질문하고 대화해보라. 당장 토론의 깊이에 도달하지는 못하더라도 조금씩 서로를 알아가고, 함께 배우는 기쁨이 하나둘 늘어갈 것이다..

+ 질문 가이드

무조건 질문을 많이 던진다고 말씀을 바로 해석하고 바로 적용할 수 있는 것은 아니다. 일반 하브루타는 끝없는 상상의 나래를 펼치며 질문할 수 있지만, 성경 하브루타는 저자의 의도와 하나님의 뜻, 그리고 나에게 주시는 하나님의 뜻를 찾는 방향성이 있는 질문들이 필요하다. 성경을 공부하는 여러 방식 가운데 하나인 관찰-해석-적용 방법을 추천한다.

관찰 질문은 본문에 등장하는 용어, 인물, 배경, 전후 맥락에 관한 질문을 던지며 본문을 관찰한다. 해석 질문은 저자의 의도와 하나님의 마음,

감정, 성품, 의도, 핵심 메시지 등 본문의 의미를 해석하기 위한 질문이다. 이때 잘 해석할 수 있도록 성령의 감동을 구한다. 적용 질문은 해석된 본문을 통해 나를 향한 하나님의 뜻을 분별하는데 집중한다. 그 결과 성령의 감화로 마음이 변화되어 회복된 삶을 살게 된다.

+ 하브루타 네비게이션

이익열 목사가 쓴 《교회 하브루타》는 한국 교회 현장에서 하브루타를 접목하는 과정에서 시행착오를 거치며 터득한 말씀 하브루타 실전 이야기가 가득 담긴 보석 같은 책이다. 특히 '하브루타 내비게이션' 챕터에서 교사들이 아이들과 말씀 하브루타를 제대로 할 수 있도록 방향과 기준을 제시한 내용[112]은 꼭 소개하고 싶었다. 가정에서 자녀들과 성경 하브루타를 시도하는 부모들은 하브루타를 통해 아이들에게 다음의 세 가지 능력이 배양되도록 목표를 삼을 필요가 있다.

첫째는 내용 파악 능력이다. 요즘 아이들이 간단한 글의 내용조차 정확하게 파악하지 못하는 경향이 있다. 이를 위해 저자는 만화 활용, 눈 감고 상상하기, 단어 체크하고 뜻 찾기, 질문 많이 만들기 등을 제시했다. 부모는 자녀의 성향을 잘 안다. 자녀가 본문 내용을 정확하게 파악할 수 있도록 아이의 특성에 맞게 다양한 시도를 해보라.

둘째는 사고 확장 능력이다. 한국 교육은 질문이 사라진 교육이다. 사고가 경직되어 있고, 답 중독, 경쟁 중독에 빠져 있다. 이익열 목사는 성도들이 하브루타 할 때 가장 힘들어하는 것이 이야기한 내용을 삶으로 확장하는 것이라고 했다.

아이들은 아직 사고가 경직되지 않을 때이니 본문을 자기 삶과 연결해서 질문하고 토론하는 것이 어른에 비해 수월할 수 있다. 질문하고 적용하는 것은 반복된 연습을 통해 충분히 습득할 수 있다. 부모부터 자신의 경직된 사고를 푸는 훈련이 필요하다. 평소에 똑같은 사물이나 사건, 상황을 다른 관점에서 보고, 다른 시각에서 생각하는 연습을 해보라.

마지막으로 표현 전달 능력이다. 저자의 지적처럼 자기표현 능력이 서툰 아이들이 생각보다 많다. 나는 가정에서 부모와 대화할 기회가 부족하기 때문이라고 본다. 어린이재단의 조사[113]에 응답한 청소년들이 하루 중 가족과 보내는 시간은 평균 13분에 불과했다. 표현 전달 능력은 자녀와 대화식 예배를 통해 얼마든지 계발될 수 있다.

　*꿀팁: 성경 하브루타를 할 때 가장 집중해서 다뤄야 할 주제는 복음이다. 복음은 단순하지만 깊은 진리다. 단순하기 때문에 가볍게 생각하면 값싼 은혜로 전락되기 쉽다. 구원 이후 복잡다단한 현대사회에서 어떻게 복음으로 살아야 할지 자주 묵상하고 질문하고 토론하라.

일곱째, 일상 대화 Issue(I)

일주일 중에 가족이 대화하고 토론할 만한 주제를 뽑아서 함께 대화해보자. 한 시간 정도면 충분하다. 일상에서 벌어진 이슈, 뉴스에 보도된 특정 사건이 될 수도 있고, 학교에서 자녀가 겪은 일일 수도 있다. 어떤 주제라도 편잔을 주지 말고, 들어주고, 질문하고, 경청해주라. 대화 가운데 어느 순간 자녀의 속마음이 표현될 때가 있고, 고민거리가 흘러나올 수 있다. 진지하게 들어주고, 공감해주고, 질문하고, 격려하고, 지지하는 것이 필요하다.

　*꿀팁: 어느 날은 가족회의 방식으로 대화를 나누는 것도 좋다. 예를 들어 한 주 동안 어떤 일이 있었는지, 가장 힘들었던 일이 무엇이었는지, 앞으로 우리 가족이 더 행복해지기 위해 어떤 변화가 필요한지 등에 대해 질문을 던진다. 이것은 가정에서 부모 중심으로 결정하고 진행되는 수많은 일에 자녀가 관여하고 참여하는 대단한 기회를 열어주는 것이다.
실제로 신의진 교수는 이런 가족회의를 몇 년간 꾸준히 한 결과, 자녀들이 평소에 말하기 곤란했던 것을 이때 꺼내게 되고, 그 결과 요즘 어떤 생각과 기분으로 지내는지 서로 훤히 알게 되어 가족 간 유대감이 깊어졌다고 한다. 나아가 아이들에게 전해야 할 중요한 가치들도 잔소리나 훈계 같은 방법을 쓰지 않고도 자연스레 전달되는 유익이 있다고 했다.[114]

여덟째, 가족 스토리 Family Story(F)

어느 날은 이슈 토론보다 부모가 왜 하나님을 믿게 되었는지, 어떤 신앙 에피소드가 있었는지, 믿음의 여정에서 어떤 힘든 일이 있었고 극복했는지 나누는 것도 필요하다. 실패담도 좋다. 그 과정에서 어떻게 하나님께 더 가까이 나아가게 되었는지, 할아버지 할머니의 이야기까지 가족 스토리를 나누는 시간을 가져보자.

유대인은 안식일 만찬 가정 예배 때마다 조상의 이야기를 반드시 나눈다. 그들에게는 토라가 조상의 이야기나 다름없다. 부모의 몇 대째 조부가 어떻게 사셨는지, 그 조상은 어떤 믿음의 삶을 살았는지 나눈다. 아브라함과 이삭과 야곱이 어떤 실수를 했고, 그럼에도 불구하고 하나님께서 어떻게 신실하게 언약을 이루셨는지 나눈다. 사라와 리브가와 라헬이 어떤 실수를 했는지, 그런데도 왜 현숙한 여인의 반열에 들어갔는지를 나눈다.

나는 가족이나 친족 어른들과 대화할 때, 그들의 신앙 이야기보다는 성공담, 아니면 현실과 공부, 앞으로 어떻게 살아야 하는지에 관한 훈계 밖에 들은 기억이 없다.

할머니는 일제강점기 때 교회를 세 개나 개척하신 신앙의 여장부이셨다. 그러나 그 어려운 시절에 왜, 어떻게 교회를 개척하셨는지, 그 당시 할머니가 어려운 환경을 어떻게 극복하고, 신앙으로 이겨내셨는지에 관해서는 아무것도 아는 바가 없다.

어머니는 서울대학교 법학과를 나오셔서 한국 최초 여검사가 되려는 꿈을 앉고 신문기자 일과 공부를 병행하던 중, 당시에는 사형선고나 다름

없는 폐결핵 3기 판정을 받으셨다. 약으로 연명하던 중에 현신애 권사에게 안수받으시고 기적처럼 완치되셨다. 그 이후 세상 영광을 뒤로하고 신학을 공부하신 후, 평생을 기도와 금식, 철야, 예배로 교회와 하나님을 섬기셨다.

하지만 나는 당시 어머니에게 어떤 심경의 변화가 있었는지, 꿈을 포기하고 신학교에 가실 때 심정은 어떠셨는지, 하나님의 부르심은 어떻게 받으셨는지, 왜 평생을 기도와 금식으로 사셨는지, 가정이 재정적으로 어려울 때 흔들리지는 않으셨는지, 그럴 때 어떻게 극복하셨는지 등등 어머니의 속 이야기를 들어본 적이 없다. 만일 부모님과 평소에 신앙에 관한 대화를 충분히 나누었다면, 자녀의 신앙에 큰 궤적을 남기셨을 텐데, 그런 시간을 못 가진 것이 커다란 아쉬움으로 남는다.

+기도 제목 나누기

가족 스토리를 마무리할 때, 서로의 기도 제목 한 가지씩 나눈다. 이때 아이들의 관심사를 읽을 좋은 기회이다. 한 주간 동안 아이들이 내놓은 기도 제목을 갖고 함께 기도할 때 영적인 소통이 이루어진다.

아홉째, 마무리 기도 Dismissal Prayer(D-Py)

모든 순서를 마칠 때는 가능하면 하나님께서 우리 가족을 일주일 동안 안전하게 지켜주시기를 간구하는 기도(Py)로 마무리하는 것이 좋다. 가족을 위해 기도할 때, 기도문을 써서 낭독하는 것도 좋은 방법이다. 유대인 아버지가 안식일 만찬 전에 가족을 위해 드리는 기도문을 이때 사용해도 괜찮다. 이 기도문에 예수님과 복음을 보강해서 개신교 버전으로 수정해보았다.

"하나님, 우리 가족이 살아 있고, 서로에게 깊은 의미가 있으며, 주님 안에서 하나인 것으로 인하여 감사합니다. 우리의 마음이 하나님만 사랑하고, 성령님께 의지하여, 예수님께만 충성할 때, 비로소 가족과 이웃을 사랑하고 돌볼 수 있는 능력이 우리에게 부어짐을 믿고 감사드립니다.

우리가 다른 사람들의 요구에 민감하게 해주시고, 주는 일에 앞장서게 해주세요. 다른 사람에게 베푼 것은 기억하지 못하게 하시며, 남을 용서한 것을 셈하지 않게 해주세요.

우리 주위에 이웃이 있음을 감사하게 하시며, 우리의 사랑과 친절이 그들에게 표현되게 해주세요. 부드럽게 말하게 하시고, 논쟁할 때 차분한 말과 공감하는 말을 찾게 해주세요. 상대의 아픔을 이해하고, 안타까워하며, 좋은 일을 했을 때 격려의 말, 칭찬의 말을 할 기회를 놓치지 않게 해주세요.

우리 가족을 건강과 기쁨, 만족으로 축복해 주세요. 무엇보다도 가족 모두 성령으로 충만하게 하시고, 기쁨과 평화의 가정을 세우는 지혜를 주세요. 우리가 경험한 십자가의 사랑과 복음의 위대함을 만나는 사람들과 나눌 기회를 허락해주세요. 예수님의 이름으로 기도합니다. 아멘."[115]

감동 있는 기도문 아닌가? 우리 개신교 부모들이 자녀와 가정을 위해 기도하는 내용은 주로 공부 잘하고, 시험 잘 보고, 돈 잘 벌고, 좋은 직장 취직하게 해달라는 개인적 필요나 구복 신앙적 요소가 많다.

하지만, 유대인은 가정의 행복과 하나 됨이 일 순위이고, 이웃을 돌아보고, 섬기고, 주고, 배려하고, 격려하고, 칭찬하는 말을 잊지 않도록 주의 영이 함께하시기를 기도한다. 대부분 이타적인 내용이다. 우리의 신앙이 얼마나 실용적이고 개인주의에 함몰되어 있는지, 본질에서 벗어나 있는지 부끄러워지는 기도문이다.

* 꿀팁: 마지막 기도는 꼭 부모가 할 필요는 없다. 자녀들에게도 기회를 주고 서로 돌아가며 기도문을 만들어서 해보는 것도 좋다.

핵심 포인트

가정 예배 성공의 핵심 포인트 2가지는 친밀한 관계와 대화라고 했다. 어린아이일수록 부모의 의도에 잘 따른다. 하지만 이미 자의식이 형성된 사춘기 자녀는 힘들어할 수 있다. 그들이 동의할 때까지 기다려줘도 괜찮다. 눈치를 보는 것이 아니라 자녀를 배려하고 존중하는 것이다. 그래야 대화의 문이 열린다. 말씀에 관해 대화하는 것도 처음에는 쉽지 않을 것이다..

성경 한두 구절 읽고 질문 중심으로 대화하고, 기도하고 마쳐도 된다. 자연스러운 대화 중에 찬양과 기도, 말씀 나눔과 적용까지 할 수 있는 단계로 가는 것을 목표로 하지만, 서둘지 말고 조금씩 나아가라.

자녀들을 축복하고, 성경을 함께 읽고, 질문하고 이야기하고 삶을 나누라. 기도 제목을 나누는 것도 자녀의 마음을 여는 데 효과적이다. 자신을 위해 기도해준다는데 싫어할 사람은 없다. 잔소리나 훈계, 가르치려 하지 말고, 질문하고 경청하고 대화하는 것이 중요하다.

이때 엄마와 아빠의 역할이 다르다. 아빠는 악역, 엄마는 선한 역 같은 이분법은 좋지 않다. 어떤 결정이라도 엄마와 아빠가 같이 정하는 것이 중요하다. 그래야 자녀가 혼란스러워하지 않는다. 아빠는 가정의 제사장으로서 아이에게 성경과 지혜와 세상을 배우는 통로와 방향을 잡아주는 역할을 한다면, 엄마는 대인 관계와 내면, 실제적인 삶의 지혜와 조언을 해주는 역할이다.

"자녀를 화나게 하는 5가지 방법"

자녀를 격분케 하는 법을 안다면, 역으로 분노하지 않게도 할 수 있겠지요. 사실 화나게 하는 비결만 피하면 평생 자녀와 화목하게 지낼 수 있어요. 가정 예배에서 이런 이슈까지 다루는 이유는 부모의 대화 방식 때문에 마음이 닫혀서 가정 예배도 불편해 하는 경우가 있기 때문이에요.

성경은 자녀를 화나게 하지 말라고 했어요.

> 또 아버지 된 이 여러분, 여러분의 자녀를 노엽게 하지 말고, 주님의 훈련과 훈계로 기르십시오_엡 6:4

바울은 왜 이 말씀을 어머니가 아닌 아버지들에게 하셨을까요? 아마도 자녀가 아버지 때문에 분노하게 되면 훈련과 훈계에 차질이 생기기 때문은 아닐까요? 이는 자녀를 훈련하고 훈계하는 역할이 아버지에게 있음을 알려주고 있어요.

'노엽게 하다'의 헬라어 '파롤기조'는 '격노케 하다', '화를 유발하다'는 뜻이에요. 즉 '격렬하게 분이 치밀어 오르거나 몹시 화나게 한 상태'를 말해요. 이 정도 분노가 표출되는 이유는 반복된 화가 지속적으로 쌓일 때 벌어지는 일이지요.

자녀를 분노하게 만드는 부모의 다양한 사례를 운전에 비유해 재미있게 설명한 자료[116]가 있어서, 이를 기초로 다듬고 보강해 보았어요.

① 과속형
자녀의 나이에 맞지 않게 무리한 것을 강요하거나 매사에 기대 이상을 요구하고, 조기교육에 혈안이 된 경우에요. 이제 겨우 다섯 살인 아이에게 "왜 그렇게 공부를 못하니?", "너는 도대체 머리가 있는 애야?" 야단치고 압박하는 형이죠. 조기교육은 이미 실패작으로 판명 났어요. 선행학습은 뇌의 발달을 철저하게 무시하는 교육방법이고요. 뇌가 스트레스를 받고 여러 장애를 일으켜요. 적기 교육 즉, 뇌의 발달과 결정적 시기에 맞추어 가르쳐야 해요.[117]

② 음주 운전형

음주 운전자가 이리저리 제멋대로 차를 몰 듯, 부모가 자기 기분에 따라 충동적으로 자녀를 대하는 경우죠. 예를 들어, 똑같은 상황에서도 부모가 기분 좋으면 넘어가고, 기분 나쁘면 혼내는 형이에요. 일정한 기준이 없으니 자녀는 도무지 갈피를 못 잡고, 혼날까 봐 눈치 보며 늘 불안해해요. 이럴 때 자녀는 언제 터질지 모를 엄청난 스트레스를 받게 되어요.

③ 끼어들기형

자녀가 스스로 문제를 해결하도록 기다려주지 못하고 간섭하고 통제하는 경우에요. "아빠가 해결해줄 테니 너는 그저 공부만 하면 돼." 급한 성격상 불쑥 끼어들어서 자녀가 할 일을 대신해버리는 형이에요. 자녀를 사랑하기 때문에 부모가 알아서 해주는 행위는, 안타깝게도 자녀를 무능하게 만들고, 내적 동기도 꺾고, 매사에 수동적으로 살게 만들어요.

④ 경주형

걸핏하면 형과 누나, 친구나 옆집 아이, 혹은 사촌과 비교하는 경우에요. "누나는 반에서 맨날 1등 하는데 너는 왜 그 모양이니?", "네 친구는 잘하는데, 너는 왜 이것밖에 못 해?" 자녀가 남보다 앞서고, 어떻게든 경쟁에서 이기게 하려고 달달 볶아요.

하지만 모든 아이에게는 그 누구와도 비교할 수 없는, 유일무이한 자신만의 독특성과 차별성이 내재해 있어요. 이것을 인정하지 않고 계속 비교, 잔소리한다면 때가 되면 터져 나올 아이의 잠재력과 가능성이 무참히 짓밟히고, 아이는 자신감을 잃고 시들어갈 수밖에 없어요.

⑤ 신호위반형

도덕과 윤리, 법과 규칙을 무시하고 자녀의 성공을 위해서라면 무슨 짓이라도 마다하지 않는 경우죠.

"네가 S 대학에 합격할 수만 있다면 엄마 아빠는 무슨 일이든지 할 수 있어!"

자녀는 자신의 의지와는 상관없이 부모가 원하는 성공의 꼭두각시 노릇 하며 지쳐가요. "다른 것은 다 엄마가 해주고 너는 공부만 하면 되는데 그것도 못 하니?" 드라마에서 종종 나오는 맹렬 엄마의 대화방식이에요. 이런 태도는 오히려 아이가 공부에 질리게 만드는 최악의 신호 위반이에요.

이 다섯 가지 항목은 자녀의 화를 키우고, 분노를 쌓게 만들어 결국 폭발시키는 어리석은 행동들이에요. 이것이 바로 전성수 교수가 부모와 자녀가 자신도 모르게 서로 복수당하고 복수하고 있다고 말한 이유예요. 복수의 형태는 공부 안 하기, 숙제 미루기, 대학 떨어지기, 부모 말 안 듣기, 부모 공경 안 하기, 부모에게 대들기, 게으르기, 부모 공격하기, 방문 걸어 잠그기, 친구에게 욕하기, 부모에게서 최대한 멀리 떨어져 살기, 정서적 장애 일으키기 등이에요.

* 실천: 위 다섯 가지 항목을 외워보세요. 자녀에게 복수당하지 않고, 평생을 화목하게 지내고 싶다면 이 다섯 가지 운전 습관은 절대 실행하면 안 됩니다. NEVER!

20일, 연령별 대화식 가정 예배

  벌써 마지막 날이다. 오늘은 연령별 특성에 따른 대화식 예배에 대한 내용이다. 개신교는 그동안 다음 세대의 발달단계별로 어떻게 효과적으로 예배를 드릴지 큰 노력을 기울여 왔다. 영아부 예배부터 청년부 예배까지 기발한 아이디어나 문화 트렌드를 적절히 활용해서 소위 발달단계별로 '선호하는' 예배를 창안해 냈다. 그 결과 다음 세대가 '많이 모이는' 예배로 유명해져서 세미나를 개최하고, 타 교회들을 돕기도 한다.

  하지만 가정 예배를 발달단계별로 적용해 드리는 교회를 본 일이 없다. 나는 다음 세대 전문가도 아니고, 교육학자도 아니지만 대학 시절 교양과목으로 접한 발달심리학이나 발달단계에 대한 기본 상식만으로도 가정 예배를 차별되게 드리는 기초 원리를 제안할 수 있었다.

  신의진 교수가 쓴 《현명한 부모가 꼭 알아야 할 대화법》과 하브루타선교회에서 지은 《실전! 교회 하브루타》, 원준자 저자의 《주일학교 교사를 위한 효과적인 반목회》는 가정 예배는 아니지만 발단단계에 맞게 아이들에게 접근하는 자료로써 실제적인 도움을 받았다. 향후 더 전문적인 관점에서 연령별 가정 예배 사례와 자료들이 쏟아져 나오기를 기대해본다.

발달단계의 대전제

발달단계에 관한 대전제가 있다. 모든 아이는 하나님이 창조하신 대로 알아서 자란다는 것이다. 그 누구도 아이에게 우는 법, 소리 내는 법, 먹는 법, 보는 법, 질문하는 법을 가르쳐주지 않았다. 발달단계별로 인간은 스스로 인생을 살아가는 법을 터득하게 되어 있다는 것이다.

'스스로'는 이 책에서 수십 번 반복해서 등장하는 단어다. 그만큼 이 책이 중요하게 강조하는 키워드다. 부모의 역할은 발달단계별로 아이가 스스로 배우고 터득해 가도록, 옆에서 귀 기울여주고, 공감해주고, 격려해주기만 하면 된다.

자녀가 망가지는 이유의 99.99%는 부모가 지나치게 앞서거나, 지나치게 조정하거나, 지나치게 무관심한 경우임을 절대로 잊어서는 안 된다. 거꾸로 말하면 너무 앞서지 않고, 조정하지 않고, 적절한 관심으로 옆에서 자녀가 성장해가는 꼭지마다 함께 기뻐하고, 함께 아파하고, 함께 공감만 해줘도 자녀는 건강한 자존감을 갖고 주도적으로 세상을 헤쳐가는 성숙한 어른으로 성장한다는 것이다. 이런 자녀의 가슴에 말씀과 복음이 새겨질 때 그 아이는 다니엘, 다윗, 여호수아, 디모데, 그리고 예수를 닮아가는 아이로 자랄 것이다.

첫째, 태아와의 대화식 가정 예배

산모가 경험하는 모든 감정과 생각, 즉 기쁨, 슬픔, 희망, 심지어 공포와 스트레스도 태아와 교감된다. 과도한 스트레스는 태아의 정서, 두뇌, 신체 발달에 지장을 주니 최대한 마음의 평안을 유지하기를 힘써야 한다. 한국 사회가 스트레스로부터 완전히 해방되기 어려운 환경이긴 하지만, 남편과 가족 모두 태아를 함께 양육한다는 마음으로 산모의 스트레스 최소화 작전에 돌입해야 한다.

산모는 배 속에 있는 태아와 태담, 동화 읽어주기, 태교 일기 쓰기 등으로 교감할 수 있다. 태담할 때는 가능하면 "엄마는 ○○ 때문에 참 행복해", "너와 함께해서 얼마나 기쁜지 모르겠어"와 같이 긍정적이고 밝은 정서를 나누는 것이 좋다. 그럴 때 태아도 긍정적이고 낙천적인 성향으로 자라간다.

태아는 아빠의 저음 목소리 톤을 좋아한다. 아빠의 다정한 음성은 출산의 두려움을 지닌 산모와 태아의 정서적 안정에 매우 중요한 역할을 한다. 태아는 임신 6개월부터 기억 능력이 생긴다. 아빠의 목소리를 듣지 못하고 태어난 아기는 아빠에 대한 기억이 없어서 아빠라는 존재를 두려워하거나 생소해할 수 있다. 그러므로 아빠는 적어도 임신 6개월 차부터는 매일 퇴근 후 아이와 속삭이듯 대화하는 시간을 적어도 20~30분 정도 갖는 것이 좋다. 그럴 때 태아는 아빠라는 존재를 통해 엄마와는 또 다른 안정감과 기쁨을 교감한다.

예배 코드 DiPBReBlPy

산모와 태아가 교감할 수 있다면 대화식 예배도 당연히 가능하다. 태아와의 가정 예배는 태아에게 하나님의 존재와 그분을 예배하는 영적 감수성을 계발해준다. 산모와 태아의 예배는 24시간 함께하기 때문에 굳이 모임(G) 즉, 장소와 시간은 물론 특정한 양식이 필요 없다. 태아와의 대화(Di)가 가장 중요한 양식이다. 대화의 모드는 다정하고 친밀한 말투, 애정이 가득한 표현일수록 좋다.

산모가 항상 즐겁고, 행복할 수만은 없다. 낙담과 절망의 상황이라도 그것이 하나님께서 자신에게 허락하신 최선의 시간임을 믿으라. 합력하여 선을 이루실 하나님(롬 8:28)을 신뢰하고, 기도와 믿음으로 나아간다면, 그 자체로 산모와 태아가 하나님을 예배하는 최고의 시간이다. 아이와 이렇게 대화할 수 있다.

"아가야, 엄마가 지금 많이 힘들고 아파. 하지만 괜찮아. 하나님은 분명화를 변하여 복이 되게 하실 거야. 엄마는 믿어. 너에게는 아무 문제 없을 거야. 걱정하지 말고, 힘내자, 아가야. 엄마가 좋아하는 찬양 들려줄게."

이때 산모가 원하는 찬양을 부른다(P/찬). 어려움을 극복한 성경 이야기도 읽어주라(BRe/성낭). 아기를 축복하고(Bl/축), 태아를 위해 기도(Py/기)하고 마친다. 이 모든 예배행위가 태아의 영적 심성에 영향을 준다. 이런 예배는 일상에서 자주 할수록 좋다.

나아가 엄마 아빠와 함께 가정 예배를 드린다면 더할 나위 없이 좋을 것이다. 태아 때부터 부모와 예배를 경험한 아이는 태어나서도 엄마 아빠와 대화식으로 예배 하는 것이 아주 자연스럽게 다가올 것이다.

둘째, 영아와의 대화식 가정 예배

영아기(1~3세)는 엄마 아빠와 애착을 형성하는 결정적인 시기다. 특히 감각기관이 빠르게 성장하고, 외부 자극에 민감할 때이다. 이 시기는 육체적, 정서적으로 부모 의존도가 가장 높을 때이다. 이때 아이가 가장 많이 느껴야 할 감각과 자극은 엄마의 체취와 스킨십, 목소리 같은 친밀감이다. 이 시기에 아이는 세상을 살아가는 데 필요한 자아의식, 자존감, 두뇌, 관계 능력의 80%가 형성된다. 이때 형성된 아이의 내면이 남은 평생을 지배한다고 할 수 있으니 얼마나 중요한 시기인지 모른다.

나아가 보행 운동, 반사 운동, 인지 발달, 정서 파악, 의사 표현 등을 서서히 배워간다. 옹알거림과 울음, 아주 간단한 언어 등으로 자신의 감정을 표현하기 시작한다. 이 시기는 엄마가 조건 없는 사랑을 쏟아줌으로 아이와 친밀한 사랑을 교감하고, 애착을 경험하며, 안전기지를 형성하는 결정적인 시기이기도 하다.

나는 한 때, 이제 막 태어난 아기가 영적인 감각을 갖고 무슨 예배를 드릴 수 있을까 우습게 여겼다. 하지만 몇몇 교회에서 운영되는 영아부 예배를 경험하면서 고정관념이 깨졌다. 엄마와 함께 이 예배에 참석한 아기들이 예배에 집중하는 모습을 보면서 영아도 영적인 존재임을 깨달았다. 아니, 어쩌면 아기는 아직 세상의 때가 묻지 않은 가장 순수한 영혼을 지니고 있기에 어른보다 영적인 감각이 더 예민할 수 있다.

그렇다면 이 예배 경험을 가장 익숙하고 편안한 가정에서, 가장 친밀하고 사랑하는 엄마 아빠와 함께 할 때 영아는 훨씬 더 집중된 예배 경험을 할 수 있지 않을까? 산모 대부분이 아이를 낳고 1~2년은 예배에 집중하지 못해서 정서적, 영적 무력감에 빠지거나 탈진을 경험한다. 하지만 오히려 이 시기를 가정에서 아기와의 예배 경험으로 채운다면 평생 잊을 수 없는 예배의 자산과 추억으로 가슴에 새겨질 것이다.

예배 코드 DiPBReBlPy

이 시기의 예배 코드는 태아기와 큰 차이가 없지만 예배드리는 일정은 일주일에 2~3회, 시간은 태아 때보다는 길어도 된다. 영아는 엄마와 아빠와 드리는 가정 예배를 시각적, 언어적, 감각적으로 느끼고 교감한다. 엄마나 아빠가 읽어주는 성경 동화(BRe) 내용을 정확하게 이해하기보다는, 부모의 표정, 목소리 톤, 이야기의 억양과 표현에 집중하고, 좋아하거나 웃음으로 반응도 하고, 함께하는 시간 자체를 행복해한다.

이때 그림이 있는 성경을 보여주며 대화하듯 스토리텔링하는 것이 좋다. 엄마 아빠의 찬양(P)이나 기도(Py), 축복(Bl)하는 말에 옹알거림으로 반응하거나, 더 적극 교감한다.

* 꿀팁: '예배 일기' 쓰기를 추천한다. 대화식으로 아기와 가정 예배를 드리면서 일어난 일들을 일기식으로 적어보자. 아기의 사소한 변화들, 소소한 사건들을 적다보면 아이의 영적인 맵이 그려질 것이다. 나중에 자녀가 성인식을 치를 때 이 예배 일기를 건넨다면 자녀에게는 그 무엇보다 값진 인생 선물이 될 것이다.

"건강한 애착을 형성하는 최적의 요람"

애착은 사랑이라는 감정을 갈망하는 인간의 본능이에요. 하나님은 갓 태어난 신생아의 뇌가 발달할 때 이성과 논리의 언어보다 감정이 먼저 형성되도록 하셨어요.[118] 그래야 신생아가 가장 먼저 사랑을 경험할 수 있기 때문이지요. 아기가 태어나서 2년은 이 사랑을 차고 넘치게 경험해야 해요. 그때 형성되는 애착이 아이의 평생을 지배하거든요.

제 인생에서 칠흑같이 어두웠던 대학 시절, 제 감정은 질풍노도와 같았어요. 이유가 있었어요. 저는 태어나자마자 어머니의 병환 때문에 2년 동안 할머니 밑에서 자랐어요. 사랑을 풍족하게 경험해야 할 가장 중요한 기간에 엄마와 애착을 형성하지 못했지요. 그 결과, 어릴 때부터 제 마음에는 채워지지 않는 커다란 빈 곳이 있었어요. 자존감은 바닥을 뚫었고, 항상 외롭고, 공허했어요.

급기야 대학 2학년 때 신경쇠약증, 대인공포증으로 자살까지 생각하는 나락으로 떨어졌어요. 나중에야 애착의 부재가 그 원인이었음을 알았지요. 군에서 예수님을 만나고 비로소 그 빈 곳이 채워졌어요. 그때 알았어요. 인간은 부모와의 애착과 더불어, 신과의 애착이 형성될 때 비로소 완전한 자아가 빚어진다는 것을.

그래서 하나님은 인간에게 "마음을 다하고 뜻을 다하여 힘을 다하고 네 하나님 여호와를 사랑하라"(신 6:4)고 강하게 명령하셨어요.[119] 이 사랑이 없이는 어떤 인간도 삶의 의미를 찾지 못하고 허송세월할 것을 아셨기 때문이에요.

여기 신비한 지우개 하나가 있어요. 한 가지만 빼고는 무엇이든지 지울 수 있는 지우개랍니다. 그 한 가지는 '사랑'입니다. 인간에게 사랑은 처음이자 마지막이에요.. 인간은 태어날 때부터 지독한 사랑으로 탄생합니다. 평생 사랑 받기를 갈망하고, 사랑할 대상을 찾아다녀요. 그 사랑이 충족되지 않으면 무언가를 사랑하느라 시간을 허비하지요.

이 사랑은 한 마디로 내 생명과 전 존재, 전인격, 그리고 모든 가능성과 기회와 역량을 다해 과거와 현재, 미래까지 집약한 사랑이에요. 바로 이 사랑을 예수님께서 십자가에서 보여주신 거에요.

모든 인간의 내면에는 이 신적인 사랑의 DNA가 남아 있어요. 그래서 우리는 끊임없이 이 사랑에 애착하고, 목말라하고, 갈망하죠. 사랑 때문에 살고, 사랑 때문에 절망하고, 사랑 때문에 미치고, 사랑 때문에 환희하고, 사랑 때문에 목숨 걸고, 사랑 때문에 죽기까지 해요.

가정은 이 사랑을 채우고, 배우고, 숙성시키는 현장이에요. 그런 면에서 대화식 가정 예배는 부모와의 애착은 물론, 하나님과의 애착을 깊게 해주는 최적의 요람이에요. 이 애착이 깊어질수록 우리는 자녀를 어떻게 사랑해야 할지, 다른 사람을 어떻게 사랑해야 할지 알게 돼요. 나아가 신적인 사랑으로 희생하고, 세상을 치유하며, 원수까지 사랑할 수 있는 힘과 자신감을 얻게 됩니다.

셋째, 유아기의 대화식 가정 예배

유아기(3~6세)는 신체적, 언어적, 인지적 발달은 물론, 신앙과 믿음, 내면과 지혜에 관한 토대를 형성하는 시기다. 이 4년의 시기를 놓치면 육아는 그만큼 어려워진다. 그래서 좀 더 자세히 다루어보려고 한다.

유아기에는 아이들이 혼자 걷기 시작하고, 모든 일을 자신이 하려고 할 때이다. 좋고 싫은 감정을 분명하게 표현하고, 옳고 그름을 판단하기 시작한다. 이때 부모가 이해할 수 없는 행동을 수도 없이 한다.

"미운 네 살, XX고 싶은 일곱 살"이 요즘에는 "XX고 싶은 네 살"로 낮아졌다는 이야기가 나돌 정도다.

하지만 앞에서 이미 다뤘듯이, 모든 아이의 이상 행동은 부모가 그렇게 길렀기 때문에 나타난다. 기본적으로 아이의 발달단계를 이해 못 해서 벌어지는 갈등이 대부분이다. 신의진 교수는 아이들에게 부모가 차지하는 비중이 4세까지 90%라면 5세부터 8세까지는 50~60%대로 낮아진다고 했다. 부모는 이러한 변화에 공감하고, 진지하고, 민감하고, 사려 깊게 소통해야 한다.

이 중요한 시기에 자녀의 마음과 영혼을 하루 종일 유튜브나 게임, 디즈니 TV에 맡기는 것은, 세속적인 가치로 아이의 내면을 가득 채우는 지름길임을 알아야 한다.

* 창의력

3~4세는 어휘력이 갑자기 늘어나는, 이른바 어휘 폭발의 시기다. 언어를 습득해서 대화하기를 좋아하고, 책을 읽기도 한다. 새로운 정보가 뇌에 쏟아져 들어오니 상상력도 풍부해지고, 궁금증도 폭발하니 끊임없이 질문한다. 놀랍지 않은가? 아무도 가르쳐주지 않았는데도 아이는 선천적으로 질문하는 법을 알고 있다.

만일 자녀가 인생 처음 질문하면, 그날은 패밀리 파티를 열어줄 만큼 기뻐할 일이다. 아이의 쏟아지는 질문에 스트레스받는 부모가 많다. 나중에 후회할 때가 올 수 있다. 아이들 스스로 질문하며 초롱초롱한 눈망울로 엄마를 쳐다보는 바로 그 때가 자녀 양육 20년 중에 어쩌면 가장 보석 같은 순간일 수 있다.

역설적으로 5~6세 시기에 자녀들의 질문과 창의성은 급격하게 줄어든다. 그 이유는 이때부터 자녀들은 공교육을 받게 되는데, 어른들이 만들어 놓은 교육시스템이 아이의 질문을 막고, 고정관념과 생각의 틀 안에 가두어버리기 때문이다.

"뭘 그렇게 자꾸 물어봐. 피곤하게", "엄마 바빠 죽겠는데", "또 질문이야? 어휴, 귀찮아 죽겠네."

만일 자녀의 질문 때문에 아이가 미워진다면 화들짝 놀라야 한다. 지금 자신이 황금 덩어리를 쓰레기통에 내던지고 있는 것이나 다름없으니 말이다. 오히려 질문하는 것이 얼마나 가치 있고, 대단한 행동인지 본인은 물론 자녀들도 느끼도록 칭찬하고 격려해야 한다. 질문은 자녀와 부모의 생각과 영혼을 하나로 묶어주는 최고의 도구다.

종종 의외의 질문이 쏟아져 나올 수 있다. 절대 무시하지 말라. 대신 질문 하나하나가 자녀와 더 깊은 애착을 형성하는 보석임을 명심하라. 아무리 피곤하더라도 답을 주고, 역으로 질문을 던져보라. 자신이 스스로 답을 찾아갈 수 있도록 기다려주고 길을 열어주라.

 * 암기 능력
이 시기는 언어를 빠르게 습득하는 만큼 암기 능력도 매우 높다. 이들은 마치 하얀색 도화지 위에 그림 그리듯 있는 그대로 암기한다. 실제로 유대인은 3세 즈음부터 토라 암송을 시작한다. 그들이 토라 암송을 이렇게 빨리 시작하는 이유가 있다. 아이의 영혼을 세상 지식보다 말씀으로 채울 때 아이는 지식을 다루는 지혜를 장착하기 때문이다.

혹 바리새인처럼 율법을 기능적으로 암송할 경우는 외식주의자로 빠질 수 있다. 그러므로 암송한 말씀이 자녀의 머리만 키우기보다 삶을 변화시키게 하려면, 암송한 말씀으로 질문과 토론을 시도해보라.

예를 들어, 시편 23편을 암송하고 "여호와는 나의 목자시니 내게 부족함이 없으리로다" 한 구절로 하브루타를 시도해보라.

"여호와가 누구일까?", "목자란 뭐 하는 사람일까?"와 같은 배경질문, 내용질문을 먼저 한다. 유아기 자녀에게는 개념보다는 구체적인 질문을 해야 한다.

"OO에게도 하나님이 목자야?"
"응"
"하나님이 목자면 왜 행복하지?"
"목자는 양을 사랑하니까."
"그럼, OO도 하나님 때문에 행복해?"
"응"
"우와! OO는 좋겠다"
"하나님이 OO를 얼마나 사랑하는 거 같아?"
"많~~~~이"

이렇게 친밀하고 사랑스러운 질문과 대화가 끊임없이 이어질 수 있다. 자녀와 말씀을 암송할 때 가능하면 쉬운 성경번역본을 사용하는 것이 좋다.

* 신체적 특징

특히 유치부에 해당하는 5~6세는 대근육이 왕성하게 자라면서 끊임없이 움직이는 시기다. 집중력도 10~15분을 넘기지 못한다. 부모는 이 시기의 특성을 이해하고, 예배 때 꼼짝 못 하게 오래 앉혀 놓는다거나 정신없다고 꾸짖어서는 안 된다.

오히려 에너지를 충분히 발산할 수 있는 예배 활동을 창의적으로 만들어보자. 예를 들어, 즐거운 찬양을 틀어놓고 몸을 움직이고 춤을 추며 하나님을 찬양하는 것도 하나의 방법이다.

* 정신적 특징

이때는 자기중심성이 가장 강한 시기다. 다른 사람도 자신과 똑같은 생각과 감정을 갖는다고 생각할 때이다. 이때는 아직 양보의 개념이 형성되어 있지 않다. 그래서 친구나 누나, 형, 동생에게 나누기를 어려워한다.

그런데 "넌 왜 너밖에 몰라? 아기한테 양보해야 착한 형아지!" 하며 꾸짖는 것은 아이에게 부정적인 죄책감만 갖게 한다. 그보다는 양보의 개념, 나눔의 소중함을 차분하게 이해시키고, 인지할 때까지 기다려주는 것이 필요하다.

이때는 논리적인 사고능력이 아직 발달하지 않아서 그림이나 상징으로 표현하기를 좋아한다. 그래서 아이의 표현이나 그림에 관심을 갖고 칭찬해주라. 왜 이 그림을 그렸는지 질문하고 대화하면서 아이를 이해하고 공감하는 기회로 삼으라.

때로는 아이가 상상을 현실로 믿고 말하기도 한다. 지극히 정상적인 행동이니 놀리거나 빈정거리지 말고 자녀의 모습 그대로를 인정하고 존중해주라.

* 감정적 특징

신의진 교수는 이 시기를 감정 조절 능력이 거의 완성되는 때라 했다. 자신의 욕구가 다른 사람과 충돌할 수 있다는 사실도 알고, 자신이 원하는 것을 얻기 위해 머리 쓸 줄도 안다.

기분이 나빠도 스스로 억제하고 기분 좋은 방향으로 바꿀 수 있는 때이기에 정서가 안정될 시기다. 이때까지 잘 성장한 아이들은 초등학교 등록할 무렵 밝고 긍정적이며 자신감을 갖게 된다.[120]

6세 나이에 이 정도의 감정조절 능력이 형성되는 것이 정상이라는 뜻이다. 한국 부모들은 대체로 자녀의 지적인 능력이 두각을 보일 때 기뻐하고 격하게 반응한다. 하지만 지적인 능력보다 중요한 것이 자신의 감정을 잘알고, 표현하며, 조절하는 능력이다. 그런 모습이 감지되면, 부모는 공감해주고, 칭찬해주라. 그럴 때 어린 나이임에도 불구하고 감정을 조율할 줄 아는 건강한 모습으로 자라간다.

예배 코드 G-TDA; W-BDrHM; R-Py

이 시기는 대화식 예배를 시작할 수 있는 나이다. 성령께 의지해서 예배를 드려보자. 첫번째 방인 모임(G)에서 아이와 식사(T)를 시도한다. 하나님께서 주신 음식이니 감사함으로 먹는 태도를 가르쳐준다. 어떤 음식이든 하나님의 영광을 위해 자유롭게 먹어도 되지만, 때로는 인성교육을 위해 부모가 먹기 시작할 때까지, 먹고 싶어도 참아야 할 때도 있음을 알려줘라. 식사 기도(Py)도 시켜보라. 이미 엄마 아빠가 하는 기도를 기억하고 곧잘 따라 할 수도 있다.

아이의 집중력 정도에 따라 후식(A)을 하며 자연스레 말씀의 방으로 갈 수도 있다. 말씀(W)의 방에서는 성경 동화(B)를 함께 읽고, 이때 가장 기억에 남는 내용을 그림(Dr)으로 그리면서 자신의 생각과 느낌을 표현하게 해보자. 왜 이 장면이 기억에 남았는지, 왜 이런 느낌이 들었는지 질문해보라. 아이가 어떤 감정을 느꼈는지, 관심을 갖고 반응해보자.

이 시기의 아이들은 내용 질문, 상상 질문 같은 질문의 개념을 파악하기 쉽지 않다. 그래서 질문의 형태를 2가지로 단순하게 나눠서 익히게 해보자. 얇은 질문(thin question)은 답이 성경 안에 있는 단순한 질문이고, 두꺼운 질문(thick question)은 답을 찾기 위해 생각해야 하는 질문이라고 설명해주라. 아래 영상을 참고하면 좀 더 이해하기 쉬울 것이다.

"실리콘밸리 초등학생이 필수로 배우는 질문법"
유튜브 바로가기

자녀로 하여금 스스로 얇은 질문과 두꺼운 질문을 구분해서 말씀에 대해 질문하는 것을 시도해보자. 이것도 일종의 하브루타(H)로 볼 수 있다.

가끔, 아니 자주 아이의 창의적인 질문에 당황할 수도 있다.

가정 예배에서 질문의 목적은 하나님을 만나는 통로임을 잊지 말자. 즉 부모가 답을 주려고 애쓰기보다 질문을 통해 자녀 스스로 말씀을 깨닫고 하나님을 만나도록 성령께 의지하며 대화해보라.

때로는 전혀 상상치 못한 고백이 흘러나올 수도 있다. 아이의 말을 경청하고, 공감하며 대화하라. 평소에는 따뜻하게, 훈계해야 할 때는 엄격함으로 아이를 대하라. 80대 20 법칙에 따르라. 훈계 후에는 반드시 따스한 사랑으로 품어주라.

* 꿀팁: 아이들과 사용할 성경은, 그림과 대화체로 만든 《헤브루타 그림 성경》이나 《작은 제자 그림성경 시리즈》, 《엄마 아빠와 함께 읽는 마음 콩콩 성경동화》를 추천한다. 자녀와 복음에 대해 토론하기 위한 책으로는 《홀리씨드 복음동화》 세트, 《하나님의 최고 걸작품》 등을 추천한다.

식탁이나 거실 벽 한쪽에 화이트보드를 설치하는 것도 좋다. 아이들과 질문하고 토론할 때 그림이나 상징, 중요한 단어들을 자녀와 함께 써가며 대화하면, 흥미를 유발하고, 시선을 집중하는 상당히 도움이 될 것이다.

대가 이야기

"정신없는 유아와 가정 예배 드리기"

　아이가 정신없다고 느끼는 것은 어른의 생각일 수 있어요. 유아들에게는 건강하고 자연스러운 일상이에요. 워싱턴DC 갓스이미지 쥬니어팀은 5~6세의 유아들이 모인 팀이에요. 한번은 이 아이들과 예수님을 그림으로 그리는(Dr) 시간을 주었어요.

　아이들은 서로 한 살 차이밖에 나지 않지만 그림의 표현 능력이나 이해하는 정도에는 차이가 보였어요. 속도의 차이는 있어도, 아이들은 자기 나름대로 지극히 정상적으로 자라고 있으니 걱정할 필요는 없어요. 어떤 아이는 만화로, 어떤 아이는 접는 카드에 그림으로, 어떤 아이는 모양만 희미하게, 어떤 아이는 십자가에 매달린 예수를 그렸어요.

　한창 대근육이 발달할 나이인지라, 아이들은 종횡무진 다니면서 교실은 순식간에 종이, 크레용, 색종이, 색펜, 스티커 등으로 난장판이 되었지요. 다섯 살 아이가 정신없이 뛰어다니고, 물건을 어질러 놓는 것은 아이의 잘못도, 부주의도 아니에요. 어른의 기준을 잊고 아이를 집중해서 관찰해보면, 어른처럼 정리하거나 논리적으로 생각하는 능력이 아직 발달하지 않았을 뿐, 저마다 자신의 방식대로 주어진 과제를 주도적으로 완성하고 있는 것을 알 수 있었어요.

　그림이 어느 정도 마무리되었을 때, "예수님은 누구일까?" 질문을 던져보았어요(H). 그런데 상상 이상의 이야기들이 쏟아져 나왔어요. 한 아이는 집에서 있었던 일부터 예수님 이야기까지 현실과 이상을 왔다 갔다 해요. 그 나이에는 지극히 정상적인 행동이에요. 한 아이는 "예수님은 나를 사랑하세요. 내 죄 때문에 십자가에서 죽으셨어요"라며 정확한 복음의 내용을 고백했고요. 유아 단계의 아이에게 신앙은 매우 구체적이에요.

어떤 아이는 예수님과 하나님의 존재에 대해 질문하기도 했어요. 갑자기 뜬금없이 "하나님이 세상을 만드셨는데, 하나님은 누가 만들었어요?" 여섯 살 어린 나이에도 얼마든지 심오한 신학적 질문이 튀어나올 수도 있어요. 이때 정답을 말해주기보다 다른 질문으로 아이의 생각을 더 깊게, 또는 더 확장하도록 유도하는 것이 좋아요.

"우와! 진짜 좋은 질문이구나. 이 질문 오늘 처음 한 거니?"

"아니요. 2년 전에도 엄마한테 했어요."

"진짜 대단한데? 그런데 하율이는 왜 이런 것이 궁금해?"

"…."

여기까지 질문과 대화가 오가던 중에 안타깝게도 시간이 다 되어서 대화가 끝나고 말았어요. 하나의 작은 예이지만, 이 외에도 다양한 방식으로 하나님과 예수님에 대해 아이와 질문하고 대화할 수 있어요.

특히 아이의 이해할 수 없는 행동에 부모는 화가 나거나, 걱정하거나, 혼낼 수도 있는데, 발달단계를 알면 지극히 정상이라는 것을 깨닫게 되어요. 혼을 내거나 감정이 상하는 대신, 자녀와 성경 말씀에 대해 더 깊은 대화를 나누게 해주니, 발달단계 상식은 부모에게 더없이 필요하고 중요한 정보랍니다.

넷째, 아동 전기의 대화식 가정 예배

아동기(6~12세)는 변화의 폭이 가장 큰 시기다. 6세에서 12세는 외모와 체구, 생각, 감정의 변화가 현격히 일어나는 시기다. 아동 전기(6-9세)는 호기심이 왕성하고, 자기중심적이며, 인정받고 싶어 한다. 여전히 부모에게 의지하고, 칭찬에 민감하고, 표현 활동이나 놀이 활동에 적극 참여한다. 관찰력도 높아지고 다른 사람의 입장을 이해하기 시작하며 질서의식도 생긴다.

6세 무렵부터 잘난 체, 아는 척하는 행동이 잦아진다. 자신이 아는 것을 어떻게든 말하려 하고, 자신이 잘했다는 것을 확인받고 싶어 한다. 이런 행동은 그 나이의 발달단계적으로 지극히 정상적인 태도이니 있는 그대로 인정해주라.[121]

* 신체적 특성

아동 전기는 한창 성장하는 시기라서 매우 활동적이다. 가만히 있는 것을 힘들어해서 끊임없이 움직이고 까불고 뛰어논다. 이들의 관심과 흥미가 지속되는 한계는 10~15분밖에 안 된다. 그러므로 이 시기에는 가정 예배 드릴 때 한 주제로 15분을 넘기지 말아야 한다.

* 지적 특성

이 시기에는 앞에서 다루었듯이 폭발하던 질문이 갑자기 줄어드는 때이기도 하다. 아이러니하게도 부모와 공교육이 아이들의 질문을 가로막기 때문이다. 하지만 아이들에게 내재되어 있는 본능적인 지적 탐구력은 줄어들지 않는다.

대안은 부모가 나서면 된다. 질문의 물꼬를 틀어주는 방법이 있다. 질문의 물꼬는 질문이 튼다. 아이들의 본능인 질문을 활용하라. 대화식 가정 예배에서 그 문을 열어주라. 부모가 아이들의 쏟아지는 질문을 힘들어하는 이유는 일일이 답을 해줘야 하기 때문인데, 답 대신 질문을 던지면 부담이 덜어진다.

"왜 그러고 싶어?", "왜 그런 일이 벌어졌을까?", "왜 그렇게 생각해?", "그럼 어떻게 해야 할까?"와 같은 질문으로 자녀 스스로 문제의 본질을 찾아가도록 길을 열어주라. 그것도 어려우면 단순히 "왜?"만 반복해도 된다. 결국 하브루타가 그 답이다. 다음 영상은 아이가 아빠에게 반복해서 "왜?"라는 질문을 할 때 벌어지는 상황을 보여준다.

"질문의 힘 'WHY'" 유튜브 바로가기

* 정서와 사회성

아동 전기는 정서적인 반응이 빨라지고, 타인과의 소통에 서툴지만 적극성을 보여준다. 호기심, 추리력, 상상력, 기억력 모든 면에서 유아기보다 왕성하고 좋아진다. 인형, 장난감, 소꿉장난 놀이를 즐기고, 친구와 사귀는 것을 좋아한다. 스스로 문제를 해결하고 싶어 하지만 그럴 능력은 없다. 그래서 실수도 잦고, 나쁜 행동도 하고, 친구와 문제를 일으키기도 하며, 불평도 많고, 거짓말도 쉽게 한다.

이 모든 것이 잘못되고 혼나야 할 일이라기보다, 급격히 성장하면서 나타나는 미성숙하고 서툰 모습일 뿐이다. 이러한 행동을 어른의 잣대로 정죄하고, 야단치고, 억제하면 아이의 자존감에 큰 상처를 입게 된다. 자신의 존재 가치를 비하하며, 더 나쁜 양상으로 발전될 수도 있다.

* 영적인 특성

이 시기에 아이들은 하나님과 예수님, 복음에 대한 성경 지식을 빠르게 흡수한다. 뿐만 아니라 기도, 말씀, 예배에 대한 갈망도 일어난다.《주일학교 교사를 위한 효과적인 반목회》를 쓴 파이디온선교회 원준자 저자는 아동기의 아이는 예수님을 구세주로 영접할 준비가 되어 있고, 예배의 경험을 통해 예수님의 사랑과 죄 용서, 기쁨과 평안을 알고, 죽음과 천국에 대한 강한 호기심을 갖는다고 했다. 또한 성경을 이해하고 깨달아가면서 선악에 대한 개념도 발달하기 시작하며, 악한 사람을 싫어하고, 선한 사람이 되고 싶어 하는 시기다.

아동전기의 아이들은 아직 어린 나이임에도 영적인 열망과 순수한 신앙적 모습이 드러나기 시작한다. 하지만 아직은 자기중심성이 강하고, 성품이나 책임, 관계 등이 서툰 아동이라는 점을 인지해야 한다.

가족과 함께 예배할 때 나서고 싶어 하고, 인정받고 싶어 하는 모습을 보이더라도 "겸손해야 해", "잘난 체하지 마" 하며 빈정대거나 꾸짖지 말라. 때가 되면 자신이 잘난 존재가 아니라는 것을 스스로 깨닫게 된다. 대신 이 시기에는 있는 모습 그대로 인정해주고, 질문과 대화를 통해 격려해주라. 좋은 행동을 위한 방법과 길을 가르치고, 그때 얻는 열매와 유익을 깨닫도록 도와주라.

예배 코드 G-TD; W-ABRdDrH; R-PIHPr; D-Py

모임(G)에서 아이가 좋아하는 식사(T)를 나누며 유치원, 학교에서 있었던 일을 자연스럽게 나눈다. 식사시간에 부모는 훈계하거나, 지적하거나, 가르치지 말고, 아이가 느끼는 감정에 공감해주고, 나누는 이야기에 귀기울여 경청해주라.

때때로 자녀들이 서로 의견이 다르거나 다툴 때 부모는 한쪽 편만 들지 말고, 피스메이커로서 서로를 중재해주라. 나아가 질문을 통해 스스로 서로의 갈등을 해결하도록 잘 조율해주라.

말씀 토론(W) 시간에는 후식(A)을 하며 진행해도 좋다. 발달단계에 맞게 10분 단위로 분위기를 전환해가며 진행한다.

1. 내용 질문(10분)

가족이 돌아가며 성경(B)을 소리 내어 읽는다(Rd). 아이들은 생각보다 성경의 내용을 깊이 이해 못한다. 생소한 단어도 많다. 그래서 읽는 것만큼 중요한 것은 단어와 내용에 대해 이해할 수 있도록 도와주는 것이다.

"잘 모르는 단어 있니?"

"지금 어떤 일이 벌어지는 것 같아?"

부모가 질문해도 되고, 아이가 먼저 질문하도록 유도해 보라. 본문의 정확한 내용을 파악하기 위함이다. 다음 스텝으로 넘어가기 전에 아이가 본문 내용을 얼마나 이해했는지 말할 기회를 주라.

2. 의미 질문(10분)

본문 내용을 어느 정도 인지했으면 그다음은 등장인물의 말, 성격, 행동, 하나님과 예수님의 성품, 감정, 의도 등을 파악하는 질문 단계로 나아간다. 아이가 지루하지 않게, 성경 이야기를 그림이나 만화로 표현(Dr)할 수 있는 시간을 준다. 어느 날은 본문 전체를 한 장에 표현하도록 해보기도 하고, 또 다른 날은 매 구절 마다 그림을 그려보도록 해보라.

그림이 완성되면, 왜 이런 그림을 그렸는지 아이의 의견을 물어보라. 어른의 관점으로는 이해가 안 되고, 아무리 엉뚱해도 일단 인정하고, 공감해주라. 분명한 건 아이들이 어른보다 창의적이라는 점이다.

그림을 그리면서 자녀는 자연스럽게 당시 성경 본문의 상황에 몰입하게 된다. 그럴 때 자녀와 더 실제적이고 구체적인 토론을 할 수 있다. 본문의 행간에 담긴 성경 저자와 하나님의 의도, 사건의 배경과 의미 등을 보다 창의적으로 접근하게 된다.

3. 상상 질문(10분)

성경은 본문의 배경과 당시 상황에 대해 자세하고 세밀하게 기록되어 있지 않다. 성경의 저자들은 예수 그리스도의 복음을 드러내기 위한 핵심 내용만 다룬다. 그래서 상상 질문은, 앞에서 파악된 본문의 배경과 의미를 바탕으로 성경 시대와 오늘의 문화, 언어, 지역적 차이를 극복하기 위해 상상의 나래를 펴서 질문하는 시간이다.

아이들과 함께 성경 본문의 현장으로 타임머신을 타고 들어가 보기도 하고, 가족 모두가 성경 속의 주인공이나 인물이 되어보기도 한다. 자녀가 그림을 그릴 때 자신의 모습도 그려 넣게 해보라. 수천 년 전 본문의 현장에 아이와 함께 직접 들어가서 등장 인물들의 특성, 감정과 어투가 어떠했을지, 당시 문화와 삶의 환경, 냄새와 날씨까지 다양하게 질문하고 토론(H)해보라.

이 과정에서 성령께서 역사하시면, 일방적으로 설교를 들을 때는 알 수 없던 저자의 의도나 하나님의 역사를 생생하고 입체적으로 깨닫고 경험할 수도 있다. 그때 떠오르는 찬양(P)이나, 시, 노래를 기타나 피아노로, 또는 유튜브를 틀어놓고 함께 불러보기도 한다.

4. 적용 질문(10분)

본문에서 깨달은 내용을 가정과 학교, 교회의 삶에 어떻게 적용할지, 회개, 헌신, 결단(R-Rp)할 것들이 있는지, 서로 질문하고 나누고 기도(Py)하는 시간이다.

일상 하브루타(I)는 복잡한 사회 이슈는 아직 어려우니, 일주일 동안 학교나 집에서 경험한 일을 자유롭게 나눈다. 이 나눔을 통해 자녀는 부모를, 부모는 자녀를 서로 깊이 이해하는 기회가 된다.

이 시기에는 다양한 신앙의 위인들에 대해 가볍고 폭넓게 소개해서 꿈을 심어주는 것이 필요하다. 기도 제목을 나눈 후, 마지막으로 가족을 위해 19일차에 소개한 마무리 기도문(Py)으로 마친다.

* 꿀팁: 성경을 하브루타로 나누는 실제적인 교재가 아직은 많지 않다. 하브루타선교회가 지은 《실전! 교회 하브루타》에는 유년부 아이들과 성경 하브루타 할 수 있는 다양한 방법이 소개되고 있다.

예를 들어 '말씀 카드 찾아 짝짓기'는 미리 아이가 모를 것 같은 낱말을 찾아 카드로 만들어 놓고 열어보게 하거나 어린이 성경 사전을 찾게 하고, 혹은 인터넷 검색을 하게 한다. 그 외에도 팝업북 만들기, 그림엽서 만들기, 실천 카드 만들기, 질문 카드 보드게임 등이 있다. 이 책이 소개하는 다양한 팁으로 자녀들과 성경을 더욱 재미있고, 즐겁게 상호소통하는 하브루타를 경험할 수 있다.

일상 하브루타에 도움 되는 어린이 신앙 위인전을 소개한다.《귀염둥이 처음 읽는 신앙 위인전》(15권),《프리셉트 어린이 신앙 전기》(14권),《생명의 말씀사 어린이 신앙 위인 도서 세트》(3권).명의 말씀사 어린이 신앙 위인 도서 세트》(3권).

다섯째, 아동 후기의 대화식 가정 예배

아동 후기(10~12세)는 신앙 전수의 황금기다. 즉, 유대인처럼 하브루타 가정 예배를 영아 때부터 시작했을 경우, 신앙 전수가 완성되는 시기다. 아동 후기를 절대 가볍게 여겨서는 안 된다. 특히 이 시기는 우리 민족의 역사와 정신에 대해, 우리가 본받아야 할 민족의 훌륭한 인물들에 대해, 존경할 만한 기독교 선배들에 대해 나눌 수 있는 때이다. 또한 세계사의 흐름에 대해 나눠도 충분히 이해하고 자아와 정체성을 찾아가는 매우 중요한 때이다.

* 신체적 특징

아동 후기는 갈수록 활력이 넘치고, 공격하거나 도전하기 좋아하고, 시끄럽고, 가만히 앉아 있을 수 없어서 끊임없이 움직이며 운동을 해야 직성이 풀리는 시기다. 체격, 체력, 활력 모두 급속히 자라고 넘쳐서 어린 시절의 꼬마 모습은 거의 사라진다.

* 언어적 특성

1960년대 석학 노엄 촘스키 Avram Noam Chomsky에 의하면, 언어를 습득하는 결정적 시기의 끝자락이 12~13세다. 최근에는 뇌가 나이와 상관없이 끊임없어 변화하고 발전한다는 주장이 우세하지만, 그럼에도 변함없는 사실은 12~13세에 이미 언어 능력의 극대치에 도달한다는 점이다. 유대인이 12~13세에 성인식을 하는 것은 우연의 일치일까? 분명한 것은 이 나이에 자녀의 언어 능력와 논리력은 성인에 근접한다는 사실이다.

* 정서적 특성

자녀들은 고학년으로 올라가면서 어느날 갑자기 부모로부터 독립하고 싶어 한다. 대신 친구들과 집단으로 행동하며 몰려다니고 온오프라인에서 게임하는 것을 좋아한다. 부모가 싫어서가 아니라 혼란스러운 자신의 정체성을 찾아가는 여정이 시작된 것이니 놀랄 필요 없다.

어느 날 갑자기 방문을 잠그고, 말수가 줄고, 얼굴도 무표정할 때 다짜고짜 "너 갑자기 왜 그래?", "집안에서 얼굴 좀 펴고 다녀!" 하며 야단치면 자녀는 더 마음의 문을 닫아버린다.

그보다는 자녀의 마음을 공감해보자.

"요즘 생각이 많아졌구나. 이해해. 그래도 엄마는 너랑 같이 대화 자주 못 해서 좀 서운하다. 언제 시간 좀 내줄래?"

이때 아이는 자신도 이해 못 하는 자기 행동에 대해 다정하게 공감해주는 엄마에게 마음을 열게 된다.

이 시기에 나타나는 눈에 띄는 변화 가운데 하나는 방이 갑자기 지저분해지는 것이다. 저희 아들, 딸도 모두 그 나이 즈음에 갑자기 방이 지저분해지기 시작했다. 옷가지나 양말, 가방, 책 등을 아무데나 던져놓고 치우지 않는다.

그런데 이런 행동은 게을러진 것도, 무슨 문제가 생긴 것도 아니다. 갑자기 관심사가 폭발해서 새로운 일, 도전적인 일에 집중하느라 정리 정돈에는 신경 쓸 여력이 없는 것일 뿐이다. 그러니 부모는 눈에 보이는 행동보다 아이 내면의 변화를 이해하고 공감해야 한다. 그런 부모는 아이의 마음을 얻게 된다.

* 영적 특성

원준자는 아동 초기보다 후기인 초등부에 예수님을 영접하는 아이가 많다고 했다. 이 시기에 예수님을 믿지 못하면 곧 닥칠 사춘기에 신앙에 대해 회의하고 방황하기 쉽다. 이 시기의 아이들은 하나님과 예수님을 알아가고, 죄를 회개할 수 있으며, 말씀 묵상과 기도, 찬양 같은 신앙행위를 진지하게 할 수 있는 나이다.

예배 코드 G-BITDi; W-BHP; R-IHPr; D-Py

만일 자녀가 두세 살부터 계속 가정 예배를 드렸다면 이때가 대화식 가정 예배의 황금기다. 신앙의 전수가 거의 완수되는 시기이기 때문이다. 이즈음 되면 말씀 대화나 이슈 대화를 깊고 다양한 방식으로 할 수 있다. 부모와 자녀 모두 성경 토론 수준은 웬만한 신학생 수준보다 나을 수도 있다. 성경적 세계관과 복음으로 다양한 시사 이슈를 주제로 보다 깊은 토론과 논쟁을 할 수 있다. 예배 코드 가운데 어떠한 요소라도 신축적으로 적용해볼 수 있는 시기다.

사춘기가 시작되고 혼자 있기를 좋아할 때이지만, 가정 예배 하며 자유롭게 자신의 생각과 마음을 나누고, 질문하고 대화하는 시간을 매주 가질 때 질풍노도의 시기도 가볍게 넘길 수 있다.

아동 전기의 성경 대화방식인 내용 질문–의미 질문–상상 질문–적용 질문의 양식은 그대로 진행하는 것이 좋다. 아동 후기로 갈수록 본문의 의미를 이해하고 해석하는 대화와 토론(H)은 더욱 치열하고 깊어지게 된다. 토론 가운데 성령께서 지혜와 계시의 영을 주셔서, 마음의 눈이 밝아지고, 하나님을 더 온전히 알게 되고, 부르심의 소망과 하나님의 영광스러운 상속의 풍성함을 알게 된다(엡 1:17, 18).

마치 예수께서 12세에 랍비들과 3일간 질문하고 토론했던 것처럼, 유대인 어린이가 성인식을 마치면 랍비들과 토론할 수 있게 된다. 개신교 자녀들도 이 시기에 성경의 유일성, 복음의 영광 같은 신학적 주제에 대해 목회자들과 토론할 수 있게 된다.

만일 4~6학년 자녀들과 처음 가정 예배를 드리는 상황이라면, 생각보다 쉽지 않을 수 있다. 질문하는 방법과 대화식 가정 예배에 익숙해지기 전까지 사중구조(GWRD) 모두를 진행할 필요는 없다. 축복(Bl)과 맛있는 식사

(T), 대화(Di) 후, 말씀(B)으로 질문하고 대화(H)하는 정도로 신축성 있게 시작해보라.

점점 익숙해지면, 깊이 있는 성경 하브루타(H)와 삶의 이슈(I)로 하브루타(H)를 시도하고, 가족들이 기도 제목을 나눈 후, 가족을 위한 기도(Py)로 세상에 파송하는 단계까지 나아가길 권면한다.

* 꿀팁:《실전! 교회 하브루타》는 초등부 아이들과 성경 하브루타 할 수 있는 실제적인 방법을 풍성하게 소개하고 있다.

질문 카드 뒤집기, 생각나는 단어로 이야기 만들기, 단어 털기, 재활용품으로 상상해 만들기, 베스트 질문 뽑아 하브루타 하기, 비교 하브루타, 인터뷰, 다시 쓰는 성경 이야기, PMI 토론 등을 통해 성경을 더욱 재미있고 창의적으로 알아가게 도와준다.

이익열 목사가 쓴《성경 하브루타 워크북》은 초등학교 3학년부터 성인까지 사용할 수 있는 실제적인 성경 하브루타 길라잡이다.

여섯째, 청소년기의 대화식 가정 예배

청소년 시기에는 한마디로 세상이 자기중심으로 돌아간다. 격한 성장기에 엄청난 수다쟁이거나 많이 먹고 많이 자고 많이 움직인다. 감정 기복이 심하고, 불안하고, 충동적이다. 관심과 기대를 원하지만 동시에 부담스러워한다. 친구 없이는 못 사는 시기다. 이 모두《중학생, 기적을 부르는 나이》[122]에서 말하는 중학생의 특징이다.

중학생의 뇌는 두정엽이 발달한 상태이고, 전두엽이 발달하기 시작한다. 그래서 가만히 앉아서 단순한 내용만 암기하는 반복식 학습은 중학생 뇌 발달에 나쁜 영향을 줄 수도 있다.[123]

그러니 사춘기 아이에게 기존의 일방적인 가정 예배는 고문과 같은 시간일 수 있다. 오히려 이들에게는 함께 토론하고 활동하며 다양한 경험을 하게 해줘야 한다. 그러니 딱딱하고 수동적인 가정 예배보다는 자유롭고 자기 주도적으로 토론하고, 창의적인 게임이나 활동이 가능한 대화식 가정 예배가 이들에게 어울린다.

중학교 2학년의 고민을 설문했더니 1위와 3위가 "부모님의 기대가 너무 커서 힘들다", "부모님은 내가 하는 일을 이해하지 못하는 경우가 많다"였다.[124] 자신도 자신을 잘 모르는 아이에게 부모가 과도한 짐을 주어서는 안된다.

이 시기는 사회성이 가장 많이 발달하는 시기다. 이들에게 가장 중요한 대상은 가족이 아닌 친구다. 이것이 가족과 함께 시간을 보내는 것에 큰 의미를 두지 않는 이유다. 이런 자녀의 마음을 얻는 열쇠는 이들의 급격한 변화를 이해하고 존중하는 것이다. 그럴 때 아이는 자신의 있는 모습 그대로를 지지하고 믿어주는 부모를 존경하게 된다.

중학교 3학년에서 고등학생으로 넘어가면서 두뇌의 전두엽 발달이 빨라져서 합리적이고 이성적인 사고와 행동을 하게 된다. 한층 성숙해진 자녀와 대화식 예배를 드리는 목적은 더 이상 신앙 전수가 아닌 영적 성숙이어야 할 것이다.

예배 코드 G-BITDi; W-BHP; R-IHPr; D-Py

청소년기의 예배 코드는 아동 후기와 별다른 차이가 없다. 이 책이 추구하는 대화식 가정 예배의 최고봉은 12~13세. 이때 신앙 전수가 완성된다는 것은 대화식 가정 예배에서 시도할 수 있는 것은 모두 해보았다는 뜻이다. 그러므로 어려서부터 10년 동안 대화식 가정 예배를 드려온 청소년은 더는 부모의 도움 없이도 스스로 가정 예배의 주제와 예배 코드를 주체적으로 선택하고 인도할 수 있다.

물론 가정 예배를 시작할 때 자녀와 아내를 축복하는 역할은 여전히 가정의 제사장인 아버지의 몫이다. 하지만 나머지는 어떤 형태의 예배 코드, 어떤 방식의 삶의 예배도 창의적으로 드릴 수 있다. 진리의 말씀과 성령의 감동으로 영적 각성이 일어나는 예배도 가능하다.

뒤늦게 청소년기에 대화식 가정 예배를 시작하는 상황이라면 앞에서 제시한 예배 코드를 자녀의 상황에 맞게 선택하고 진행하면 된다. 신앙이 좋은 자녀일 경우는 19과에서 소개한 가장 일반적인 대화식 가정 예배 순서를 중심으로 자신의 가정 상황에 맞게 진행해보라.

* 꿀팁: 아동 후기의 '일상 하브루타'에서 민족의 정체성과 위인에 대해 폭넓게 다루었다면 청소년 시기는 더 깊이 있게 다뤄보라. 윤은성이 지은 《세상을 바꾼 한국사 역사인물 10인 만남》을 추천한다. 챕터별로 미리 읽고, 매주 한 명을 선정해 토론한다.

천재보다 인성을 갖춘 청소년이 잘 된다는 신념으로 문학, 역사, 철학을 통해 인성 인문학을 설파한 임재성의 《청소년을 위한 인성인문학》도 한 챕터씩 토론해보길 추천한다. 아울러 30년 중학교 교사 경험을 가진 박미자 작가가 옆에서 속삭이듯 코칭하는 《중학생, 기적을 부르는 나이》도 사춘기 자녀를 둔 부모에게 강추한다.

일곱째, 자녀가 신앙이 없거나 교회를 불편해할 때

자녀가 신앙이 없는 경우는 일반적인 예배보다는 구도자 예배 개념으로 접근하는 것이 좋다. 굳이 이름을 붙인다면 '하나님을 찾아가는 대화'는 어떨까? 저학년인 경우와 사춘기 중고등학생인 경우는 완전히 다른 접근이 필요하다.

초등학교 3~4학년 이하는 성경과 복음에 대해 대화할 기회가 고학년보다는 열려 있는 시기이다. 자녀의 마음에 복음을 심을 수 있도록 요한복음에 나타난 예수님의 기사를 함께 읽고, 질문하고 토론하는 시간을 최대한 자주 가져보라.

사춘기 때는 교회 생활 자체를 힘들어할 수도 있다. 이럴 때 청소년 담당 목회자와 상담하기 전에 먼저 부모와 아이가 대화할 수 있는 기회부터 만드는 것이 필요하다.

예배 코드 G-Di; W-BH

* 꿀팁: 존 맥아더 목사가 자녀에게 복음을 전하기 위해 쓴 《나는 예수님을 믿어요》를 활용해보라. 어린 자녀에게 하나님의 창조와 죄, 예수님의 구원을 쉽고 생생하게 소개하는데 도움이 되는 책이다.

좀 더 깊은 대화를 위해, 10일 차 대가 이야기에서 소개한 것처럼, 아빠(엄마)와 아들(딸) 둘만의 데이트 시간을 갖는 것도 좋다. 매주 화요일 밤마다 중3 아들과 둘만의 시간을 갖는 김익환 목사는 처음에는 서로의 일상 이야기로 시작했단다. 그런데 시간이 갈수록 점차 축구, 고등학교 진학, 진로, 친구, 우정 등으로 넓고 다양한 주제로 뻗어 나갔고, 결국 교회와 신앙에 대한 이야기까지 나누게 되었다. 이런 시간들이 쌓여서 결국 자녀의 마음이 활짝 열리는 때가 올 것이다.

여덟째, 자녀가 가족 모임을 힘들어할 때

사춘기가 되면 자녀들이 부모와 함께 시간을 보내기보다 친구들과 게임하거나, 전화 통화, SNS 하는 것을 훨씬 좋아한다. 게다가 부모와 대화가 단절되거나, 상처가 있는 경우에는 더더욱 부모와 함께하는 신앙적 모임 자체를 피하고 싶어 한다. 이런 자녀와는 관계를 회복하는 것이 예배모임보다 우선이다. 먼저 대화의 문이 열려야 대화식 가정 예배도 시동이 걸린다.

예배 코드 G-play, G-MDiBlPy

일단 마음이 열릴 때까지 가볍고 재미있는 모임만 몇 개월 지속해도 괜찮다. 예를 들어, 모임에서 아무것도 안 하고 그냥 놀아주거나(G-play), 영화(M)를 보고, 이야기(Di)를 들어주고 축복(Bl)하고 기도(Py)로 끝낼 수도 있다.

대가 이야기

"신앙 전수의 로드맵"

　지금 소개할 신앙 전수 로드맵은 태어나서 말하기 시작하는 두세 살배기 아이와 10년 동안 실천하는 전체적인 그림이에요

　먼저 구약의 지상명령인 쉐마를 순종하는 것부터 시작해요 쉐마의 목표는 온 가족이 하나님과 예수 그리스도를 사랑하는 경험을 깊이 공유하는 것이죠 그럴 때 모든 가족 구성원에게 복음의 풍성한 은혜와 사랑의 언어가 장착되겠지요

　천지를 창조하신 하나님의 말씀이 부모의 가슴에 새겨질 때, 우리 안에 계시는 성령의 능력으로 말씀을 순종하고 실천하게 됩니다. 자녀가 말하기 시작할 때부터 지식 공부보다, 먼저 말씀을 암송하게 해요 시간 날때마다 암송한 말씀에 대해 부지런히 대화하고 토론합니다.

　주중에 하루를 구별해서 안식하며, 이때 충분한 시간을 갖고 질문 중심의 대화식 가정 예배를 드려요 그렇게 10년을 지속하면 사춘기 이전에 신앙의 전수가 완료됩니다.

　가정과 교회는 아이가 12~13살이 되면 준 성인으로 대우하기 시작합니다. 이때 자녀가 영적, 정서적, 사회적으로 자존감을 갖고 스스로 신앙을 지키며 세상을 살아갈 수 있도록, 부모와 교회 지도자들이 자녀를 신뢰하고 격려해 줍니다.

　이때 자녀를 위해 성인식을 준비합니다. 의식은 가족이나 친구를 중심으로 조촐하게 할 수도 있어요 하지만 가능하면 성대한 신앙 의식으로 거행하는 것이 좋아요 물론 성인식을 통과 의례로 여기는 한국 사회에서, 결혼식 만큼 성대하게 치루는 유대인 처럼 할수는 없을 거에요.

　그래도 교회와 부모가 이 의식에 그만한 가치를 부여하고, 주변 친지와 교회, 가족들을 잘 설득해서 모두가 함께 축하해 준다면, 아이는 그 순간을 평생 잊지 못할 겁

니다. 이 의식을 통해 자존감과 책임감을 갖고 신앙과 인생을 주체적으로 풀어갈 거에요

이 성인식을 기점으로 부모는 더 이상 자녀의 신앙을 책임지거나 관여하지 않겠다는 공적인 선언을 합니다. 자녀는 이때 자신의 정신적, 사회적, 신앙적 정체성을 담은 고백문을 낭독하게 합니다. 일종의 설교문 또는 비전 선언문 같은 개념이에요. 이 선언문은 성경 말씀에 근거해서 지도 목회자의 코칭을 받아서 1년 동안 준비 시간을 갖습니다.

성인식이 끝나면 이들은 주체적인 신앙과 인격체로서 가정과 교회에서 존중받게 됩니다. 목회자, 사역자들과 말씀을 자유롭게 나누고 토론할 수 있는 자격이 주어지고요. 교회는 소년(소녀)이 책임 있는 일원으로서 역할을 감당하고, 의사 표현을 하며, 어른들과 다양한 성경 토론에 참여할 수 있도록 이끌어줍니다.

이런 일이 오늘의 현실에서 가능할까요? 물론 풀어야 할 숙제는 많아요 현 주일학교 구조에 큰 변화가 필요하겠죠. 이미 몇몇 교회에서 비슷한 사례들이 드러나고 있으니, 가능하다고 믿어요.

이미 수천 년 동안 실현된 사례도 있어요 그것도 복음을 모르는 반쪽 신앙을 가진 민족에서 말이죠. 우리는 복음을 믿는 하나님의 자녀들로서 이 놀라운 믿음의 유산을 훨씬 자유롭고, 다이내믹하게 누릴 자격이 있고, 이처럼 성숙하게 양육된 다음세대를 세워나갈 책임도 있습니다.

소그룹 나눔

오늘은 마지막 소그룹 나눔이다. 4주 동안 성령께서 인도해주심을 감사하며 하나님께 영광을 올려드리자. 간단히 기도하고, 아래 질문을 허심탄회하게 나눠보자.
상황에 따라 5가지 중에 선택적으로 다루고, 주중에 크게 다가온 내용을 다뤄도 좋다.

1. 부부가 하나 되기 위해 복음이라는 망원경이 어떤 역할을 할 수 있는가?

2. 자녀에게 부모의 생각을 강요하기보다, 아이로 하여금 자기 내면의 소리를 들을 수 있도록 도와주는 방법이 무엇이라고 생각하는가?

3. 자녀의 발달단계를 고려해서 우리 가정에 최적화된 예배 코드를 적은 후에 서로 나눠보자.

4. 지난 4주 동안 자신에게 일어난 변화가 있다면 무엇인지 나눠보자.

용어 정리

쇠난(가르치다): 꿰뚫다, 뾰족하게 하다, 반복하다, 날카롭게 하다
아자브(떠나다): 버리다, 거절하다
에하드 바사르(한 몸): 통일된 몸, 피부, 자아
하야(새기고): 존재하다, 발생하다
하가: 묵상하다, 중얼거리다(기쁘거나 화나서), 말하다, 속삭이다, 고함치다
파롤기조(노엽게 하다) | 격노케 하다, 화를 유발하다

필독 도서

신의진, 현명한 부모가 꼭 알아야 할 대화법 (걷는나무, 2010)
하브루타선교회, 실전! 교회 하브루타 (두란노, 2019)

참고 도서

이영희, 말씀 우선 자녀교육 (규장, 2009)
박미자, 중학생, 기적을 부르는 나이 (들녘, 2013)
원준자, 주일학교 교사를 위한 효과적인 반목회 (파이디온선교회, 1990)
옥명호, 아빠가 책을 읽어줄 때 생기는 일들 (옐로브릭, 2018)

결론

시간이 없다. 일단 심폐소생술부터 시도해야 한다. 그것은 그리스도인의 호흡인 예배, 특히 그동안 놓쳐온 가정 예배를 살리는 것이다. 부모가 자녀에게 신앙을 전수하는 일은 취사선택의 문제가 아니라 한국 교회의 생사가 달린 문제다. 교회와 부모가 손을 잡고 하나님께서 명령하신 신앙 전수의 원안을 실천하는 일을 시작하지 않으면 한국 교회의 미래는 절망적이다.

가정 예배의 전면적인 개혁이 필요하다. 이 책은 가볍고, 유기적이고 수평적인 형식, 그리고 축제적이고, 관계 중심적이며, 삶의 예배로서의 가정 예배로 패러다임 전환을 제안했다. 하나님께서 주신 최고의 소통 방법인 질문과 토론을 가정 예배의 툴로 활용하자고 했다. 그럴 때 살아 있는 하나님의 말씀이 자녀의 가슴과 뇌를 격동케 하고, 하나님을 전심으로 사랑하고, 복음으로 회복되고, 사회 모든 영역에 성숙하고 창의적인 다음 세대가 일어나게 될 것이다.

나에겐 꿈이 있다. 향후 10년 동안 한국 교회가 대화식 가정 예배로 온전히 살아나는 꿈이다. 교회와 부모가 손을 잡고 부모 중심의 거룩한 신앙 전수 운동이 일어나는 꿈이다. MZ 세대 부부가 성령 안에서 하나님의 말씀에 순종하는 거룩한 운동이 일어나는 꿈이다. 이들이 쉐마에 순종해서 적어도 10년 동안 자녀와 대화식 가정 예배를 드리는 꿈이다. 모든 가정이 회복되고, 아버지의 권위가 회복되고, 교회가 건강해지는 꿈이다.

그 결과 다음 세대가 한국 교회의 그루터기로서 다시 일어나는 꿈이요, 통일 한국 시대의 주역으로 뛰는 꿈이다. 이들이 전 세계에 흩어져 있는 디아스포라와 선교의 현장, 사회의 각계각층에서 하나님 나라를 확장하고, 복음의 영광을 실현하는 주역들로 일어나는 꿈이다.

"대가 10년의 시나리오"

1주 차에서 대화식 가정 예배를 10년 드렸을 때 예상할 수 있는 열 가지 시나리오를 간단히 소개했어요. 아래는 각 문항에 대한 보다 자세한 내용입니다.

첫째, 부모와 자녀가 신앙과 인생에 대해 자유롭게 대화하는 가정 문화가 형성돼요.

대화식 밥상머리 예배는 무엇보다 대화가 통하는 행복한 가정을 만들어주어요. 하나님을 사랑하고, 성경에 대해 질문하고 인생 문제들을 대화하는 일이 얼마나 창의적이고 생산적이며, 즐거운 일인지 온 가족이 경험할 수 있지요. 부모는 자녀를 훈계하고 잔소리하는 꼰대 성향에서 벗어나게 됩니다. 자녀들은 자신의 말을 경청하고 공감해주는 부모에게 감사하고, 마음 문을 열어 인생과 신앙의 고민을 스스럼없이 털어놓아요. 그 결과 부모는 자녀가 하나님 안에서 스스로 책임감을 갖고 성장해 가는 것을 보는 기쁨을 누립니다.

둘째, 부모와 자녀 사이에 깊은 애착 관계가 형성돼요.

대화식 가정 예배는 부모와 자녀 사이에 깊고도 안정된 애착 관계를 형성하게 해요. 그 결과 자녀는 긍정적인 자존감을 갖고, 타인을 배려하는 성품으로 자라가요. 여기에 복음적인 애착 관계까지 형성되면 예수님의 십자가 사랑까지 더해지면서, 자녀의 내면은 조건 없는 사랑으로 가득 채워지지요. 그 결과 어려서부터 죄의 사슬에서 자유케 되며, 구원의 확신과 영적 성숙을 경험합니다.

셋째, 부모와 자녀는 율법적이고 감시적인 관계보다 은혜와 신뢰의 관계로 견고해져요.

대화식 밥상머리 예배 시간을 통해 부모는 자녀의 약점과 실수를 정죄하고, 혼내고, 대신 해결해주는 것이 아니라, 자녀가 스스로 문제의 본질을 깨닫고 해결할 때까지 질문하고, 경청하고, 기다려주고, 지지해줍니다. 자녀가 두 명 이상일 경우 각각의 아이는 차별받지 않고, 서로 전혀 다른 성격과 성향, 은사를 발견하고, 인정받으며 자라요. 그 결과 자녀들은 자신을 신뢰해주는 부모로 인해 높은 자존감과 자신감을 갖지요. 그럴 때 오히려 부모의 말을 신뢰하고 따라요. 믿음 안에서 스스로 자신을 절제하며, 존중하고, 타인과 경쟁하기보다 협력하고 배려하는 건강하고 안정적인 인격과 신앙으로 자라갑니다.

넷째, 형제자매끼리도 깊은 내면의 고민까지 공감하는 친밀함으로 맺은 인생의 동반자가 되어요.

오늘날 한국 사회는 형제자매 사이도 서로 원수인 경우가 많아요. 대화식 밥상머리 예배는 성격과 성품이 전혀 다른 형제자매가 서로의 생각과 감정, 경험을 교감, 공감함으로써 서로를 이해하고 협력하는 성품이 계발되도록 해줍니다. 그럴 때 형제자매는 서로 힘이 되고 배려하는 평생 동역자요 돈독한 관계로 다져져요.

다섯째, 자녀들이 사춘기를 큰 어려움 없이 지나게 돼요.

어려서부터 부모와 대화하는 가정 예배를 통해 인생에 대해, 자신의 가치와 존재 이유에 대해, 삶의 다양한 이슈에 대해 성경 안에서 토론하며 자신을 성찰하는 훈련을 지속해왔기 때문에 사춘기를 비교적 가볍게 넘어갈 수 있어요.

여섯째, 논리적이고 창의적이며 능동적인 사고력과 표현력을 갖게 돼요.

질문 중심의 대화와 토론은 그 접근 방식만으로도 주체적으로 사고하고 표현하는 논리성이 길러져요. 문제와 현상을 대할 때 한 가지 정답만 있는 것이 아니라 수많은 관점이 존재한다는 사고의 유연성을 갖게 되고요. 이렇게 생각의 근육을 키워줌으로써 자녀들은 부모의 생각과 틀에 갇히지 않고 자기만의 독창적이고 능동적인 사고력과 표현 능력을 기릅니다. 무엇보다 살아 있는 하나님의 말씀이 이들의 가슴과 뇌를 격동케 해요. 그럴 때 이들은 하나님을 뜨겁게 사랑하고, 복음을 가슴에 새긴, 겸손하며 예수님 닮은 다음 세대로 일어날 거예요.

일곱째, 상대의 마음을 이해, 배려, 양보할 줄 아는 공감 능력을 지닌 젊은이로 자라가요.

어려서부터 20~30살 차이의 부모, 40~50살 차이의 할머니 할아버지와 대화, 토론하는 법을 훈련하기 때문에 자신의 의견을 상대방의 나이와 수준에 맞게 배려하며 표현하는 언어와 소통 능력이 계발돼요. 아울러 어떤 상황에서도 자신의 의견을 겸손하면서도 논리적이고 설득력 있게 표현하는 능력과 자신감이 생깁니다.

여덟째, 가족의 3~4세대 차이가 극복돼요.

할아버지, 아버지, 자녀가 정기적으로 모여서 맛있는 음식을 나누고, 대화하고 토론하는 대화식 밥상머리 예배를 몇 년만 지속해도 문화와 언어의 장벽이 무너집니다. 이렇게 어릴 때부터 해온 대화식 밥상머리 예배로 한번 형성된 가정의 대화 문화는 어른이 되어서도 계속 이어질 수 있어요. 아이들이 출가해서 먼 거리에 떨어져 생활하면 온라인 영상회의를 통해서라도 함께 모일 수 있고요. 의무가 아니라 그 시간이 행복한 시간이기에 자녀들이 함께 모이고 싶어 하는 거예요. 이런 가정 문화가 천국 가는 그날까지 계속된다면 부모와 자녀 사이의 세대 차이를 느낄 겨를이 없게 됩니다.

아홉째, 부모의 신앙이 자연스럽게 자녀에게 전수돼요.

부모 세대가 보여준 성경적 가정과 삶이 얼마나 가치 있고 행복한 것인지 자녀들이 공감하게 돼요. 자녀들은 부모를 존경하고, 나도 저렇게 살고 싶다는 마음이 생깁니다. 그래서 부모 세대의 신앙 유산이 자연스럽게 자녀 세대에 계승돼요. 실제로 대부분 유대인 젊은이는 부모 세대처럼 자녀를 많이 낳아 말씀대로 양육하는 행복한 가정을 꿈꿉니다. 결혼도 일찍 하고 자녀도 많이 낳아요. 신앙 전수를 의무처럼 힘들게 하는 것이 아니라, 행복하고 자발적으로 대를 이어 하고 있어요. 그러므로 대화식 가정 예배야말로 출산과 자녀 양육의 자신감을 주어서 인구절벽 위기의 실제적인 대안이 될 수 있어요.

열째, 오직 하나님만 예배하는 신앙의 명가를 이루어요.

아브라함의 28대손이 다윗이고, 42대손이 예수 그리스도이셨듯이, 자손 대대로 영적 거인들, 복음의 장인들이 쏟아져 나올 수 있어요. 이들이 한국 교회의 그루터기로서 통일 한국 시대의 주역이 될 것이고요. 나아가 하나님 나라와 복음의 영광을 드러내는 미래의 주역들로 일어설 것입니다.

에필로그

이 책을 쓰는 내내 '절박함', '안타까움', '회한', '위기감' 같은 감정들로 마음이 파도쳤다. 글이 짧아 숱한 밤을 설쳤다. 다음 세대와 가정을 위한 글을 쓰고 있지만, 알고 보니 나를 향한 그분의 메시지였다. 다음 세대와 육아, 아동심리 분야에 인생 전체를 헌신한 수많은 저술가의 책에서 신세계를 보는 듯했다. 앞으로 이 보석 같은 자료들이 가정 예배와 융합되어 보다 실제적인 삶의 예배 운동이 구름같이 일어나기를 기대한다.

지난 130년 동안 존경할 만한 영적 선배를 수도 없이 배출한 곳이 한국교회다. 세상의 주목을 받지는 못했어도 선교사, 목회자, 평신도에 이르기까지 얼마나 많은 신앙의 선배가 하나님 나라를 열망하며 세상 영광 포기하고 복음 앞에 무릎 꿇으며 자신을 희생하는 삶을 살았던가.

유대인이 각계각층에서 두각을 보이는 삶과 크리스천이 복음 들고 이름도 빛도 없이 자신을 내어준 삶 중에 누가 더 하나님을 영화롭게 한 삶이겠는가? 나는 당연히 후자라고 생각한다. 지금도 한 영혼을 붙들고 저 농어촌 어느 구석에서 이름도 빛도 없이 씨름하고 있는 목회자가 내가 보기에는 훨씬 더 영광스러운 삶이다.

복음에 대해 질문하고 대화하고 토론하라. 하지만 절대로 믿음을 강요하거나 주입하려고 하지 말라. 자녀가 그리스도의 십자가 희생과 사랑, 복음의 가치와 영광을 스스로 깨닫도록 겸허히 성령께 기도하며, 질문하고, 대화하라. 명심하라. 완벽한 부모, 답을 지닌 부모보다 기도하며, 질문하고, 대화하는 부모가 백배 낫다는 것을.

돌아보면 감사드릴 분들이 참 많다. 옥한흠 목사님이 시무하던 때부터 10여 년 넘게 아무런 대가를 바라지 않고, 아카데미와 포럼 공간(교육관)을 사용할 수 있도록 배려해준 사랑의교회, 아카데미 학기마다 희생적으로 섬겨준 연구소 간사진, 이 책에 불씨를 붙여준 이창호 목사, 글의 전개에 결정적인 조언을 준 임홍섭 목사, 교정으로 글에 생기를 준 황교진 편집장, 북디자인에 심혈을 기울여준 안홍섭 대표, 캘리그래피와 예리한 시각으로 책에 활기를 준 서우석 작가, 출판과 인쇄에 도움을 준 정선균 박사, 그 외에도 개인적인 조언을 주신 여러 지인에게 깊은 감사를 전하고 싶다.

무엇보다 복음으로 내 삶을 물들게 해준 새소망교회 이춘석 목사, 과도기 상황에서 연구소의 중심을 잡아준 소리지오 이현재 대표, 토라클럽으로 매주 영감을 주는 WMI 한국 대표 오소협 목사에게 특별한 감사를 전한다. 1년 반 동안 편집으로 산고를 함께해 온 백광호 간사, 대화와 토론을 통해 글의 내용을 함께 빚어온 김성종, 김진희, 윤나나, 이은영, 황용옥 간사에게 고마운 마음을 전한다. 그대들의 땀과 눈물이 아니었으면 이 책은 완성될 수 없었다. 마지막으로 집필에 집중할 수 있도록 희생해준 아내, 떨어져 있지만 꿈을 향해 달리는 예훈, 예주에게 가장 특별한 사랑을 전하며, 하나님께 모든 영광을 돌린다.

부록, 질문과 토론 자료

> "나는 영국을 버릴지라도
> 성경은 버릴 수 없다."
>
> – 엘리자베스 여왕

부록에서는 말씀 토론과 일상 토론에 필요한 실제적인 자료들을 소개합니다. 토론의 재료는 성경과 일상이에요. 먼저 성경은 부모가 자녀들에게 물려줄 가장 위대한 유산입니다.

이 부록에서는 실습할 수 있는 4주 자료를 소개하고, 이후에 실습서를 출간할 예정이에요. 아이들이 어려서부터 부모와 함께 이러한 성경의 주제들을 갖고 질문하고 대화할 때 그들의 의식에 성경적인 가치관이 새겨집니다. 그 과정에서 성령께서 역사하시면 10세 이전의 어린 나이에도 얼마든지 자신이 죄인임을 깨닫고, 회심을 경험하고, 예수 그리스도를 영접할 수 있습니다.

가정 예배는 삶의 예배다. 모일 때마다 말씀 토론과 함께 일상의 이슈로 토론하는 시간을 갖기를 권면합니다. 일상 토론 재료는 자녀가 자라면서 습득해야 할 성경적 가치관, 인성, 인문학, 비전과 꿈을 형성시켜줄 고전, 예화, 동화, 아티클, 지혜서, 탈무드 또는 시사 이슈들입니다.

관련 자료들은 이미 20일차에서 소개한 내용을 참고하세요. 아울러 부모가 평소에 느끼고 영향받은 좋은 글조각, 예화, 아티클, 칼럼 또는 동영상도 좋은 자료가 될 수 있습니다.

1. 활용 방법

이 책은 모든 그리스도인의 가정에서 대화식 가정 예배를 시작할 수 있도록 돕기 위해 쓰여졌다. 이 책의 활용법을 가정용과 교회용으로 구분해 보았어요.

주말에 1-2시간 동안 부부, 또는 소그룹으로 나누는 시간을 가져보라. 모임 내용은, 5일 동안 묵상하며 메모한 내용과 소그룹 질문을 선택적으로 나누고 토론하는 시간이다. 리더를 정하고 간단히 기도하고, 소그룹 질문을 돌아가며 허심탄회하게 나눕니다. 주중에 묵상했던 내용 중에 다가온 내용을 나눠도 좋다. 삶에 적용한 후 기도로 마친다.

가정용 대가클래스

첫째, 가능하면 부부가 함께 공부하면 좋다. 가정 예배 시작 전, 먼저 이 책으로 4주간의 준비기간을 가져보세요.

둘째, 부부 두 명이 공부하는데 '학교'라는 명칭은 부담될 수 있으니 대가(대화식 가정 예배)클래스라는 이름을 추천드려요.

셋째, 일주일 중에 가장 여유있는 요일과 시간을 정하세요.

넷째, 대가클래스 시간에는 5일간 읽은 내용 중에 가슴에 다가온 부분을 메모한 것과 묵상질문에 답한 내용, 그리고 각 주차 끝에 있는 소그룹 질문에 대해 자유롭게 질문, 토론하는 시간을 갖습니다.

다섯째, 매 클래스마다 가정 예배를 위해 부부가 준비할 것이 무엇인지, 기도제목과 함께 노트하고, 기도로 마무리 합니다.

교회용 대가학교

대가학교는 교회나 단체에서 부부들이나 결혼을 앞둔 청년들을 위해 운영하는 과정이에요.

첫째, 전교인 대상으로 4주간 대가학교를 운영할 수 있다.

둘째, 교우들 중 신청자나 결혼을 앞둔 청년들을 중심으로 대가학교를 운영하는 것도 좋습니다. 1기, 2기, 3기 식으로 꾸준히 운영해보세요.

셋째, 교회의 환경과 상황에 따라 셀 단위, 구역 단위로 융통성 있게 대가학교를 운영할 수 있다.

넷째, 진행 방식은 주 1회 모임은 담당 교역자가 인도하고, 평일 읽기와 묵상질문 메모는 부부 대가클래스와 동일해요.

다섯째, 주 1회 모임의 진행은 함께 찬양 1곡한 후에 기도하고, 담당 교역자가 해당 주차의 내용을 3~5분 정도 짧게 나누고, 3-5명의 소그룹으로 흩어져서 나눔의 시간을 갖습니다. 소그룹 별로 리더나 원하는 한 명이 발표하면 더 풍성한 나눔이 될 것이다.

대가클럽

대가클럽은 가볍게 운영할 수 있는 수다모임이에요.

첫째, 대가클래스나 대가학교 4주과정을 마친 분들이 대화식 가정 예배 현장에서 겪는 어려운 점, 좋은 점, 궁금한 점을 서로 나누는 가벼운 모임입니다.

둘째, 주변에 대가클래스를 마친 부부들 가운데 몇몇 가정, 또는 엄마들끼리 커피타임 하며 자신의 성공담, 실패담, 힘든 점, 궁금한 부분을 자유롭게 나눕니다.

셋째, 교회에서 대가학교를 마친 부부들 가운데 원하는 분들을 소그룹으로 묶어 드립니다. 격주로 만나거나 SNS를 통해 서로의 궁금증, 성공과 실패담, 아이디어 등을 나눕니다.

2. 서약서 샘플

대화식 가정 예배 서약서

우리 가족은 오늘부터 대화식 가정 예배를
정기적으로 드리기를 다짐합니다.

목적: 하나님을 사랑하고 신앙을 전수하기

날짜: 매주   요일   시

장소:

서약자:_____(서명)_____(서명)

_____(서명)_____(서명)

_____(서명)_____(서명)

위 내용대로 성실하게 참여하기를 약속합니다.

20   년   월   일

_____가족 일동

3. 말씀 토론 자료

대화식 가정 예배에서 가장 나누기 좋은 성경 구절은 엄마와 아빠의 인생에 깊은 영향을 준 성경 구절이에요. 많으면 많을수록 함께 나눌 이야기도 다양하고 깊어진다. 엄마 아빠의 삶이 묻은 성경 구절이야말로 그 가정에 살아 있는 말씀이고, 가정 대대로 전수되는 가훈이 될 수 있습니다. 부모가 경험한 하나님, 엄마 아빠가 예수 그리스도를 인격적으로 만난 말씀을 하브루타 방식으로 나눌 때 성령께서 자녀의 마음 가운데 역사하셔서 예수를 만나고 회심할 수 있는 확률이 더 높지 않을까?

말씀 토론 샘플 활용 방법

4주 샘플 자료는 제목과 성경 구절, 질문 만들기로 구성되어 있습니다. 예로 제시한 질문들은 참고용일 뿐, 자녀의 나이 수준에 맞게 질문을 바꾸거나 변형시켜서 사용해보세요.

다양한 성경 하브루타 방식이 있지만 여기에서는 관찰-해석-적용 방법을 추천합니다. 내용-상상-적용 방법과 크게 다르지 않습니다. 앞에서 소개했듯이, 관찰 질문은 본문에 등장하는 용어, 인물, 배경, 전후 맥락에 관한 질문을 던지며 본문 내용을 관찰합니다.

해석 질문은 저자의 의도와 하나님의 마음, 감정, 성품, 의도, 핵심 메시지 등 본문의 의도나 등장인물의 마음과 의도를 해석하기 위한 질문입니다. 이때 잘 해석할 수 있도록 성령의 조명을 구하며 나눕니다.

만일 조금 더 나아가고 싶다면 상상 질문도 시도해보세요. 상상 질문은, 앞에서 파악된 본문의 배경과 의미를 바탕으로 성경 시대와 오늘의 문화, 언어, 지역적 차이를 극복하기 위해 상상의 나래를 펴는 시간입니다. 아이들과 함께 성경 본문의 현장으로 타임머신을 타고 들어가 보기도 하고 자신이 성경 속의 주인공이나 다른 인물이 되어 질문을 던져봅니다.

적용 질문은 해석된 본문을 통해 나를 향한 하나님의 뜻을 분별하고 삶에 적용하는 데 집중합니다. 그 결과 성령의 감화로 마음에 변화가 일어나고 변화된 삶을 살 수 있는 힘이 생긴다.

실습 1. 열두 살 예수

*본문 | 누가복음 2:41~52
*내용 | 열두 살 된 예수와 부모가 유월절 절기를 지키기 위해 예루살렘에 올라갔다. 그런데 예수가 사라졌다가 3일 만에 찾았다.

*질문 만들기

1. 관찰(내용) 질문

· 유월절 관습이 무엇인가?

· 예수님이 열두 살에 예루살렘에 올라간 이유는 무엇일까?

· 하룻길 갈 때까지 부모는 예수가 없다는 사실을 몰랐던 이유는?

· 소년 예수가 당돌하게 "어찌하여 나를 찾으셨나이까? 내가 내 아버지 집에 있어야 될 줄을 알지 못하셨나이까?"라고 말한 이유가 무엇이라고 생각하는가?

2, 해석(상상) 질문

· 소년 예수가 부모의 존재를 잊을 정도로 성전에서 랍비들과 토론하는 일에 전념한 상황을 상상해보라. 당시 예수의 감정, 관심사, 열정은 어떠했을까?

· 당시 예수가 랍비들과 질문하고 토론한 이슈는 무엇이었을까?

· 3일 동안 예수는 잠자리를 어떻게 해결했을까?

· 3일째 예수를 찾기까지 엄마 마리아의 마음과 아빠 요셉의 마음은 각각 어땠을까?

3. 적용 질문

· 내가 만일 마리아였다면 열두 살짜리 아들에게 뭐라고 했을까?

· 일반적인 부모라면 화가 나서 소리 지르고 난리 났을 텐데, 이 부부는 어떻게 이렇게 차분하게 대화할 수 있었을까?

실습 2. 가족의 탄생

* 본문 | 창 1:26, 27

하나님이 이르시되 우리의 형상을 따라 우리의 모양대로 우리가 사람을 만들고 그들로 바다의 물고기와 하늘의 새와 가축과 온 땅과 땅에 기는 모든 것을 다스리게 하자 하시고, 하나님이 자기 형상 곧 하나님의 형상대로 사람을 창조하시되 남자와 여자를 창조하시고 (개역개정)

* 질문 만들기

1. 관찰(내용) 질문

· 하나님의 '형상'(image)이 무엇인가?

· '우리의 모양대로'라는 표현은 하나님이 여러 명이라는 뜻인가?

· 삼위 하나님께서 인간을 창조하실 때 각각 어떤 역할을 하셨는가?

· 하나님께서 만드신 태초의 가정은 어떤 모습이었나?

· 하나님께서 주신 가정의 사명은 무엇인가?

2. 해석(적용) 질문

· 왜 하나님은 인간을 자신의 형상으로 만드셨을까?

· 하나님은 인간을 창조하실 때 왜 남자와 여자로 만드셨을까?

· 아담과 하와는 하나님과 얼마나 친밀했고, 어떻게 소통했을까?

· 아담과 하와가 '새와 가축과 온 땅과 땅에 기는 모든 것'을 다스리는 장면을 상상력을 동원해 설명해보라.

3. 적용 질문

· 태초의 가정과 오늘 우리의 가정 사이에는 어떤 차이가 있는가?

· 당시 가정 예배와 오늘 우리의 가정 예배에는 어떤 차이가 있다고 생각하는가?

· 우리 가정의 사명과 하나님께서 주신 가정의 사명에는 어떤 차이가 있는가? 어떻게 이렇게 차분하게 대화할 수 있었을까?

실습 3. 안식의 시작

* 본문 | 창 2:2~3
하나님이 그가 하시던 일을 일곱째 날에 마치시니 그가 하시던 모든 일을 그치고 일곱째 날에 안식하시니라. 하나님이 그 일곱째 날을 복되게 하사 거룩하게 하셨으니 이는 하나님이 그 창조하시며 만드시던 모든 일을 마치시고 그 날에 안식하셨음이니라. (개역개정)

* 질문 만들기
1. 관찰(내용) 질문
· '안식'이란 무엇인가?
· 하나님께서 일곱째 날을 복되게 하셨다는 의미는 무엇일까?
· 일곱째 날을 거룩하게 하셨다는 의미는 무엇일까?

2. 해석(상상) 질문
· 안식하는 것이 왜 복된 것일까?
· 안식하는 것이 왜 거룩한 것일까?
· 하나님이 하시던 모든 일을 그치신 것은 하나님께 쉬운 일이셨을까?
· 시 121:4에서 시편 기자는 "이스라엘을 지키시는 분은, 졸지도 않으시고, 주무시지도 않으신다"고 하셨는데, 하나님은 왜 7일째에 아무것도 안 하고 쉬셨을까?

3. 적용 질문
· 나에게 가장 큰 쉼을 주는 것이 무엇인가?
· 내가 생각하는 쉼과 하나님이 말씀하신 안식에는 어떤 차이가 있는가?
· 나에게 주일은 안식의 날인가? 어떻게 이렇게 차분하게 대화할 수 있었을까?

실습 4. 안식일의 의미

* 본문 | 레위기 23:3
6일 동안은 일하는 날이며 7일째 되는 날은 쉬어야 할 거룩한 안식일이다. 그러므로 너희는 아무 일도 하지 말고 모여서 나 여호와에게 예배드려야 한다. 이 날은 너희가 어느 곳에 있든지 모여서 거룩한 날로 지켜야 할 나 여호와의 안식일이다.(현대인의 성경).

* 사전이해 | 안식일이 창조주 하나님을 기념하는 날이라면, 주일은 구속주 예수님을 기념하는 날이다. 참고로 유대인은 하나님께서 창조를 그치고 안식하셨으니, 창조에 관한 행위를 멈추는 것으로 여기고 39가지 조항을 만들어 지금도 지키고 있다. 예수님이 빠진 창조질서만 제대로 지켜도 놀라운 결과가 일어나는데, 하물며 십자가와 부활로 구약을 완성하신 예수님을 기리는 주일을 제대로 지키고 안식할 때 어떤 은혜가 임할지 상상해보자.

* 질문 만들기
1. 관찰(내용) 질문
· 레위기 본문의 배경인 출애굽 이후 광야 시절에는 어떤 형태로 예배를 드렸나?
· 아무 일도 하지 않는 것이 진짜 쉬는 것인가?
· 하나님'모여서'라는 명령

2. 해석(상상) 질문
· 안식일에 아무 일도 하지 말고 모여서 예배드려야 한다는 의미는 잠자는 시간 외에는 모두 예배만 드리라는 뜻일까?
· 하나님이 안식일에 아무 일도 하지 말라고 하신 의도는 무엇이었을까?
· '아무 일'은 구체적으로 무엇일까? 왜 모여서 지키라고 하셨을까?

3. 적용 질문
· 유대인들에게 안식은 실제로 어떤 유익을 주고 있을까?
· 주중에 하던 모든 일을 멈추는 것이 과연 나에게 안식이 될까?
· 내가 안식을 위해 멈춰야 할 것은 무엇인가?

4. 예배 포럼 시즌2 선언문

예배사역연구소가 2019년 6월 주최한 예배 포럼 "다음 세대 신앙 전수"에서 만든 이 선언문이 《대화식 가정 예배》의 탄생에 지대한 영향을 주었기에 여기 소개한다.

하나, 공예배에서 다음 세대는 부수적인 요소가 아니라 필수적이고 본질적인 요소다(출 25:22).

하나, 예배 안에서 신앙 전수를 통해 다음 세대가 하나님께 순종을 배우는 것이 예배를 제정하신 하나님의 의도라면, 다음 세대를 홀대한 현 공예배 구조의 갱신은 필수적이다.

하나, 부모 세대는 신명기 6장 5~9절의 쉐마(들으라) 명령에 불순종한 것을 자각하고 회개하자.

하나, 쉐마의 궁극적 목표가 하나님을 사랑하고 경외하는 예배임을 명심하고 다음 세대 말씀 전수가 공예배와 가정 예배 안에서 온전히 실현되게 하자.

하나, 교회의 목회를 다음 세대 신앙 전수 구조로 재구성하자.

하나, 교회와 학부모가 손을 잡고 가정 중심의 신앙 전수 운동을 전개하자.

하나, 교회는 부모가 거룩함으로 자녀에게 본을 보이고 신앙을 전수할 수 있도록 부모를 훈련하자.

하나, 개신교 쉐마 교육 모델을 적극 개발하자.

[참고] WMI 예배 포럼 "다음 세대 신앙 전수"

일 시 | 2019년 6월 17일(월) 오전 9:00~오후 6:00
장 소 | 사랑의교회(서초역) 중국어 예배

▶ 내용
- 기조연설 1 "말씀을 전수하라" 폴 칠더스
- 기조연설 2 "사진으로 보는 한국의 다음 세대 내면의 함성" 수지 칠더스
- 발제 1A "세상을 이기는 성경적 자녀학습" 박상진 교수
- 발제 1B "신앙과 인문학을 전수하는 전인적 대안교육" 윤은성 목사
- 발제 2A "쉐마 교육으로 신앙 전수하는 교회" 설동주 목사
- 발제 2B "가정에서 부모가 주도하는 하브루타" 남미주 사모

▶ 특별 사진전
독일 사진작가의 눈에 비친 "한국 다음 세대 내면의 함성" 수지 칠더스

예배 포럼 "다음 세대 신앙 전수" 블로그 자료

미주

1) 인구절벽, "이제는 방법이 없다" (ft. 이상림 연구위원) https://youtu.be/uZDTIVaoUQ8 (2023년 5월 24일 열람)

2) 저자가 사는 동네 길 이름, Lands End Drive

3) 메시아닉 유대인들은 그 신앙 노선의 스펙트럼이 꽤 넓다. 복음주의 메시아닉 유대인은 주로 미국을 중심으로 활동하고 있는 건강한 복음주의 크리스찬 진영이다. 이들은 예수의 제자로서 지난 30년간 히브리적 관점으로 신구약을 연구하고 체계화 해온 방대한 성경공부 자료를 자녀들에게 전수하기 위해 '토라클럽'을 운영하고 있다. 최근 이 방인으로는 처음으로 한국에 이 자료를 오픈했다.

4) 애즈베리 대학은 1970년과 2006년에 이미 두 번의 강력한 부흥이 일어났던 곳이다. 이 부흥을 통해 미국 캠퍼스마다 강력한 영적 각성이 일어났다. 2023년 2월 8일 켄터키 윌모어의 강당인 Hughes Auditorium에서 채플 수업이 끝난 뒤 시작된 자발적인 기도와 찬양, 간증과 말씀 나눔이 2주 이상 계속되었고, 이 소식을 SNS로 접한, 부흥을 갈망하는 사람들이 미 전역에서 몰려와 도시가 마비되기도 했다. 이후 미국 내 여러 캠퍼스를 깨우는 운동으로 확산되었다.

5) Greg Stier, "Asbury University Revival: What to Expect in a Spillover Effect" https://www.christianpost.com/voices/asbury-university-revival-what-to-expect-in-a-spillover-effect.html?clickType=link-related-articles (2023년 2월 21일 접속)

6) 예배사역연구소에서 개최한 2018년 가을 "다음 세대 예배전략" 예배포럼과 2019년 초여름 "다음 세대 신앙 전수" 예배포럼

7) 전성수 교수는 하나님의 강력한 부르심을 받고 1,000여 권의 책과 말씀을 연구하며 유대인 교육을 탐구했다. 그 결과 '하브루타'가 한국교육의 근본부터 바꿀 수 있는 혁명적인 교육법이자 하나님이 원하시는 방법이라 확신하며 하브루타를 설파했다. 하브루타, 자녀양육, 부모교육 등 100여 권을 썼다.

8) 슈란 데브리, 바비 율게뮤트, 여자의 일생에 가장 중요한 한 해 (SFC, 2004), 24-5

9). 전성수, 복수당하는 부모, 존경받는 부모 (베다니출판사, 2008), 10~14.

10) 그 예배는 예배사역연구소가 추구하는, 가장 성경적이고 복음적인 예배이며, 예배학적으로 건강하고, 특정 문화와 언어, 상황에 가장 적절한 양식으로 구현하는 예배다.

11) 지용훈, 말씀 그대로 예배하라 (규장, 2017), 30

12) 래리 크리스텐슨, 그리스도인 가정의 신비, 강안삼 역 (미션월드, 2002), 9~10.

13) 이 책의 가치는 의심할 여지가 없지만, 이 책이 출간된 50년 전과 오늘의 문화적 갭을 고려해서 읽을 필요가 있다.

14) 로버트 웨버, 예배학, 김지찬 역 (생명의말씀사, 1988), 30.

15) 황병준, 김지숙 "하브루타를 활용한 한국적 하브루타 가정예배 연구" (기독교교육논총 제54집, 2018), 211.

16) 전성수, 자녀교육 혁명 하브루타 (두란노, 2019), 135.

17) 황병준, 김지숙 "하브루타를 활용한 한국적 하브루타 가정 예배 연구", 211.

18) "갓파더" 이순재, 허재 편. (KBS2, 2021년 10월 2일자 방송)

19) 이태훈, "평생 사랑을 말했지만 자식에겐 사랑을 감췄던 그 사람, 아버지" 조선일보 (2011.2.16.), https://www.chosun.com/site/data/html_dir/2011/02/16/2011021600139.html

20) Ibids.

21) [온라인자료] 2002 KCMC 세계한인선교대회, 트랙 포럼 발제문, 남후수, "새로 쓰는 선교학". http://www.kwmc.com/2012/kwmf/track/track18.htm (2023년 2월 15일 접속)

22) 하브루타선교회, 실전! 교회 하브루타 (두란노, 2019), 20.

23) 현용수, 잃어버린 구약의 지상명령 쉐마 참고.

24) 마빈 토케이어 인터뷰, 중앙일보 2011년 8월 11일 자

25) 전성수, 자녀교육 혁명 하브루타, 252.

26) 한병철, 피로사회 (문학과지성사, 2017): 현대사회의 성과주의에 대한 철학적 비평서다.

27) 앤드류 서터, 더 룰(The Rule), 남상진 역 (북스넛, 2009), 122.

28) 래리 크리스텐슨, 그리스도인 가정의 신비, 강안삼 역 (미션월드라이브러리, 2006), 18.

29) 토라클럽 교재, 그가 토라를 펴시니, 제15과 보:오다 (토라클럽 코리아, 2018), 12.

30) 이대희, 유대인의 밥상머리 자녀교육법 (베이직북스, 2016)

31) 이대희는 그의 책《유대인의 밥상머리 자녀교육법》에서 정부가 가족의 날을 정해 국가개조운동을 벌여야 할 만큼 밥상머리가 중요함을 주장한다.

32) 월터 브루그만, 안식일은 저항이다, 박규태 역 (복있는 사람, 2015)

33) 아브라함 헤셸, 안식, 김순현 역 (복있는사람, 2007), 추천의 글(김영봉), 15.

34) Ibid., 53, 57.

35) Ibid., 42.

36) Ibid., 62

37) Ibid., 46.

38) Ibid., 23-31.

39) Ibid., 23-24.

40) Ibid., 24-29.

41) 로버트 뱅크스, 1세기 교회 예배 이야기, 신현기 역

(IVP, 2017), 11.

42) 김동춘, "'꼭 교회 가야만 예배인가'에 대한 답변" [인터넷 자료] 뉴스앤조이 2020년 3월 14일자 참고. https://www.newsnjoy.or.kr/news/articleView.html?idxno=300406 (2023년 5월 25일 접속). 김동춘은 예배와 삶은 분리해서도 안 되지만, 구분할 필요가 있다고 했다. 그는 그 근거를 칼케돈 신경에서 찾았다. 칼케돈은 성육신의 신비를 쉽게 풀어준 신조다. 예수님은 신성과 인성이 공존하는 분이시다. 신성은 하나님과 동일한 본성이고, 인성은 인간과 동일한 본성이다. 그런데 서로 '혼합되지 않고', '혼돈되지 않고', '분리되지 않고' 각 성품의 특성이 보존되면서도 하나의 인격과 하나의 실재로 존재하신다. 결국 칼케돈의 진술은, 이 두 가지 본성이 그리스도 안에서 하나로 일치하면서서, 구분되어 있고, 구분되면서도 일치함을 고백한다는 것이다.

43) 김신호, 정병일, EPS 청지기 재정교실, 예영커뮤니케이션, 2010, 127.

44) 김동춘, "'꼭 교회 가야만 예배인가'에 대한 답변"

45) 콘스탄스 M. 체리는 《예배 건축가》에서 이 4단계 방의 실제에 대해 자세히 다룬다. 양명호 역, CLC 2015, 105-234쪽 참조.

46) 이유정, 성령의 지배를 받는 40일 예배훈련 (좋은나라, 2016), 115-44

47) 한국 교회는 그동안 '모임'과 '말씀'이라는 이중구조, 즉 두 개의 방에 치중해왔다. 서구 선교사들이 한국에 들어올 때, 그들이 경험한 계몽주의 시대의 설교 중심 예배를 전수했기 때문이다. 목회자들은 예배의 클라이막스를 설교로 이해했다. 그 결과 설교 후 성도가 말씀에 반응하며 하나님께 회개, 헌신, 결단하는 시간이 대폭 축소되거나 생략되었고, 설교자의 기도와 축도로 대체되었다.

48) 이재천, 개인 성경 연구 핸드북 (IVP, 2003)

49) 김익환 목사는 글쓰기를 좋아하고, 함께길가는교회에서 목회하시는 분이다.

50) 김익환, 인스타그램@1913funny (2023년 3월 14일 포스트한 글)

50) 하브루타선교회, 실전! 교회 하브루타, 33.

52) 전성수, 자녀교육 혁명 하브루타, 156.

53) 켄 올레타, 구글드 (타임비즈 2010), 55.

54) 토라클럽 교재, 그가 토라를 펴시니, 제13과 " 쉐 모 트 이름들" (토라클럽 코리아, 2018), 9.

55) 로이스 티어베르그, 앤 스팽글러, 랍비 예수, 제자도를 말하다, 손현선 역 (국제제자훈련원, 2018), 36.

56) 전성수, 자녀교육 혁명 하브루타, 177.

57) 홍익희, 조은혜, 13세에 완성되는 유대인 자녀교육 (한스미디어, 2016), 머리말

58) Ibids.

59) 전성수, 자녀교육 혁명 하브루타, 157-9.

60) 현용수, '유대인 3차원 영재교육의 비밀', 신동아, 2004년 8월호, 284.

61) 전성수, 자녀교육 혁명 하브루타, 157.

62) Ibid., 296.

63) 전성수, 자녀교육 혁명 하브루타, 153. Nancy Fuchs-Kreimer & Nancy H. Wiener, Judaism for Two: A Spiritual Guide for Strengthening and Celebtatin Your Loving Relationship (Woodstock Vermont: Jewish Lights Publishing, 2005), 7-8. 재인용.

64) 신의진, 현명한 부모가 꼭 알아야 할 대화법, 48

65) Ibid., 49.

66) 하브루타선교회, 실전! 교회 하브루타, 27.

67) 네이션 D. 미첼, 예배, 신비를 만나다, 안선희 역 (바이북스, 2014), 72.

68) Ibids.

69) 전성수, 자녀교육 혁명 하브루타, 162.

70) SBS에서 2005년부터 10년간 방영한 "우리 아이가 달라졌어요"는 이상 행동을 보이는 유아와 어린이의 문제점을 고쳐주는 프로그램이다.

71) Ibid., 70.

72) Ibid., 54-75.

73) 전성수, 부모라면 유대인처럼 하브루타로 교육하라 (위즈덤하우스, 2012), 118.

74) 최명덕, 유대인 이야기, 128.

75) Ibid., 90-1.

76) Ibid., 138.

77) 그가 토라를 펴시니, 제12과 바에치, 그리고 그는 살았다, 8.

78) 최명덕, 유대인 이야기, 138.

79) 홍익희, 조은혜, 13세에 완성되는 유대인 자녀교육, 머리말

80) Ibids..

81) EBS "왜 우리는 대학에 가는가 5부" 중 앞부분. https://youtu.be/fem5SG5YjaY (2022년 12월 28일 접속)

82) 더 관심 있는 분은 김정완 《질문 잘하는 유대인, 질문 못하는 한국인》(한국경제신문) 참고.

83) 김금선, 엄마의 하브루타 대화법, 78-9.

84) Zelig Pliskin, Marriage (Mesorah Publications Ltd. 1998)

85) 신의진, 현명한 부모가 꼭 알아야 할 대화법, 114-6.

86) Ibid., 109.

87) Ibids.

88) 엄마의 하브루타 대화법 (위즈덤하우스, 2019) 34.

89) 신앙은 있는데 교회를 안 나가는 성도들을 거꾸로 '가나안 성도'라 부른다.

90) 김혜경, 하브루타 부모수업, 55.

91) 이진희, 아동의 언어발달과 가정의 양육환경과의 관계 (재활간호학회지 제2권 제2호, 1999)

92) 신의진, 현명한 부모가 꼭 알아야 할 대화법 (걷는나무, 2010), 88.

93) Clifford Notarius & Howard Markman, We Can Work It Out: making Sense of Marital Conflicts (Putnam Adult, 1993),

94) 신의진, 현명한 부모가 꼭 알아야 할 대화법, 143

95) 김영훈, "4-7세 아이에게 미치는 디지털미디어의 작용" (대한소아청소년과학회 블로그, 2020)

96) 하브루타선교회, 실전! 교회 하브루타, 34-5.

97) 옥명호, 아빠가 책을 읽어줄 때 생기는 일들 (옐로브릭, 2018)

98) 이대희, 유대인의 밥상머리 자녀교육법, 66-7.

99) 최명덕, 유대인 이야기, 126.

100) 전성수, 복수당하는 부모들, 217.

101) 최명덕, 유대인 이야기, 87-9.

102) 밥 글로리엔, 예배는 체험이다, 김동규 역 (예수전도단, 2007), 86-98을 참고하라.

103) 최명덕, 유대인 이야기, 128.

104) 댄 킴볼, 하나님께서 영광 받으시는 고귀한 예배, 주승중 역 (이레서원, 2008), 112.

105) 갓피플몰에서 구입 가능.

106) 전성수, 자녀교육 혁명 하브루타 (두란노, 2012), 47.

107) "다음 세대 신앙 전수" 예배 포럼(2019)에서 YWAM 대표 폴 칠더스가 강의한 "말씀을 전수하라"에서 간증한 내용.

108) 이영희, 말씀 우선 자녀교육 (규장, 2009), 57-69.

109) Ibid., 26.

110) 지용훈, 말씀 그대로 예배하라 (규장, 2017), part 1 참고

111) 이영희가 쓴 《말씀 우선 자녀교육》은 말씀 암송 분야의 필독서다.

112) 전성수, 이익열, 말씀으로 토론하라 (두란노서원, 2016), 114-37

113) 초록우산어린이재단에서 2018년 5월에 우리나라 초중고생 571명을 대상으로 조사한 '아동행복생활시간' 보고서

114) 신의진, 현명한 부모가 꼭 알아야 할 대화법, 121.

115) 이영희, 말씀 우선 자녀교육, 140-1.

116) 대한예수교장로회 구역공과해설, 17-19 (총회교육, 2017).

117) 전성수, 복수당하는 부모들, 151-2.

118) 인간의 뇌는 생존을 담당하는 뇌간, 감정과 기억을 담당하는 변연계, 마지막으로 언어와 이성, 논리를 담당하는 대뇌 순으로 발달한다.

119) 마음(레브, heart, 심장)은 육체적인 생명을 주는 기관이자 생각하고 세상을 이해하고, 감정을 느끼고 선택하는 곳이다. 그러므로 레브의 사랑은 내 '온몸과 마음, 감정과 열망뿐 아니라 나의 미래와 실패'까지도 하나님께 바치는 사랑이다. 뜻(네페쉬, soul)을 다한 사랑은 내 모든 '능력과 한계'를 다하여 전 존재, 호흡, 삶을 바치는 것이다. 힘(메오드, strength)을 다한 사랑은 내 모든 '풍부함'을 다해 하나님을 사랑하는 것이다.

120) 신의진, 현명한 부모가 꼭 알아야 할 대화법, 184-5.

121) Ibid., 185-6.

122) 박미자, 중학생, 기적을 부르는 나이 (들녘, 2023)

123) Ibid., 23.

124) 전성수, 자녀교육 혁명 하브루타, 153.